JN042048

KOKOKARA DRILL SERIES
大学
TSUNAGERU
入試
岡本の
ここから
つなげる
古典文法
ドリル

Gakken

受験勉強の挫折の原因とは？

定期テスト対策と受験勉強の違い

本書は、〝解く力〟を身につけたい人のための、「実践につなげる受験入門書」です。ただ、本書を手に取った人のなかには、「そもそも受験勉強ってどうやったらいいの？」「定期テストの勉強法と同じじゃだめなの？」と思っている人も多いのではないでしょうか。実は、定期テストと大学入試は、本質的に違う試験なのです。そのため、定期テストでは点が取れている人でも、大学入試に向けた勉強になると挫折してしまうことがよくあります。

定期テストとは…

授業で学んだ内容のチェックをするためのもの。

学校で行われる定期テストは、基本的には「授業で学んだことをどれくらい覚えているか」を測るものです。出題する先生も「授業で教えたことをきちんと定着させてほしい」という趣旨でテストを作成しているケースが多いでしょう。出題範囲も、基本的には数か月間の学習内容なので、「毎日ノートをしっかりまとめる」「先生の作成したプリントをしっかり覚えておく」といったように真面目に勉強していれば、ある程度の成績は期待できます。

大学入試とは…

膨大な知識と応用力が求められるもの。

一方で大学入試は、出題範囲が高校３年間のすべてであるうえに「入学者を選抜する」ための試験です。点数に差をつけるため、基本的な知識だけでなく、その知識を活かす力（応用力）も問われます。また、試験時間内に問題を解ききるための時間配分なども必要になります。定期テストとは試験の内容も問われる力も違うので、同じような対策では太刀打ちできず、受験勉強の「壁」を感じる人も多いのです。

入試演習の難しさ

定期テスト対策とは大きく異なる勉強が求められる受験勉強。出題範囲が膨大で、対策に充てられる時間も限られていることから、「真面目にコツコツ」だけでは挫折してしまう可能性があります。むしろ真面目に頑張る人に限って、空回りしてしまいがちです。特に挫折する人が多いのが、基礎固めが終わって、入試演習に移行するタイミング。以下のような悩みを抱える受験生が多く出てきます。

本格的な受験参考書をやると急に難しく感じてしまう

本格的な受験参考書は、解説が長かったり、問題量が多かったりして、難しく感じてしまうことも。
また、それまでに学習した膨大な知識の中で、どれが関連しているのかわからず、
問題を解くのにも、復習にも、時間がかかってしまいがちです。

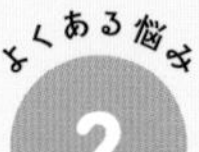

知識は身につけたのに、問題が解けない

基礎知識は完璧、と思っていざ問題演習に進んでも、まったく歯が立たなかった……
という受験生は少なくありません。基礎知識を覚えるだけでは、
入試問題に挑むための力が十分に身についているとは言えないのです。

入試演習に挑戦できる力が本当についているのか不安

基礎固めの参考書を何冊かやり終えたのに、
本格的な入試演習に進む勇気が出ない人も多いはず。
参考書をやりきったつもりでも、
最初のほうに学習した内容を忘れてしまっていたり、
中途半端にしか理解できていない部分があったりする
ケースもよくあります。

ここからつなげるシリーズで“解けない”を解決！

前ページで説明したような受験生が抱えやすい悩みに寄り添ったのが、「ここからつなげる」シリーズです。無理なく演習に取り組め、しっかりと力を身につけられる設計なので、基礎と実践をつなぐ1冊としておすすめです。

無理なく演習に取り組める！

全テーマが、解説１ページ➡演習１ページの見開き構成。
問題を解くのに必要な事項を丁寧に学習してから演習に進むので、
スモールステップで無理なく取り組めます。

“問題が解ける力”が身につくテーマを厳選！

基礎知識を生かして入試問題を解けるようになるために不可欠な、
基礎からもう一歩踏み込んだテーマを解説。
入試基礎知識の学習段階から、実践段階へのスムーズな橋渡しをします。

定着度を確かめられて、自信がつく！

1冊やり終えた後に、学習した内容が身についているかを確認できる
「修了判定模試」が付いています。
本書の内容が完璧に身についているか確認したうえで、
自信をもって入試演習へと進むことができます。

これなら
解けそう

はじめに

古典文法学習後、無理なく読解に進みたい皆様へ

この本は、読解のための古典文法を学習し、読解に無理なくスムーズに進めるように書き上げた、解説付きドリルです。
古典文法の基本や要である「用言・助動詞・助詞・簡単な識別」などは理解できているけれど、それ以外の文法事項として、何をどう勉強すればよいのかよくわからないという人や、敬語が苦手で放置している人、読解には怖くて進めない人にぴったりの一冊です。

入試では和歌も頻出です。和歌そのものの解釈も大切ですが、テクニック（「和歌の修辞技法」といいます）に関することもよく出題され、それらの修辞技法は文法のようにコツを押さえると、グンと解きやすくなります。また、和歌の意味上の切れ目の部分（「句切れ」といいます）を問われることがあり、和歌全体を訳して句切れを探そうとする人も多くいます。ですが、全体を訳さなくても、文法を利用してササっと数か所確認すれば、それだけで解けてしまうので、和歌の問題で文法が役立つこともあるのです。本書では、句切れも修辞技法のコツもしっかり伝授しますので、和歌が苦手な人も本書で克服してください。

長文読解が苦手な人でも無理なく読解に進めるように、まずは短文解釈を実施し、読解の際にネックになりやすい主語把握も、文法を利用して推測できるものを取り上げ、順を追ってステップアップできるように構成しています。読解に進むことに不安を抱いている人に、「ここから読解につなげられる！」と思っていただけるように、「ここからつなげる」古典文法のドリルを作り上げました。
古典文法の基礎➡「本書」➡読解とつながるように、読解への接続書としてお役に立てることを心より願っています。

岡本梨奈

もくじ

巻頭特集

Chapter 1

敬語

Chapter 2

副詞

Chapter 3 音便／訳がポイント

Chapter 4 短文解釈

Chapter 5

主語把握法／挿入句

Chapter 6

和歌

How to Use

解説を読んだら、書き込み式の演習ページへ。学んだ内容が身についているか、すぐに確認できます。

人気講師によるわかりやすい解説。ニガテな人でもしっかり理解できます。

入試問題を解くのに不可欠な知識を、順番に積み上げていける構成になっています。

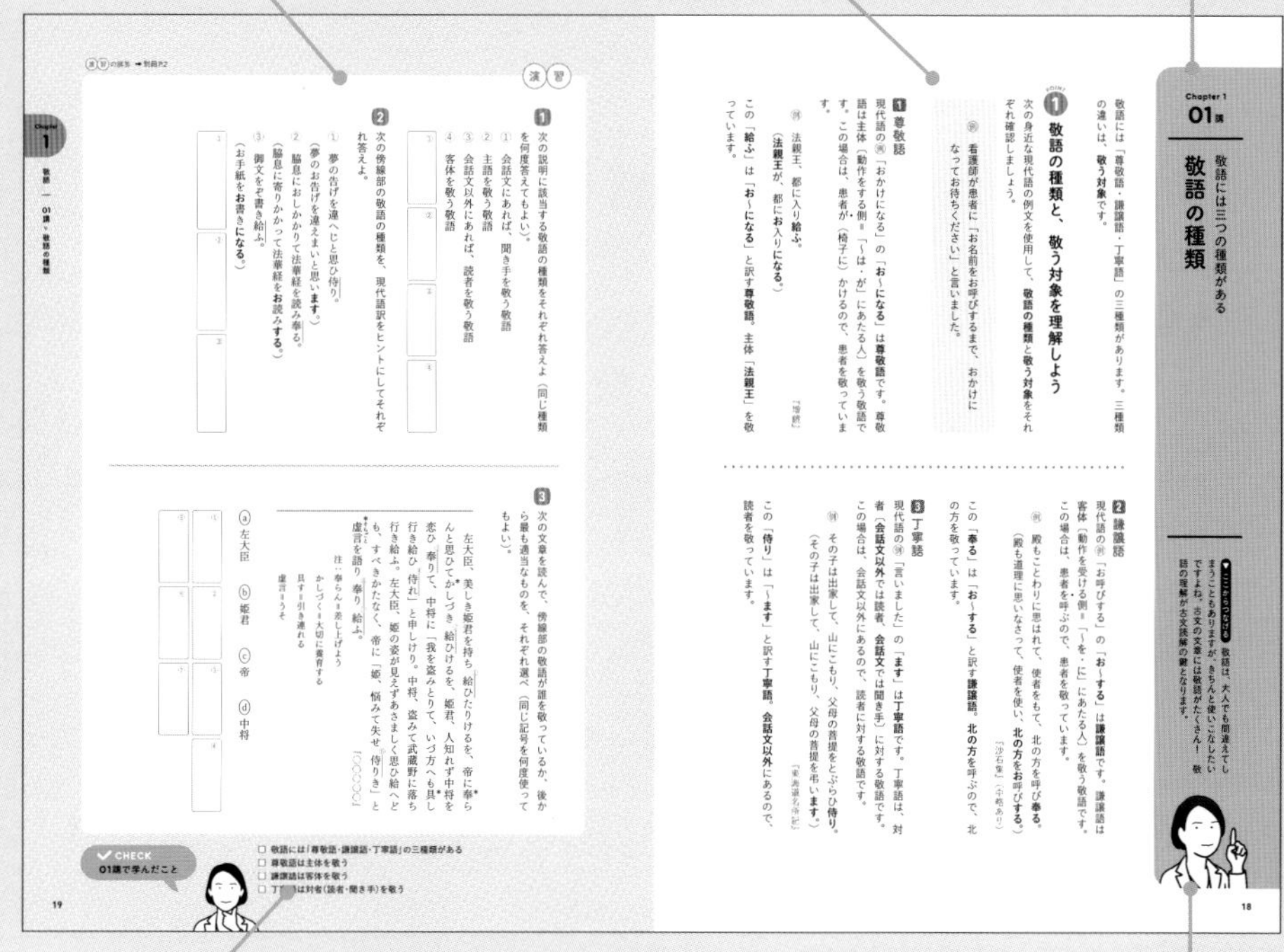

学んだ内容を最後におさらいできるチェックリスト付き。

「▶ここからつなげる」をまず読んで、この講で学習する概要をチェックしましょう。

※本書で掲載している例文や文章には、中略している箇所が多くあります。
各講の内容が学べる本文であることを優先し、また、大筋は崩さないようにしています。

答え合わせがしやすい別冊「解答解説」付き。詳しい解説付きでさらに本番における得点力アップが狙えます。

すべての講をやり終えたら、「修了判定模試」で力試し。間違えた問題は ➡00講 のアイコンを参照し、該当する講に戻って復習しましょう。

1 古文を正しく読解するためには敬語の理解が必須！

古文の文章には敬語が多く使用される

古文には、帝や中宮（皇后）、東宮（皇太子）などの皇族や、貴族が出てくる話がたくさんあり、現代よりも身分の違いがはっきりしています。ですから、古文の文章では**敬語**が使われていることが多いのです。

小中学生の頃にも、学校の国語の時間に「敬語」を学習したとは思いますが、敬語に苦手意識を持つ人も少なくないようです。ただでさえ苦手な敬語が「古語」で出てくるため、よりいっそう嫌だと感じ、古文の敬語学習を避けてしまう人がいるのですが、それは無謀すぎるし、もったいないです！

敬語は文法だけではなく、古文読解にとてつもなく役立つツールなのです!!

書かれていない主体や客体がつかめることも

古文では、**主体**（動作をする側）や**客体**（動作をされる側）が省略されることが多くあります。書かれていないものをどうやって正しく補うのか、その方法はいろいろあるのですが、その中の１つが「敬語」を利用する方法です。しかも、かなりの割合でこの方法を利用するので、敬語をきちんと理解できれば、書いていない主体や客体がつかめることも多いのです。こんなおいしいツールを学習しないなんて、絶対にNGです。本書『ここからつなげる』では、まず敬語の文法知識をきちんと学習してから、その後に**主語把握法**としても使えるようにします。

主語把握の鍵を握ると言っても過言ではない「敬語」を、本書でしっかりマスターしましょう！

2 古典文法の基礎力を身につけた後には解釈につながる文法の理解が必要

訳し方が重要なものを意識する

古典文法の土台となる「用言（動詞・形容詞・形容動詞）」や重要単元「助動詞・助詞・基本的な識別」の学習を終えた後には、読解する際、解釈に直結する「**訳し方**」が重要な文法事項に取り組む必要があります。たとえば、「呼応の副詞」や「２種類の活用の種類をもつ動詞」などは訳し方がポイントとなるので、現代語訳や解釈問題の該当箇所にそれらの文法事項があれば、そこを中心に問われていることが多く、それを見抜けるようになると簡単に解けてしまうこともよくあります。

文脈判断が必要なものにも対応できるようにする

「訳」を意識できるようになった次には、**文脈判断**が必要な文法事項を学習しましょう。文脈判断とは、文章を訳して意味を確定することです。接続などの見た目では判断できないことから、文法事項の中で一番難しく、また、**そのまま解釈につながる**ものです。これらができてこそ、正しい読解ができるようになりますので、本書でしっかり取り組みましょう！

入試における「読解」とは、
読んで意味を見きわめ、理解し解答することです。
古文であれば、訳せないと正しく読めません！

3 短文解釈がきちんとできるようになれば、いよいよ主語把握法へ

まずは短文の解釈ができるようにする

たとえ、古典文法の学習を終えたとしても、いきなり本格的な古文の文章を読んでいくのはやはり抵抗がありますよね。ですが、ずっと単発の文法問題をやっているだけでは、いつまでたっても文章読解ができないままです。よって、本書では、主な文法単元学習が終われば、次に「**短文解釈**」を実施し、解釈の土台となる単語や文法事項の強化をはかります。

主語把握法を身につける

書かれている文章の解釈がきちんとできるようになったら、次はいよいよ書かれていない主語を把握する方法を学習していきます。単語と文法をちゃんと学習したのに、古文が正しく読解できないという人は、**主語把握法**を理解していないことがほとんどです。古文読解に必要なのは、書かれていることをきちんと理解する力と、書かれていないことをどうやって補うのかという方法を知ることです。本書では、**単なる文法問題だけではなく、読解につながる文法**という目線でも順を追って身につくようにしています。無理なく読解につなげていきましょう！

書かれていることも、書かれていないことも、
大切な箇所はきちんと解読できるように、
本書で訓練していきましょう！

4　和歌に関する問題が頻出！

共通テスト・私立大・国公立大二次試験問わず和歌は頻出

古文の文章中には、よく**和歌**があります。入試で、和歌がある文章が題材となっている場合、和歌の部分に絡めて出題されることがほとんどです。和歌を現代語訳する問題もありますが、「**枕詞**（まくらことば）・**掛詞**（かけことば）・**序詞**（じょことば）・**縁語**（えんご）」といった和歌の修辞技法に関する問題も頻出です。

和歌の修辞技法をマスターする

修辞技法とは、言葉を利用して工夫したり、おもしろくしたりする方法のことです。和歌の代表的な修辞技法は、先ほどあげた「枕詞・掛詞・序詞・縁語」の４つです。それぞれが、どのような技法なのかがわかるようにしましょう。そして、それらを**和歌中から自力で見つけて、説明できることが入試では必要**なのです。修辞技法の名前は理解していても、自力で見つける方法は知らないという受験生も少なくありません。ですから、和歌の問題が出題されると、手も足も出なくなってしまうのです。ですが、見つけ方にもコツがあるのです！　本書でコツを身につけましょう。

ちなみに、４つの中で一番出題されるのは「**掛詞**」です。本書では掛詞だけで3回に分けて、しっかりアプローチ法を学べるようにしています！

修辞技法のそれぞれのポイントを押さえて、
苦手な人が多い中、得点源にしちゃいましょう！

教えて！　岡本先生

Q

文法問題はだいぶ解けるようになりましたが、「読解」で文法をどう使えばよいのでしょうか？

単発問題であればできるようになってきたのですが、いざ古文の文章を読んでいくとなると、どう使ってよいのかイメージがわきません。

そもそも、読解演習にもう入ってよいのかどうかもわかりません。まだ自分には早いのでは……。

A

見分け方のルールは、基本的に文法問題と同じように使って文章を読んでいきますが、読解特有の利用法も！

単発の文法問題であれ、文章中に出てくる文法であれ、文法問題を解く際のポイント（見分け方のルール）を意識して、意味を確定させながら読んでいけばよいのです。ただし、**書いていないものを推測するために使用する場合など、読解特有の利用法**もありますので、そういったものも本書で学習していきましょう。また、一通りの文法学習後に、いきなり読解演習に入るのは怖いですよね。ですから、本書では徐々に慣れていけるように、一通りの文法単元学習が終われば、まずは短文から、文法や単語を利用して文章を読む練習をしていきます。その後に、書かれていないものを推測する力も学習して、安心して読解に進めるようにします。

教えて！　岡本先生

Q

接続助詞を使って主語把握をしているのですが、うまくいかないことがあります。なぜでしょうか？

接続助詞「て」は主語が同じで、「を・に・ば」は主語が変わると聞いたことがあり、それを使って読解をしています。それで読めることもあるのですが、うまくいかないことがあり困っています。どうすればよいですか。

A

接続助詞を利用した主語把握法もありますが、あくまで1つの目安であり、他にも方法があります。

たしかに、**接続助詞**を利用する方法があり、本書でも学習します。ただ、少し先取りでお伝えすると、「を・に・ば」は主語が「変わる」ではなく、あくまで「変わりやすい」です。つまり、「を・に・ば」でも同じ場合が、まあまああるのです。きっと今、さらに不安になったと思いますが、主語が同じになりやすい「を・に・ば」の形も本書ではきちんと学習しますので、安心してください。ちなみに、「て」以外にも主語が同じになるものがあるので、それも学習しますよ。

そして、主語把握には接続助詞だけではなく、勉強ガイドで触れたように、敬語を利用する場合もあります。**さまざまな方法を身につけて、より適当な主語が補えるように**しましょう。

教えて！　岡本先生

Q

和歌の問題が苦手です。
掛詞も言われたらわかりますが、
自分で見つけることができません。

解答を見ればわかりますが、それを自力で見抜くことがなかなかできません。ひとまず、２種類の漢字で表せそうな部分を、無理やり考えて答えを書いていますが、ほぼ不正解です。
また、「縁語」も縁がありそうな語を抜き出すだけだから簡単なはずなのに、やはり不正解です……。

A

掛詞は、見つけ方のコツを身につけましょう。
また、縁語に関しては、
正しく理解できていないようです。

　掛詞の見つけ方を知らなければ、自力で見抜くのは難しいでしょうし、たとえ見つけられたとしても、かなり時間がかかるかもしれません。あくまでも目安ですが、**見つけ方のコツがあります**ので、それを理解していると、知らないよりは速く目星をつけられるようになります。もちろん、きちんと意味が通らなければいけないので難しいとは思いますが、ただ単に無理やり２種類の漢字をあてはめるだけでは、不正解のほうが多いと思われます。
　また、「**縁語**」は「縁がある語を抜き出すだけ」ではありません。「縁語とは何か」を本書でバッチリ解決しましょう！

岡本の ここから つなげる 古典文法 ドリル

スタディサプリ
岡本梨奈

Chapter 1
01講 敬語の種類

敬語には三つの種類がある

敬語には「尊敬語・謙譲語・丁寧語」の三種類があります。三種類の違いは、**敬う対象**です。

POINT 1 敬語の種類と、敬う対象を理解しよう

次の身近な現代語の例文を使用して、**敬語の種類**と**敬う対象**をそれぞれ確認しましょう。

例 看護師が患者に「お名前をお呼びするまで、おかけになってお待ちください」と言いました。

1 尊敬語

現代語の例「おかけになる」の「**お〜になる**」は**尊敬語**です。尊敬語は**主体**〈動作をする側＝「〜は・が」にあたる人〉を敬う敬語です。この場合は、患者が（椅子に）かけるので、患者を敬っています。

例 法親王、都に入り**給ふ**。『増鏡』
（**法親王が**、都に**お**入り**になる**。）

この「**給ふ**」は「**お〜になる**」と訳す**尊敬語**。主体「**法親王**」を敬っています。

2 謙譲語

現代語の例「お呼びする」の「**お〜する**」は**謙譲語**です。謙譲語は**客体**〈動作を受ける側＝「〜を・に」にあたる人〉を敬う敬語です。この場合は、患者を呼ぶので、患者を敬っています。

例 殿もことわりに思はれて、使者をもて、北の方を呼び**奉る**。『沙石集』
（殿も道理に思いなさって、使者を使い、**北の方をお呼びする**。）

この「**奉る**」は「**お〜する**」と訳す**謙譲語**。**北の方**を呼ぶので、北の方を敬っています。

3 丁寧語

現代語の例「言いました」の「**ます**」は**丁寧語**です。丁寧語は、対者〈**会話文以外**では読者、**会話文**では聞き手〉を敬う敬語です。この場合は、会話文以外にあるので、読者を敬っています。

例 その子は出家して、山にこもり、父母の菩提をとぶらひ**侍り**。『東海道名所記』
（その子は出家して、山にこもり、父母の菩提を弔い**ます**。）

この「**侍り**」は「**〜ます**」と訳す**丁寧語**。**会話文以外**にあるので、読者を敬っています。

ここからつなげる 敬語は、大人でも間違えてしまうこともありますが、きちんと使いこなしたいですよね。古文の文章には敬語がたくさん！　敬語の理解が古文読解の鍵となります。

演習

1 次の説明に該当する敬語の種類をそれぞれ答えよ（同じ種類を何度答えてもよい）。

① 会話文にあれば、聞き手を敬う敬語
② 主体を敬う敬語
③ 会話文以外にあれば、読者を敬う敬語
④ 客体を敬う敬語

① ② ③ ④

2 次の傍線部の敬語の種類を、現代語訳をヒントにしてそれぞれ答えよ。

① 夢の告げを違へじと思ひ侍り。
（夢のお告げを違えまいと思い**ます**。）
② 脇息におしかかりて法華経を読み奉る。
（脇息に寄りかかって法華経を**お**読み**する**。）
③ 御文をぞ書き給ふ。
（お手紙を**お**書きに**なる**。）

① ② ③

3 次の文章を読んで、傍線部の敬語が誰を敬っているか、後から最も適当なものを、それぞれ選べ（同じ記号を何度使ってもよい）。

左大臣、美しき姫君を持ち①給ひたりけるを、帝に奉ら*んと思ひてかしづき*②給ひけるを、姫君、人知れず中将を恋ひ③奉りて、中将に「我を盗みとりて、いづ方へも具し*行き給ひ④侍れ」と申しけり。中将、盗みて武蔵野に落ち行き給ふ。左大臣、姫の姿が見えずあさましく思ひ給へども、すべきかたなく、帝に「姫、悩みて失せ⑤侍りき」と*虚言（そらごと）を語り⑥奉り⑦給ふ。

注：奉らん＝差し上げよう
かしづく＝大切に養育する
具す＝引き連れる
虚言＝うそ

ⓐ 左大臣　ⓑ 姫君　ⓒ 帝　ⓓ 中将

① ② ③ ④ ⑤ ⑥ ⑦

✔ CHECK
01講で学んだこと

- □ 敬語には「尊敬語・謙譲語・丁寧語」の三種類がある
- □ 尊敬語は主体を敬う
- □ 謙譲語は客体を敬う
- □ 丁寧語は対者（読者・聞き手）を敬う

Chapter 1
02講

敬語の補助動詞

敬語には「本動詞」と「補助動詞」がある

▼ここからつなげる 現代語「食べる」の尊敬表現で、「召し上がる」は本動詞、「食べなさる」の「なさる」は補助動詞です。古文でも、本動詞と補助動詞を判別しましょう。

敬語の**本動詞**と**補助動詞**を区別するためには、まず補助動詞をマスターするとよいです。敬語の補助動詞の見分け方を学びましょう。

POINT 1 補助動詞の型を押さえよう

補助動詞の可能性がある型として、次の三つを押さえましょう。
※波線部分が補助動詞です。

1 用言（＋助動詞）＋動詞

例 知らぬ山路に捨て置き奉る。『保元物語』
（知らない山路に捨て置き申し上げる。）

2 動詞＋て＋動詞

例 齢四十ばかりの僧、座して侍り。『撰集抄』
（四十歳くらいの僧が、座っています。）

3 体言＋に（て）＋おはす・おはします・侍り・候ふ

例 伏見修理大夫は宇治殿の御子にておはす。『宇治拾遺物語』
（伏見修理大夫は宇治殿のお子様でいらっしゃる。）

これ以外の型は本動詞です。1～3の型にあてはまり、次のPOINT 2もクリアすれば、敬語の補助動詞だと判断する目安となります。

POINT 2 敬語の種類と単語・訳し方を押さえよう

POINT 1の型の波線部分に次の単語があれば、基本的には補助動詞と考えましょう。**単語・種類・訳し方**をきちんとセットで覚えることがポイントです。

1 給ふ・おはす・おはします

尊敬の補助動詞で「**お～になる・～なさる**」などと訳します。

例 いみじう笑ひ給ふ。『枕草子』
（ひどく笑い**なさる**。）

2 奉る・申す・聞こゆ・参らす

謙譲の補助動詞で「**お～する・～申し上げる**」などと訳します。

例 帷子引き開けて見参らす。『古本説話集』
（帷子（＝几帳などにかける布）を引き開けて見**申し上げる**。）

3 侍り・候ふ（「さふらふ」「さうらふ」とも）

丁寧の補助動詞で「**～です・～ます・～ございます**」などと訳します。

例 ひがごとに候ふ。『梁塵秘抄口伝集』
（間違いで**ございます**。）

演習

1 次のA〜Cは敬語の補助動詞の型で、波線部分が補助動詞である。空欄にあてはまるものとして最も適当なものを、後から選べ。

A ［①］（＋［②］）＋動詞

B 動詞＋［③］＋動詞

C ［④］＋に（て）＋おはす・おはします・侍り・候ふ

ⓐ体言　ⓑ用言　ⓒ助動詞　ⓓにて　ⓔて

①［　］②［　］③［　］④［　］

2 尊敬の補助動詞を三つ答えよ。

［　］［　］［　］

3 謙譲の補助動詞を四つ答えよ。

［　］［　］［　］［　］

4 丁寧の補助動詞を二つ答えよ。

［　］［　］

5 次の文章を読んで、後の問に答えよ。

かぐや姫、泣く泣くいふ、「先々も申さむ（イ）と思ひしかども、必ず心惑はし給は（①）むものぞと思ひて、今まで過ごし侍り（②）つるなり。さのみやは（*）とて、うちいで侍り（ロ）ぬるぞ。おのが身は月の都の人なり。今は、帰るべきになりにければ……」といひて、いみじく泣くを、翁、「こは、なでふことをのたまふ（ハ）ぞ。竹の中より見つけきこえ（A）たりしかど、菜種（*）の大きさおはせしを、わが丈立ち（たけ）ならぶまでやしなひ奉り（③）たる我が子を……」

『竹取物語』

注：さのみやは＝そのままではいられない
　　菜種＝からし菜の種子

問1 傍線部①〜③の敬語の種類を次からそれぞれ選べ。
ⓐ尊敬語　ⓑ謙譲語　ⓒ丁寧語

①［　］②［　］③［　］

問2 波線部イ〜ハの敬語から、補助動詞を一つ選べ。

［　］

問3 傍線部Aを現代語訳せよ。

［　］

✔ CHECK
02講で学んだこと
□ 敬語の補助動詞の型を三つ押さえる
□ 敬語の補助動詞を「単語・種類・訳し方」のセットで言えるようになる

Chapter 1 03講

「給ふ」は尊敬語だけではない 二つの補助動詞「給ふ」

▼ここからつなげる 古文には「給ふ」という敬語がたくさん出てきます。「給ふ」は尊敬語だと学習しましたが、「給ふ」は尊敬語だけではなく謙譲語もあるのです！ さて、どう見分ける!?

「給ふ」は基本的には**尊敬語**なのですが、実は、**謙譲語**の「給ふ」もあるのです。尊敬語と謙譲語では敬う対象が違うため、取り間違えてしまうと、主語を間違えてしまうことに繋がります。きちんと判別できるようにしましょう。また、謙譲の「給ふ」の訳し方が「～ます」と丁寧のようになることもポイントです。

POINT 1 活用の種類を確認しよう

尊敬の「給ふ」は**四段**活用です。**謙譲**の「たまふ」は**下二段**活用で、終止形と命令形は基本的には「なし」と思っていてかまいません。左記の表を見るとわかるように、「**給は**」「**給ひ**」「**給ふ**」であれば尊敬、「**給ふる**」「**給ふれ**」であれば謙譲です。

活用の種類	敬語の種類	未然形	連用形	終止形	連体形	已然形	命令形
四段	尊敬語	は	ひ	ふ	ふ	へ	へ
下二段	謙譲語	へ	へ	○	ふる	ふれ	○

例 ほどなく左大将になり**給ひ**けり。（尊敬）『住吉物語』
（まもなく左大将になり**なさっ**た。）

例 「いと幸ひありと思ひ**たまふる**を、……」（謙譲）『源氏物語』
（とても幸運だと思い**ます**が、……）

POINT 2 「給へ」は下（＝活用形）を確認しよう

「給へ」は四段活用も下二段活用もありますが、それぞれ活用形が違います。

▼「給へ」であれば下の語の接続から活用形を確認
❶「給へ」が未然形か連用形ならば謙譲
❷「給へ」が已然形か命令形ならば尊敬

下が「。」であっても、上に「こそ」がある場合は命令形でなく已然形になります（係り結びの法則）。どちらにせよ尊敬ですが、訳は変わってくるので気をつけましょう。

例 ここかしこを見給**へど**、……（已然形→尊敬）『西行』
（あちらこちらを見**なさる**が、……）

例 さもや定め侍るらむ。知り給**へず**。（未然形→謙譲）『無名抄』
（そのようにも定めているでしょうか。知り**ません**。）

例 ただ今殿**こそ**過ぎさせ給**へ**。（已然形→尊敬）『雑談集』
（ただ今殿が通り過ぎ**なさる**。）
×通り過ぎ**なされ**。

演習

1 尊敬の補助動詞「給ふ」の活用の種類を答えよ。

活用

2 謙譲の補助動詞「給ふ」の活用の種類を答えよ。

活用

3 次の傍線部の敬語の種類として、最も適当なものを後からそれぞれ選べ（同じ記号を何度使ってもよい）。

① 田などは何にかはせむずると思ひ給ふれども……
② 御物思ひをぞし給ひける。
③ 身を害し給ふことなかれ。
④ いと心づきなく見ゆるわざなりと思ひ給へて、……
⑤ 屏風の隠れより覗き給へり。

ⓐ 尊敬語　ⓑ 謙譲語　ⓒ 丁寧語

①
②
③
④
⑤

4 次の文章は『源氏物語』の一節で、病が重くなった桐壺院が*朱雀帝に遺言する場面である。これを読んで、傍線部「給ふる」と敬語の種類が同じものとして、最も適当なものを波線部ⓐ～ⓒから選べ。

弱き御心地にも、*春宮の御事をかへすがへす*聞こえさせⓐ給ひて、次には*大将の御事、「何事も*御後見と*おぼせ。齢のほどよりも*代をまつりごたんにも、をさをさ憚りあるまじうなん見給ふる。必ず世の中保つべき相ある人なり。さるによりて、煩はしさに親王にもなさず、*ただ人にて朝廷の御後見をせさせんと思ひⓑ給へしなり。その心、違へさせⓒ給ふな」と、あはれなる御遺言ども多かりけれど、……

『源氏物語』

注：朱雀帝＝桐壺院の第一皇子
春宮＝皇太子　聞こゆ＝申し上げる
大将＝ここでは光源氏のこと。桐壺院の第二皇子であるが、源氏の姓を与えられ、臣下の籍に降りた
後見＝世話をすること。また、その人。補佐役
おぼす＝思いなさる
代をまつりごつ＝政治を行う　ただ人＝臣下

CHECK 03講で学んだこと
□「給は・給ひ・給ふ」は尊敬語
□「給ふる・給ふれ」は謙譲語
□「給へ」は下〔＝活用形〕を確認して判別

Chapter 1 04講

謙譲の補助動詞「給ふ」の特徴

謙譲の補助動詞「給ふ」にはこだわりがある

▼ここからつなげる 補助動詞の「給ふ」には尊敬語と謙譲語があり、活用の種類でその違いを見分けます。ただ、謙譲の「給ふ」の特徴を知っていると、簡単に判別できる場合もあります！

補助動詞「給(たま)ふ」は、**四段**活用が**尊敬語**、**下二段**活用が**謙譲語**でしたね。謙譲の「給ふ」にはいくつか特徴があり、その特徴を利用して、簡単に判別できる場合もあります。主語把握に使える特徴もあるので、順番に見ていきましょう。

POINT 1 三つの特徴をつかもう

1 会話文で使われる

謙譲の**補助動詞**「**給ふ**」は、**会話文**（や手紙文）で使用し、地の文（＝会話文以外の普通の文）では使いません。つまり、**地の文にある補助動詞「給へ」は、活用形を確認しなくても尊敬**だとわかります。ただし、尊敬は地の文に限らず会話文でも使用しますので、「会話文にあるから謙譲」とはしないように気をつけましょう。

例 「ありつる方へ」とて、差し置かせ**給へ**ば……（地の文にある➡尊敬）『松陰中納言物語』
（「さきほどのところへ」と言って、置き**なさっ**たので……）

2 くっつくのは五つの動詞だけ

謙譲の**補助動詞**「**給ふ**」は、「覚ゆ・思ふ・見る・聞く・知る」の五つの動詞にしかつきません。つまり、**補助動詞「給へ」がこれら以外にくっついていれば尊敬**だとわかります。ただし、尊敬はこの五つの動詞も含め何にでもつきますので、たとえば『思ふ』についているから謙譲」とはしないように気をつけましょう。

例 「観音、我を**助け給へ**。」（**会話文**にあるけれど、上の動詞が「助け」➡**尊敬**）『今昔物語集』
（観音様、私を助け**なさい**。）

3 主語は一人称

謙譲の**補助動詞**「**給ふ**」が使用されている部分の主語は、必ず**一人称**です。1で見たように会話文で使用されますので、「一人称」とは、つまり**会話主**です。これは尊敬か謙譲かの判別だけでなく、主語把握にも使えます。

「**給へ**」が、**会話文**にあり、「**思ひ**」についているので、**下**を見て**活用形**を確認。「て」の上は連用形で、下二段活用➡謙譲

例 翁申して云はく「～益無かりけむと思ひ**給へ**て……」（私（＝翁）は）『今昔物語集』
（翁が申し上げて言うことには「～無駄だったろうと（私は）思い**まして**……」）

演習

1 謙譲の補助動詞「給ふ」が使われるのは、次のうちどちらか選べ。

ⓐ 地の文　ⓑ 会話文

2 謙譲の補助動詞「給ふ」がつく動詞を、次から五つ選べ。

ⓐ 知る　ⓑ 言ふ　ⓒ 詠む　ⓓ 聞く　ⓔ 見る
ⓕ 飲む　ⓖ 笑ふ　ⓗ 覚ゆ　ⓘ 思ふ　ⓙ 泣く

3 次の傍線部の敬語の種類として最も適当なものを、後からそれぞれ選べ（同じ記号を何度使ってもよい）。

① 「我にも見せよかし」とて、取りて見給へるに……
② 「日頃いぶかしう、恐ろしう思ひ給へられしに、……」
③ 強ひて「渡り給へ」ともなくて、……
④ 「いかにして我が住む所をば知り給へるぞや。」

ⓐ 尊敬語　ⓑ 謙譲語　ⓒ 丁寧語

①　②　③　④

4 次の文章は、光源氏の息子の夕霧（中納言の君）が、朱雀院のもとを訪れた場面である。これを読んで、後の問に答えよ。

中納言の君、「過ぎはべりにけむ方は、＊ともかくも思^A^うたまへわきがたくはべり。おほやけにも仕うまつりはべる間、世の中のことを見たまへ^イ^＊まかりありくほどには、大小のことにつけても、内々のさるべき物語などのついでにも、いにしへの＊うれはしきことありてなむなど、うちかすめ申さるる折ははべらずなむ。〈中略〉（父が朱雀院のお話を伺いたいと思いつつ月日が過ぎていることを）折々^B^嘆き申したまふ」など＊奏したまふ^ロ^。

『源氏物語』

注：ともかくも〜Vがたし＝なんとも〜Vかねる　うれはし＝辛い
まかりありく＝歩きまわる
奏す＝天皇・上皇〔＝院〕に申し上げる

問1　傍線部Aの主語は誰か答えよ。

問2　傍線部Bを現代語訳せよ。

問3　波線部イ・ロの敬語の種類を、それぞれ答えよ。

イ　ロ

✔ CHECK 04講で学んだこと

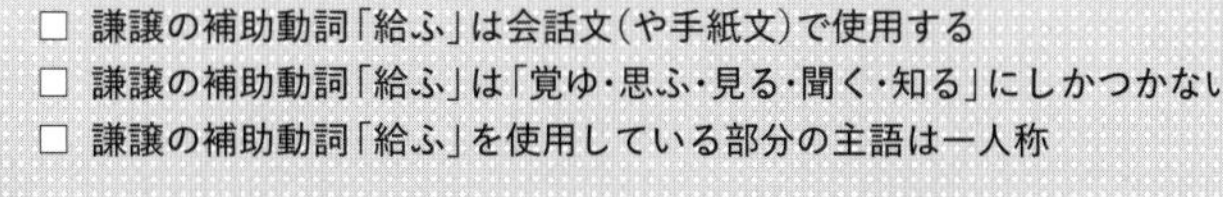
□ 謙譲の補助動詞「給ふ」は会話文（や手紙文）で使用する
□ 謙譲の補助動詞「給ふ」は「覚ゆ・思ふ・見る・聞く・知る」にしかつかない
□ 謙譲の補助動詞「給ふ」を使用している部分の主語は一人称

Chapter 1

05講 本動詞「尊敬語」

覚えておくべき「尊敬語」の本動詞

敬語の本動詞の学習は、単語の学習のようなものです。**現代語の敬語をきちんと使いこなせる人は訳を覚えるだけでOK**です。苦手な人は、「**訳・普通語・種類**」の三つをセットで覚えましょう。

例 ごらんず＝「**御覧になる**」で「**見る**」の**尊敬語**

POINT 1 覚えやすいものから押さえていこう

1 そのまま訳が連想しやすいもの

現代でも使用している語に近いものは、覚えやすいです。

敬語動詞	訳	普通語
御覧(ごらん)ず	御覧になる	見る
聞(き)こす **聞(き)こし召(め)す**	お聞きになる	聞く
思(おぼ)す **思(おぼ)し召(め)す** **思(おも)ほす**	お思いになる	思ふ
あそばす	なさる	す
召(め)す	お呼びになる 召し上がる	呼ぶ 食ふ

「**思(おぼ)す**」「**思(おぼ)しめす**」「**思(おも)ほす**」は「**思**」の**読み**に注意。

2 訳を即答できるよう覚えるもの

敬語動詞	訳	普通語
大殿(おほとの)ごもる	おやすみになる	寝
知(し)ろし召(め)す	お治めになる お知りになる	治む 知る

普通動詞「**しる**」には「知る」以外に「**治める**」の意味もあり、「しろしめす」はその尊敬語です。

3 まとめて押さえるとよいもの

敬語動詞	訳	普通語
宣(のたま)ふ・宣(のたま)はす **仰(おほ)す**	おっしゃる	言ふ
おはす・おはします **います・いまそかり** **ます・まします**	いらっしゃる	あり をり 行く・来
給(たま)ふ・給(たま)はす **給(た)ぶ** ※給＝賜	お与えになる	与ふ

たくさんありますが、「宣(のたま)ふ」と「宣(のたま)はす」などよく似ていますので、まとめて押さえると覚えやすくなります。

▼ここからつなげる 現代語では「召し上がる」が「食べる」の本動詞。補助動詞は何かにくっついて敬意を表しますが、本動詞は言葉全体が変わることで敬意を表します。単語ごとに暗記が必要です。

演習

1 次のⓐ～ⓓのうち、尊敬語ではないものを選べ。

ⓐ きこす　ⓑ おほす
ⓒ おぼゆ　ⓓ います

2 次の傍線部の読みをそれぞれ答えよ。

① 思す
② 思ほす
③ 思しめす

3 「大殿ごもりぬ。」の意味として最も適当なものを、次から選べ。

ⓐ お入りになった。
ⓑ 明かりをおつけになった。
ⓒ はっとお気づきになられた。
ⓓ お眠りになった。
ⓔ お付きの者を遠ざけた。

4 次の文章を読んで、傍線部①～⑤の敬語を、終止形の現代語に訳せ。

＊亭子の帝（ていじのみかど）、＊鳥飼（とりかひ）の院に①おはしましにけり。〈中略：遊女である大江玉淵の娘が見事な和歌を詠み、帝は感動し、その場にいた貴族に褒美を与えさせた。〉かくて帰り給ふとて、＊南院の七郎君といふ人ありけり、それなむこの＊うかれめの住むあたりに家つくりて住むと②きこしめして、それになむ③のたまひあづけける。「かれが申さむこと、＊院に＊奏せよ。＊院より④賜はせむ物も、かの七郎君＊がり遣はさむ。すべてかれにわびしきなみせそ」と⑤仰せ給うければ、常になむとぶらひ顧みける。

『大和物語』

注：亭子の帝＝宇多天皇。当時、上皇〔＝院〕の位にあった
鳥飼＝摂津国の地名。現在の大阪府摂津市
南院の七郎君＝是忠親王の七男　うかれめ＝遊女
院＝ここでは、亭子の帝をさす。つまり、自称
奏す＝天皇・上皇に申し上げる　がり＝～のもとへ

✔ CHECK
05講で学んだこと

□ 敬語の本動詞を見れば、秒速レベルで訳せるようにする
□ 現代語の敬語が苦手な人は「訳・普通語・種類」のセットで覚える

Chapter 1
06講

本動詞「謙譲語」

覚えておくべき「謙譲語」の本動詞

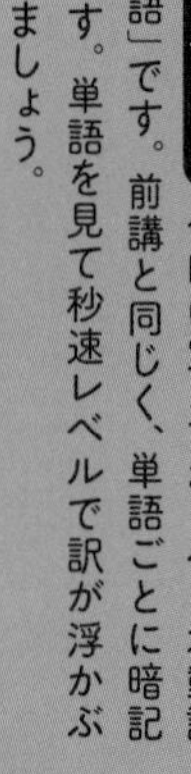

▼ここからつなげる 今回は覚えておくべき本動詞の「謙譲語」です。前講と同じく、単語ごとに暗記が必要です。単語を見て秒速レベルで訳が浮かぶようにしましょう。

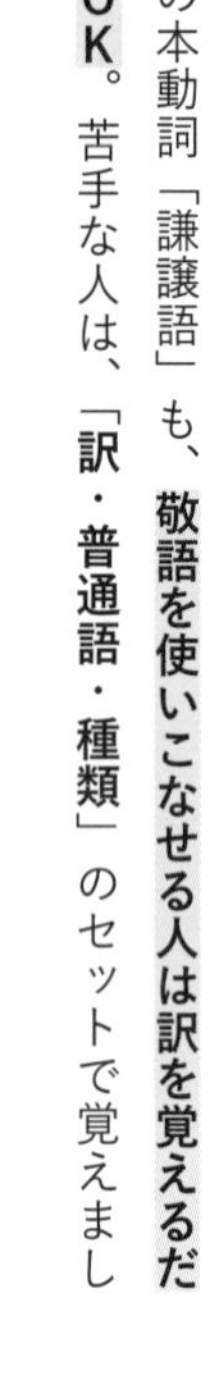

敬語の本動詞「謙譲語」も、**敬語を使いこなせる人は訳を覚えるだけでOK**。苦手な人は、「**訳・普通語・種類**」のセットで覚えましょう。

㊋ 申す＝「**申し上げる**」で「**言ふ**」の**謙譲語**

POINT 1 覚えやすいものから押さえていこう

1 そのまま訳が連想しやすいもの

敬語動詞	訳	普通語
承る	お聞きする・伺う お受けする	聞く 受く
仕まつる 仕うまつる	お仕えする	仕ふ
申す	申し上げる	言ふ
参る 詣づ	参上する 参詣する	行く・来

「**参る**」には**3**で解説するように、他の意味もありますが、ひとまず現代語と同じ「**参上する**」を押さえましょう。「まうづ」の名詞化「まうで」は、「初詣で」の「もうで」です。

2 訳を即答できるよう覚えるもの

ここでは一語のみ「給る(賜る)」を紹介します。「たまはる」は「いただく」と訳す「受く」の**謙譲語**です。前講の**尊敬語**「**給ふ・給はす・給ぶ**」(給＝賜)と混同しないように気をつけましょう。

3 まとめて押さえるとよいもの

敬語動詞	訳	普通語
奉る 参る 参らす	差し上げる	与ふ
まかる まかづ	退出する (**参上する**)	出づ (行く)
聞こゆ 聞こえさす	申し上げる	言ふ
奏す	天皇・上皇に申し上げる	
啓す	皇后・皇太子に申し上げる	

「**参る**」には「**参上する**」以外に「差し上げる」の意味もあるのです。また、「言ふ」の謙譲語は、「申す」も入れると五個あります。「奏す」と「啓す」は**誰に言うか**がそれぞれ決まっており、この二つの敬語を**絶対敬語**といいます。

演習

1 次のⓐ〜ⓓのうち、謙譲語ではないものを選べ。

ⓐ きこす　ⓑ きこゆ
ⓒ きこえさす　ⓓ たまはる

2 次の①・②の謙譲語はそれぞれ誰に申し上げるのか。最も適当なものを後からそれぞれすべて選べ。

① 啓す　② 奏す

ⓐ 天皇　ⓑ 皇后　ⓒ 皇太子
ⓓ 皇女　ⓔ 臣下　ⓕ 上皇

①
②

3 次の文章の傍線部「きこえければ」の現代語訳として、最も適当なものを後から選べ。

あやしき僧きたりて、「あるじは天竺仏(てんぢくぶつ)をたづねたまふところぞきけ」ときこえければ、仏菴(ぶつあん)いらへけるやう……

『松屋叢話』

ⓐ 聞こえたので　ⓑ 申し上げたところ
ⓒ おっしゃったところ　ⓓ ことづけてもらったところ

4 次の文章を読んで、後の問に答えよ。

＊翁(おきな)答へていはく、「なほ①仕うまつるまじきことを、（宮中に）②参りて申さむ」とて、参りて、申すやう、Ａ「仰せのことのかしこさに、かの＊童を③参らせむとて＊仕うまつれば、『宮仕へにいだしたてば死ぬべし』と④申す。みやつこまろが手にうませたる子にてもあらず。昔、山にて見つけたる。かかれば、心ばせも世の人に似ずはべり」と＊奏せさす。

『竹取物語』

注：翁＝たけとりの翁。名前は「さぬきのみやつこまろ」
かの童＝ここでは「かぐや姫」のこと
仕うまつる＝ここでは「す」の謙譲語。「いたす」の意
奏せさす＝「奏せさす」で一語。「奏す」と同じ意味で、さらに謙譲の意味を強めた語

問1　傍線部①〜④の敬語を、終止形の現代語に訳せ。

①
②
③
④

問2　翁のＡの発話は誰に対しての発話か答えよ。

CHECK 06講で学んだこと

□ 覚えておくべき謙譲語の本動詞の訳がわかる
□ 「奏す」は「天皇・上皇に申し上げる」
□ 「啓す」は「皇后・皇太子に申し上げる」

Chapter 1
07講

本動詞「侍り・候ふ」

丁寧・謙譲の二種類ある

本動詞の「**侍り**(はべ)」「**候ふ**(さぶら)」「さぶらふ」「さうらふ」なども、丁寧語と謙譲語があります。**補助動詞**の「侍り」「候ふ」は**丁寧語**でしたね。**本動詞も基本的には丁寧語で使用されていることのほうが多い**のですが、**謙譲語**の場合もありますので、それぞれの訳し方と見分け方をマスターしましょう。

POINT 1 種類と訳し方をセットで押さえよう

1 丁寧語の場合

敬語動詞	訳	普通語
侍り 候ふ	あります おります います	あり をり

2 謙譲語の場合

敬語動詞	訳	普通語
侍り 候ふ	お仕えする お控えする	仕ふ 控ふ

POINT 2 謙譲になりやすい形を押さえよう

貴人／**貴人がいる場所** ｝**に**｛ **侍り**／**候ふ**

「体言＋に＋侍り・候ふ」は補助動詞の型であり、単語もクリアしているため、補助動詞から考えるべきですが、「体言」の部分が「**貴人**」か「**貴人がいる場所**」(例 宮中など)のときは、**謙譲の本動詞**になりやすく、まず「**お仕えする・お控えする**」と訳しましょう。おかしければ**丁寧の補助動詞**「**～です・ます**」で訳し、それでもおかしければ、**丁寧の本動詞**「**あります・おります**」で訳して確認しましょう。

例 中宮**に**侍りし伊賀少将がもとに……　『今鏡』・改
（貴人／謙譲の本動詞から考える）
(中宮に**お仕えしていた**伊賀少将のもとに……)

例 その事**に**侍り。　『閑居友』
（貴人／丁寧の補助動詞）
(その事で**ございます**。)

例 (私が) 唐土に侍りし時……　『閑居友』
（貴人／「～です・ます」／⬇丁寧の本動詞）
(〔私が〕中国に**おりました**時……)

▼ここからつなげる　基本的に敬語は「宣ふ」は尊敬語、「申す」は謙譲語のように一種類ですが、本動詞の「侍り」「候ふ」は二種類あります。種類・訳と見分け方を理解しましょう！

演習

1 本動詞の「侍り・候ふ」は敬語の種類が二つある。種類と訳し方をそれぞれ答えよ。なお、訳し方は一つでもよい。

種類 語／訳し方

種類 語／訳し方

2 本動詞の「侍り・候ふ」が謙譲語になりやすい形として、次の空欄にあてはまる語をそれぞれ書け（順不同）。

①
②
に
侍り
候ふ

①

②

3 次の傍線部の敬語の種類を、後からそれぞれ選べ。

① 男はあまた候へども女子を持たねば……

② 藤壺*に候ひ給ふ。

注：藤壺＝内裏の五舎の一つである「飛香舎（ひぎやう）」の異称

ⓐ 尊敬語　ⓑ 謙譲語　ⓒ 丁寧語

①

②

4 次の文章を読んで、傍線部①〜⑤の敬語を、本動詞・補助動詞は問わずに種類別に分けたものとして最も適当なものを、後から選べ。

この殿*、若くより賢人のひとすぢのみならず、思慮のことに深く、情け、人にすぐれておはし①けり。

円融天皇の御時、頭中将にて、殿上*に候ひ②給ひ③けるに、式部丞蔵人藤原貞高といふ人、大盤*につきたるが、頓死したりけるを、頭*、奉行にて、奏司下部*を召し④て、かき出させられけるに、「何方より出づべきぞ」と申し⑤ければ……

『十訓抄』

注：この殿＝小野宮右大臣のこと
殿上＝内裏の殿舎・清涼殿の南廂にある「殿上の間」
大盤＝台盤（食事を乗せる台）と同義と解してよい
頭＝頭中将。小野宮右大臣のこと
奏司下部＝奏司は曹司（宮中にある官人や女官の部屋）の誤りと解してよい。下部は曹司に仕える下働きの者

ⓐ〔①・②・③〕〔④・⑤〕　ⓑ〔①・③・④〕〔②〕〔⑤〕
ⓒ〔①・③〕〔②・④〕〔⑤〕　ⓓ〔①・③・④〕〔②・⑤〕
ⓔ〔①・②・⑤〕〔③・④〕

CHECK 07講で学んだこと

□ 本動詞「侍り」「候ふ」には丁寧語と謙譲語がある
□ 丁寧の本動詞「侍り・候ふ」は「あります・おります・います」
□ 謙譲の本動詞「侍り・候ふ」は「お仕えする・お控えする」
□ 貴人・貴人がいる場所＋に＋「侍り・候ふ」は謙譲の本動詞の可能性が高い

Chapter 1 08講

謙譲語だけではない 本動詞「奉る・参る」

▼ここからつなげる 本動詞の「侍り」「候ふ」が二種類あるように、本動詞の「奉る」「参る」も同じように二種類あります。こちらも「侍り」「候ふ」同様、種類・訳と見分け方をマスターしましょう!

本動詞の「**奉る**（たてまつ）」「**参る**（まゐ）」は謙譲語、補助動詞の「**奉る**」や「参る」に近い「**参らす**」も謙譲語でしたね。**基本的には謙譲語で使用されることが多い**のですが、実は本動詞の「奉る」「参る」には尊敬語の場合もあります。種類と訳し方、見分け方をマスターしましょう。

POINT 1 種類と訳し方をセットで押さえよう

1 謙譲語の場合

謙譲語は学習済ですが、復習しておきましょう。

敬語動詞	訳	普通語
奉る 参る	差し上げる	与ふ
参る	参上する 参詣する	行く・来

「**場所に参る**」の「参る」は「参上する・参詣する」と訳します。

2 尊敬語の場合

敬語動詞	訳	普通語
奉る 参る	お召しになる 召し上がる・お飲みになる お乗りになる	着る 食ふ・飲む 乗る

POINT 2 尊敬になりやすい形を押さえよう

本動詞の「奉る」「参る」が、「衣装・食事・乗り物」に関する文脈で使用されている場合は、尊敬語「お召しになる・召し上がる・お飲みになる・お乗りになる」で訳してみましょう。ただし、衣装や食事を**差し上げ**ていたり、牛車などの乗り物をある場所に向かわせたりしている場面では**謙譲語**なので気をつけましょう。乗り物関係で謙譲語になる場合はあまりありませんが、「差し向ける」などと訳します。

例 「指貫奉りつ」と言ふ。『枕草子』
（尊敬の本動詞）（**袴の一種**）
（「指貫を**お召しになった**」と言う。）

例 ほかにて酒など参り、酔ひて……『大和物語』
（尊敬の本動詞）
（よそで酒などを**お飲みになり**、酔って……）

例 御車に奉りて……『源氏物語』
（尊敬の本動詞）
（お車に**お乗りになって**……）

演習

1 次の傍線部の解釈として最も適当なものを、後から選べ。

（妻が亡くなり）にばめる*御衣たてまつれるも、……『源氏物語』

注：にばめる＝薄墨色の

ⓐ 仕立てようとされる　ⓑ つくろわせなさる
ⓒ お召しになっている　ⓓ さし上げなさる

2 次の傍線部の現代語訳として最も適当なものを、後から選べ。

豊後介（ぶんごのすけ）、隣の軟障（ぜじゃう）*のもとに寄り来て、まゐりものなるべし、折敷（をしき）*手づから取りて、……『源氏物語』

注：軟障＝部屋を仕切る時などに使う幕
折敷＝盆。食事などを載せる

ⓐ お召しになる物にちがいない
ⓑ 使いの者の献上物であろう
ⓒ 召し上がる物にちがいない
ⓓ お呼びになった者のようだ
ⓔ さきほど参上した者であろう

3 次の文章を読んで、傍線部①〜③の敬語を、終止形の現代語に訳せ。

（高倉院は）唐の縹（はなだ）*の狩の御直衣（なほし）、唐綾の白き御衣二、御大口*①たてまつらせ給ふ。御姿いみじうなまめかしう美しう見えさせ給ふ。〈中略〉明くる辰の時*にまた御宮廻（めぐ）りありて、やがて御船に②たてまつる。〈中略〉向への岸に色深き藤、松の緑に咲きかかりたるを御覧じて、庁官*康貞を召してとどめてつかはす。丘の上に登りて、松の枝にかけて（院のところに）持て③まゐる。『高倉院厳島御幸記』

注：縹＝縹色の略。薄い藍色
大口＝大口袴のこと
辰の時＝午前七時〜午前九時頃
庁官＝院の庁などの一般職員

①
②
③

✔ CHECK 08講で学んだこと
□ 本動詞「奉る」「参る」には謙譲語と尊敬語がある
□ 「奉る」「参る」が衣装・食事・乗り物関係で使用されていれば尊敬語から考える

Chapter 1
09講

最高敬語

書いていない主体や客体がわかる!?

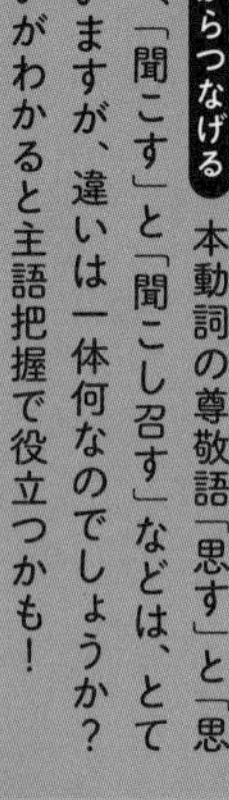
▼ここからつなげる 本動詞の尊敬語「思す」と「思し召す」、「聞こす」と「聞こし召す」などは、とても似ていますが、違いは一体何なのでしょうか? この違いがわかると主語把握で役立つかも!

本動詞の「思す」と「思し召す」は、どちらも尊敬語で「お思いになる」と訳しました。種類も訳も同じならば、一体何が違うのかというと、「思し召す」のほうがさらに尊敬の意味が強いのです。このように、より強い敬意を払う敬語を最高敬語といいます。

POINT 1 似ている語は「長いほうが最高敬語」が多い

1 尊敬語の最高敬語

▼似ている語があるもの

※長いほうが最高敬語。( )内は似ている普通の尊敬語。

聞こし召す(聞こす)/**思し召す**(思す)
宣はす(宣ふ)/**おはします**(おはす)
まします(ます)/**たまはす**(たまふ)

「います」と「いまそかり」も似ていますが、「いまそかり」は最高敬語ではないので気をつけましょう。「います」も「いまそかり」も**普通の尊敬語**です。

▼単独で「最高敬語」だと覚えておくもの

御覧ず/あそばす/大殿ごもる/知ろし召す

2 謙譲語の最高敬語

▼似ている語があるもの

※長いほうが最高敬語。( )内は似ている普通の謙譲語。

参らす(参る)/**聞こえさす**(聞こゆ)

POINT 2 地の文の最高敬語は主体・客体把握に役立つことも

地の文の**最高敬語**は「**とても偉い人**」に対して用います。「とても偉い人」とは、**皇族**や摂政関白などの**トップ貴族**。よって、尊敬語の最高敬語があれば、その部分の主体は「とても偉い人」だとわかります。謙譲語の最高敬語があれば、その部分の客体は「とても偉い人」です。一方、**会話文では誰にでも最高敬語を使えます**。また、「とても偉い人」に普通の尊敬語を使う場合もあります。あくまでも「**地の文での最高敬語はとても偉い人にしか使わない**」のです。

例 帝、限りなくあはれと思しめして…… 『宇津保物語』
（**主体が「とても偉い人」** ← 尊敬語の最高敬語）
(帝は、この上なくしみじみとお思いになって……)

この場合は「帝」と書いてありましたが、もし書いていなかったとしても、ひとまず「主体はとても偉い人」だとわかりますね。

演習

1 次の敬語のうち、最高敬語をすべて選べ。

ⓐ 思し召す　ⓑ います　ⓒ いまそかり
ⓓ 聞こし召す　ⓔ 聞こえさす　ⓕ 給ぶ
ⓖ 大殿ごもる　ⓗ たまはる　ⓘ あそばす
ⓙ おはします　ⓚ のたまふ　ⓛ たまはす
ⓜ 聞こゆ　ⓝ のたまはす

2 地の文で尊敬語の最高敬語が使われていた場合、主体として考えられる者を、次からすべて選べ。

ⓐ 女の童　ⓑ 天皇　ⓒ 随身　ⓓ 春宮
ⓔ 中宮　ⓕ 蔵人　ⓖ 童　ⓗ 左大臣

3 次の説明のうち、誤っているものを選べ。

ⓐ 会話文では誰にでも最高敬語を使える。
ⓑ とても偉い人には最高敬語しか使わない。
ⓒ 地の文で謙譲語の最高敬語が使われている場合、客体はとても偉い人だと考えられる。
ⓓ 「知ろし召す」は尊敬語の最高敬語である。

---

4 次の文章は、帝が大切にしていた鷹をあずかっていた大納言が、鷹を逃がしてしまった話である。これを読んで、傍線部ⓐ〜ⓔのうち、主体が大納言となるものを選べ。

*このことを奏せで、しばしもあるべけれど、二三日にあげずⓐ御覧ぜぬ日なし。いかがせむとて、内に参りて、御鷹のうせたるよし奏し給ふ時に、ものもⓑのたまはせず。ⓒ聞こしめしつけぬにやあらむとて、また奏し給ふに、おもてをのみまもらせ給うて、ものものたまはず。*たいだいしとおぼしたるなりけりと、われにもあらぬ心地して、かしこまりてⓓいますかりて、「この御鷹の、もとむるに、侍らぬことを、いかさまにしはべらむ。などかおほせごともたまはぬ」と奏し給ふ時に、

いはで思ふぞいふにまされる

とのたまひけり。かくのみⓔのたまはせて、こと事ものたまはざりけり。

『大和物語』

注：このこと＝鷹を逃がしてしまったこと
たいだいし＝もってのほかだ

✔ CHECK 09講で学んだこと

□ 敬語で似ている語がある場合、長いほうが「最高敬語」であることが多い
□ 地の文の「最高敬語」は「とても偉い人」にしか使わない

Chapter 1 10講

敬意の方向

誰が誰に対して敬意を払っているのか押さえる

▼ここからつなげる 「誰から誰への敬語か」や「誰に対する敬語か」などの問題は入試で頻出です。よくある勘違いは「身分が低い人から高い人へ」という考え。今すぐその考えを捨てましょう！

「誰から誰への敬語か」と問われた場合は、「誰から」と「誰へ」を完全に分けて考えましょう。

POINT 1 「誰から」は、どこにあるのかで決まる

「誰から」は、その敬語が**地の文と会話文のどちらにあるのか**を確認してください。次のようになります。

地の文➡作者から
会話文➡話し手から

古文では鉤括弧（かぎかっこ）が省略されている場合があり、本当は会話文なのに、見た目が地の文のような場合があるので気をつけてください。鉤括弧がなくてもセリフであれば、話し手からの敬語です。また、「作者」の具体的な名前は不要です。一方、「話し手」は、具体的な登場人物を答える必要があります。選択肢の場合は、これらを踏まえた上で最も適当なものを選んでください。

POINT 2 「誰へ」は、敬語の種類で決まる

「誰へ・誰に」は、敬語の種類を確認してください。**01講**で学習済ですが、再度確認しておきましょう。

1 尊敬語
「〜は・が・も」など主体に対する敬語です。

2 謙譲語
「〜を・に」など客体に対する敬語です。

3 丁寧語
まず「**どこにあるか**」を確認しましょう。**地の文**なら「**読者へ**」、**会話文**なら「**聞き手へ**（具体的な名前が必要）」です。

例題

1 次の傍線部は誰から誰への敬語か。それぞれ答えよ。

左大臣、式部卿の宮につねに①参り②給ひけり。『大和物語』

手順1 「**誰から**」**は敬語の場所を確認する**

①・②ともに**地の文**にあります。よって、「**作者から**」です。

手順2 「**誰へ**」**は敬語の種類を確認する**

①「**参り**」は謙譲語で「**客体へ**」、②「**給ひ**」は尊敬語で「**主体へ**」です。訳は「**左大臣が、式部卿の宮**の所に常に参上なさった」で、①「**式部卿の宮へ**」、②「**左大臣へ**」です。よって、①「作者から式部卿の宮へ」、②「作者から左大臣へ」が正解。

例題の解答 **1** ①作者から式部卿の宮へ　②作者から左大臣へ

演習の解答 ➡ 別冊P.14

演習

1 次の空欄にあてはまる語として最も適当なものを、後からそれぞれ選べ。

敬意の方向を考える場合、「誰から」は ① を確認する。② なら「作者から」、③ なら「話し手から」となる。「誰へ」は ④ を確認する。尊敬語なら「⑤ へ」、謙譲語なら「⑥ へ」、丁寧語は ② にあれば「⑦ へ」、③ にあれば「⑧ へ」となる。

ⓐ 身分の高低　ⓑ 敬語の種類　ⓒ 敬語の場所
ⓓ 作者　ⓔ 読者　ⓕ 話し手　ⓖ 聞き手
ⓗ 会話文　ⓘ 地の文　ⓙ 主体　ⓚ 客体

① ② ③ ④
⑤ ⑥ ⑦ ⑧

2 次の傍線部は誰から誰への敬語か答えよ。

一　帝、中宮に「その絵をこそ見せ侍れ」と申し給ひけり。

誰から・誰へ

3 次の文章を読んで、傍線部①〜⑥は誰から誰への敬語か、最も適当なものを、後からそれぞれ選べ。

*淑景舎（しげいさ）などわたり給ひて、御物語のついでに、「*まろがもとにいとをかしげなる笙（さう）の笛こそあれ。*故殿（ことの）の得させ①給へりし」とのたまふを、*僧都（そうづ）の君「それは隆円（りゅうゑん）に②給へ。*おのがもとにめでたき琴③はべり。それにかへさせ給へ」と④申し⑤給ふを聞きも入れ給はで、こと事を⑥のたまふに、……

『枕草子』

注：淑景舎＝中宮定子の妹原子　まろ＝自称代名詞
故殿＝藤原道隆。中宮定子・淑景舎・隆円の父
僧都の君＝道隆の四男隆円。定子の弟。淑景舎の兄
おの＝自称代名詞

ⓐ 淑景舎　ⓑ 定子　ⓒ 道隆
ⓓ 僧都の君　ⓔ 作者

① 誰から／誰へ　② 誰から／誰へ
③ 誰から／誰へ　④ 誰から／誰へ
⑤ 誰から／誰へ　⑥ 誰から／誰へ

✔ CHECK
10講で学んだこと

□「誰から」の敬語かは「地の文」か「会話文」かを確認する
□ 地の文であれば「作者から」の敬語
□ 会話文であれば「話し手から」の敬語
□「誰へ」の敬語かは「敬語の種類」を確認する

Chapter 2
11講

セットで使用！ 相棒と訳し方がポイント
呼応の副詞「不可能・禁止」

▼ここからつなげる 現代語の「到底」という副詞は打消の語とセットで使い、「どうしても〜ない」などの意味になります。古文でも、このようにセットで使用する副詞があるので確認しましょう！

現代語の副詞「到底」とあれば、続きは「できない」「信じられない」などのように**打消を伴って使用**します。このように、ある**決まった言い回しとセットで使う副詞**を**呼応の副詞**といいます。古文でも呼応の副詞があるので学習しましょう。

POINT 1 「何とセットになるか」と「訳」を押さえよう

1 不可能

え〜打消（〜できない）

副詞「**え**」は**打消**を伴って使用し、「〜できない」と訳します。打消は、助動詞「**ず・じ・まじ**」、形容詞「**なし**」、接続助詞「**で**」です。

例 **え**見やられ**ず**。『更級日記』
（見ることが**できない**。）

例 こちは**え**まゐる**まじ**。『蜻蛉日記』
（こちらには参上**できないだろう**。）

例 さはることのありければ、**え**行か**で**……『平中物語』
（都合が悪いことがあったので、行くことが**できないで**……）

2 禁止

な〜そ（〜するな）

副詞「**な**」は終助詞「**そ**」を伴って使用し、「〜するな」と訳します。この「な〜そ」は強い禁止ではなく、「お願いだから〜しないで」という弱めの禁止ではあるのですが、「〜するな」と訳してかまいません。「な〜そ」＝「〜するな」と覚えておけばよいです。

例 **な**泣きたまひ**そ**。『蜻蛉日記』
（泣きなさる**な**。）

かまへて
ゆめ（ゆめ）
あなかしこ
｝〜**な・べからず**（決して〜するな）

副詞「**かまへて**」「**ゆめ**」「**ゆめゆめ**」「**あなかしこ**」は「**な**」や「**べからず**」などを伴って使用していると、「**決して〜するな**」と訳す強い禁止となります。

例 **かまへて**かまへて、御出家などばし候ふ**な**『平治物語』
（**決して**決して、御出家などして**はいけません**）

演習

1 「あなかしこ、［　　］寄りそ。ただ遠外にて守りてあれ」の空欄に入る語句として最も適当なものを、後から選べ。

ⓐ 近くな　ⓑ え近く　ⓒ 近くや　ⓓ 近くこそ

［　　］

2 「いはまほしきこともえいはず、せまほしきこともえせず」の現代語訳として最も適当なものを、次から選べ。

ⓐ 言うべきことも言わず、すべきこともやらない。
ⓑ 言いたいことも言えず、したいこともできない。
ⓒ 言いたいことも言いにくく、するつもりであってもできない。
ⓓ 言うつもりでも言わず、してやるつもりでもできない。

［　　］

3 次の傍線部を現代語訳せよ。

男子は歌詠むめるを、女は<u>え詠まぬにや</u>、花を見ても……　『堤中納言物語』

［　　］

4 次の文章を読んで、傍線部をそれぞれ現代語訳せよ。

かぐや姫いふ、「鎖し籠めて、守り戦ふべきしたくみ*をしたりとも、あの国の人を*①<u>え戦はぬなり</u>。弓矢して*射られじ。かく鎖し籠めてありとも、かの国の人*来ば、みなあきなむとす。」翁のいふやう、「御迎へに来む人をば、長き爪*して、眼をつかみつぶさむ。」と腹立ちをり。かぐや姫のいはく、「声高に*②<u>なのたまひそ</u>。屋の上にをる人どもの聞くに、いとまさなし*。……」　『竹取物語』

注：したくみ＝準備
あの国の人を＝あの月の国の人と
弓矢して＝弓矢で
かの国の人＝あの月の国の人
爪して＝爪で
声高に＝大声で
まさなし＝みっともない

①［　　］
②［　　］

✔ CHECK
11講で学んだこと

□「え〜打消」は「〜できない」
□「な〜そ」は「〜するな」
□「かまへて・ゆめ（ゆめ）・あなかしこ〜な・べからず」は「決して〜するな」

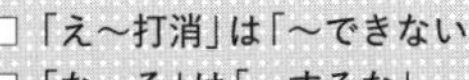

Chapter 2
12講

まずは頻出の四つを押さえる

呼応の副詞「全否定」

前講では、不可能と禁止の訳になる呼応の副詞を学習しました。今回は、「**全然〜ない**」「**決して〜ない**」と訳す**全否定**の呼応の副詞を学びましょう。

POINT 1 頻出のものから押さえていこう

全否定の呼応の副詞は十種類を覚えましょう。まずは頻出の次の四つを押さえます。

さらに すべて つゆ よに	〜**打消**	全然 決して まったく 少しも	〜**ない**

打消は、「**ず・じ・まじ・なし・で**」でしたね。

例 人**さらになし**。　『新御伽婢子』
（人が**まったくいない**。）

例 殿上人の**つゆ**知ら**で**、……　『枕草子』
（殿上人が**少しも**知らない**で**、……）

例 買ふ者も**よに**あら**じ**。　『閑居友』
（買う人も**決して**いない**だろう**。）

頻出の四つがマスターできれば、残り六つも理解しておきましょう。打消とセットで使うのはすべて共通です。

たえて あへて いささか おほかた かけて つやつや	〜**打消**	全然 決して まったく 少しも	〜**ない**

「たえて」は「世の中に**たえて**桜の**なかり**せば春の心はのどけからまし」という在原業平の有名な和歌でも使われています。「世の中にまったく桜がなかったならば、春の人の心はのどかであっただろうに」という意味です。

例 **いささか**いはけたる所**なく**……　『栄花物語』
（**少しも**子供っぽいところは**なく**……）

例 **あへて**音もせ**ず**。　『一休ばなし』
（**まったく**音もし**ない**。）

入試で出題されるのは、圧倒的に「**さらに〜打消**」です。「**全否定**」で正しく解釈できるようにしましょう。

▼ここからつなげる　「さらに学ばず」とあれば、「ここまでは学んだけれど、これ以上はもう学ばない」という意味だと思いがちですが、古文の場合、大間違い。正しく訳せるようにしましょう！

演習の解答 ➡ 別冊P.17

1 次の傍線部の意味として最も適当なものを、後から選べ。

おほかた、人に従ふといふ事なし。『徒然草』

ⓐ めったに　ⓑ わずか　ⓒ だいたい　ⓓ まったく

2 「さらになつかしからず」の現代語訳として最も適当なものを、次から選べ。

ⓐ あまり共感できない　ⓑ どうにも思い出せない
ⓒ なんとなく親しみがわかない　ⓓ ますます興味がわかない
ⓔ 全く心ひかれない

3 「つゆ知ることなし」を現代語訳せよ。

4 次の文章を読んで、傍線部①～⑤を現代語訳せよ。

〈作者が秘かに宮中を退出した際に、藤原斉信（ただのぶ）が彼女の居場所を聞きだそうと元夫の則光（のりみつ）を問いつめたが、則光は布（め）（海藻類）を口に頬張り、教えずに済んだと作者に伝えた。〉

（作者が）「①さらにな聞こえ給ひそ」など言ひて、日頃久しうなりぬ。（則光の手紙に）「（また斉信が）責めらるるに、術*なし。②さらにえ隠し申すまじ。いかに。仰せに従はむ」と言ひたる*。布を一寸ばかり紙に包みてやりつ。さて、後来て「人のもとにさる物包みて送るやうやはある。取り違へたるか」と言ふ。「③いささか心も得ざりける」と見るが憎ければ、紙の端に、「かづきする海女のすみかをそこ とだに④ゆめ言ふなとやめを食はせけむ」と書きてさし出でたれば、「歌詠ませ給へるか。⑤さらに見侍らじ」とて、逃げて往ぬ。『枕草子』

注：術なし＝どうしようもない
言ひたる＝ここでは「書いてある」の意

①
②
③
④
⑤

✔CHECK 12講で学んだこと

□「さらに～打消」は「全然～ない」などと訳す全否定
□「すべて・つゆ・よに・たえて・あへて・いささか～打消」なども全否定

Chapter 2 13講

呼応の副詞「その他の否定系」

相棒が打消になる「その他の副詞」

▼ここからつなげる　前講では「打消」を伴って用いる「全否定」の副詞を学習しました。「打消」とセットで用いる副詞は他にもあります。それぞれ正しい解釈ができるようにしましょう。

今回は、全否定以外の否定系を学習します。どういう否定になるのか、訳をしっかり押さえましょう。

POINT 1 打消とセットで用いる「その他の副詞」

1 弱い否定

をさをさ～打消　（めったに～ない・ほとんど～ない）

「をさをさ」は「**ず・じ・まじ・なし・で**」と一緒に用いると、「めったに～ない・ほとんど～ない」などの弱めの否定です。

例 をさをさ参(まう)でたまは**ず**。　『源氏物語』
（めったに参上なさらない。）

いと／いたく ～打消　（たいして～ない）

「いと」「いたく」は単独で用いると、「とても・たいそう」と訳します。**打消**を伴うと、その「とても・たいそう」を打ち消していると考えましょう。「とてもではない」➡「たいして～ない・それほど～ない」です。

例 いとやむごとなき際にはあら**ぬ**が……　『源氏物語』
（たいして身分が高くない人で……）

2 お決まりの語とセットになりやすいもの

よも～じ　（まさか～ないだろう）

「よも」の多くは「**じ**」とセットで用いて「まさか～ないだろう・決して～ないつもりだ」などと訳します。

例 道の草葉も**よ**もかれ**じ**……　『平家物語』
（道の草葉もまさか枯れないだろう……）

いさ～ず　（さあ、どうだろうか）

「いさ」の多くは「**知らず**」とセットで用いて「さあ、どうだかわからない」と訳します。

例 人はいさ心も**知らず**……　『古今和歌集』
（人の心は、さあ、どうだかわからない……）

この中では、圧倒的に「よも～じ」が出題されます。「よも」なら「じ」、「いさ」なら「知らず」と、すぐに出てくるようにしましょう。

演習

1 「人いたくあらがはず」の傍線部の意味として最も適当なものを、次から選べ。

ⓐ 決して　ⓑ とても　ⓒ たいして　ⓓ まさか

2 「よもことよろしき歌にはあら［　］」の空欄に入る助動詞として最も適当なものを、次から選べ。

ⓐ む　ⓑ じ　ⓒ まし　ⓓ まほし

3 「をさをさ公事（おほやけごと）にも出で仕へず」の現代語訳として最も適当なものを、次から選べ。

ⓐ まず政治的な催しには参加せず
ⓑ 全く天皇のお召しには従わないで
ⓒ 一度も公的な催しには出仕せず
ⓓ 朝廷の仏事にも滅多に出仕しないで
ⓔ 一切社会奉仕には参加せず

4 次の文章を読んで、傍線部①～③を現代語訳せよ。

「なぞなぞ合（あは）せ*しける、方人（かたうど）*にはあらで、さやうの事に領々じ*かりけるが、「左の一はおのれ言はむ。さ思ひ給へ」など頼むるに、さりともわろき事は言ひ出でじかしと頼もしくうれしうて、みな人々作り出だし、選り定むるに、「その詞を、ただまかせて残し給へ*。さ申しては、①よもくちをしくはあらじ」と言ふ。げにとおしはかるに、日いと近くなりぬ。「猶この事*のたまへ。非常に同じ事もこそあれ」と言ふを、「さは②いさ知らず。③な頼まれ*そ」などむつかりければ、……

『枕草子』

注：なぞなぞ合せ＝左右に分かれて、謎を出して解きあう遊び
方人＝左右のどちらかを応援する人
領々じ＝物事を熟知し、自分のものとしていること
ただまかせて残し給へ＝ただ私にまかせて、ここで問題を発表せずに残しておきなさい
この事＝「なぞなぞ」の問題
れ＝尊敬の助動詞「る」の連用形

①
②
③

CHECK 13講で学んだこと

- □「をさをさ～打消」は「めったに～ない」
- □「いと・いたく～打消」は「たいして～ない」
- □「よも～じ」は「まさか～ないだろう」
- □「いさ（知ら）ず」は「さあ、どうだろうか（わからない）」

Chapter 2
14講

「いかで」は三つの訳し分けが必要！

呼応の副詞「いかで」

▼ここからつなげる　副詞「いかで」には三つも意味があるので、入試でも頻出です。どの意味になるのかきちんと判別できるように、見分け方や訳し方を押さえましょう。

呼応の副詞は今回が最後。三つの意味の「いかで」を学習します。

POINT 1 何とセットで用いているかを確認する

1 いかで〜推量

▼「いかで」が推量の意味と一緒に用いられている場合
❶ 疑問（どうして〜か）
❷ 反語（どうして〜か、いや、〜ない）

疑問と反語のどちらかは、**文脈判断をする必要があります**ので、訳してみてどちらがピッタリかを確認してください。

例 「郭公（ほととぎす）たづねて聞きし声よりも」と書きて参らせたれば、「かうだに**いかで**郭公の事を書きつ**らむ**」とて笑はせたまふ……
（作者が）「郭公を探して聞いたその声よりも」と書いて（中宮定子に）差し上げたところ、「こんなにまで**どうして**郭公のことを書いたの**だろうか**」と言って笑いなさる……）
『枕草子』

「いかで」が**現在推量**「**らむ**」と一緒に用いられているので、**疑問**か**反語**です。反語なら「どうして郭公のことを書いたのだろうか、いや、書かない」となりますが、前に郭公のことを書いて差し上げたとあるため、おかしいです。よって、疑問だと判断します。

2 いかで〜意志・願望

「いかで」が**意志**か**願望**の意味と一緒に用いられている場合は、「なんとかして〜**しよう**・**したい**」などと訳します。

例 いかでこのことをかすめ聞こえ**ばや**（自己願望）と……
（なんとかしてこのことをほのめかし申し上げ**たい**と……）
『源氏物語』

3 いかで〜む・べし・じ・まじ

「む・べし」は**推量**と**意志**、「じ・まじ」は打消**推量**と打消**意志**の両方の意味を持っています。

▼「む・べし・じ・まじ」と一緒に用いている「いかで」
❶ 疑問　❷ 反語　❸ なんとかして

❶〜❸のどれになるかは**文脈判断が必要**です。三つの訳をあてはめてみて、スラっと通る訳を探しましょう。

ちなみに、複合語の「**いかでか**」や「**いかにして**」も、「いかで」と同じ方法で、三つの訳し分けが必要です。

1 「いかでをかしからむ児もがな」の現代語訳として最も適当なものを、次から選べ。

ⓐ どうして可愛らしい子供がいないのだろう
ⓑ なんとかして可愛らしい子供が欲しいものだ
ⓒ なんとまあ可愛らしい子供だろう
ⓓ なんとまあ子供は可愛らしいものだろう
ⓔ どうしたら可愛い子供が生まれるだろうか

2 次の傍線部の意味として最も適当なものを、後から選べ。

（川で魚をとっていた僧に対して）「殺生の禁断、世にもる*るところなし、いかでかそのよしをしらざらむ。この犯をなすこと、ひとかたならぬ咎、のがるるところなし」（と言う。）

『十訓抄』

注：もるる＝「漏る」の連体形

ⓐ ことの次第をきちんとわかっている。
ⓑ ことの次第をまったくわかっていない。
ⓒ なんとかして手段をわかりたい。
ⓓ なんとしても手段はわからないだろう。

3 次の文章を読んで、後の問に答えよ。

〈仲忠は、宮中で時々見かけていた仲澄に「前から話をしたかったので話せて嬉しい」と伝えた。〉

仲澄「仲澄も聞こえさせむと思ひ給へながら、御暇もなかめれば、①え聞こえさせずなむ」。仲忠「上*にさぶらひなどするをりも、②いささか人もなければ、心細くなむ覚え侍るを、いかで、かたみに近う語らひ聞こえ侍らむ。内裏にも、このごろは、③をさをさ参り給はぬは、いかなることにか」といふ。

『宇津保物語』

注：上＝ここでは帝のいらっしゃる清涼殿のこと

問1 波線部の意味として最も適当なものを、次から選べ。

ⓐ どうして隣同士で話し合うことがなかったのでしょうか
ⓑ どうにかしてお互いに親しく語りあいたいものです
ⓒ どんな理由があって語りかけていただいたのでしょう
ⓓ なんとかして近づき話すことはできないだろうか

問2 傍線部①〜③を現代語訳せよ。

①
②
③

✔ CHECK 14講で学んだこと

□「いかで〜推量」は「疑問」か「反語」で文脈判断
□「いかで〜意志・願望」は「なんとかして〜しよう・したい」
□「いかで〜む・べし・じ・まじ」は三つの訳し分けが必要

Chapter 2
15講

指示語①
「かれ」は男性だけじゃない

▼ここからつなげる 現代語の「こそあど」言葉とは、指示語をまとめた言葉です（「こう・そう・ああ・どう」「ここ・そこ・あそこ・どこ」など）。古文にも覚えておくべき指示語があります。

古文の指示語には「**こ**」（＝「**ここ・これ**」など）や「**そ**」（＝「**その・それ**」など）、「**か**」（＝「**あの・あれ**」など）、「**いづれ**」（＝「**どの・どれ**」など）、「**いづこ**」（＝「**どこ**」）などがありますが、これらは比較的わかりやすいはずです。ただし、次のように、品詞分解が現代語と違うので気をつけましょう。

例 この人

現代語 連体詞「**この**」＋名詞「人」

古語 指示代名詞「**こ**」＋格助詞「**の**」＋名詞「人」

他に気をつけるべき古語の指示代名詞に「**かれ**」があります。現代語で「かれ」とあれば、男性を指す三人称の人称代名詞「彼」と考える人が多いのではないでしょうか。ですが、古語の「**かれ**」は「**あれ**」や「**あの人**」なので、男性だけではなく、女性、動物、品物なども指します。**「かれ」は男性だけではない**、と覚えておきましょう。

POINT 1 三つの指示副詞をマスターしよう

古文特有の指示語として、「**かく・さ・しか**」の三つの指示副詞を押さえましょう。「かく」と「さ・しか」の二つに分けて覚えるとよいです。

1 かく

「かく」は「**こう・この・このように**」などと訳します。ウ音便で「**かう**」となっている場合もあります。

2 さ・しか

「さ」「しか」は「**そう・その・そのように**」などと訳します。

POINT 2 指示内容は基本的に「前」

指示語がある文は、指示内容を考えて読みましょう。基本的には、前の内容を指します。ただし、**後ろに和歌がある場合は、後ろの和歌を指している**ことが多いです。「ここだ」と思った内容を、指示語の部分に入れて訳し、スラっと通ればそこが指示内容です。

例 世の中になほいと心憂きものは、人ににくまれむ事こそあるべけれ。誰てふ物狂ひか、我人にさ思はれむとは思はむ。 『枕草子』

（世の中でやはりとてもつらいものは、**人ににくまれる**ようなことが（それに）あたるようだ。どこの狂人が、自分は**人にそう思われよう**（＝**にくまれよう**）とは思うだろうか。）

「かく」「さ」「しか」などの指示語があれば、問題になっていなくても「指示内容は何か」を考えて読み進めていきましょう。

演習

1 次の中から指示語を抜き出し、その訳として最も適当なものを、後からそれぞれ選べ（同じ記号を何度使ってもよい）。

① 「さ思ひ侍れど、せむかたなし」とて去りぬ。
② 車を急ぎてやるに、「こは何ぞ」とて心得ず……
③ 「一枝やいづこに見つけむ」

ⓐ どこ　ⓑ これ　ⓒ そう

① 指示語	記号

② 指示語	記号

③ 指示語	記号

2 次の傍線部が指す内容として最も適当な部分の、最初と最後の三字を抜き出せ（句読点・鉤括弧は含まない）。

「たとへ千引（ちびき）の石なりとも精魂入りなば、一万人が力も及ばじ。人夫にはまじらで、汝一人して引け。その時、守護不思議のものと思ひて財を与へば、富貴の身となるべし。ゆめゆめこの言葉あだならじ」とて、かく詠める、

千引とも万引（まびき）ともいへ引かれじを
君し一人の情ならずは

とて、泣く泣くたち別れぬ。

『雲玉和歌抄（うんぎょくわかしょう）』

最初	最後

3 次の文章は、蔵人頭（くろうどのとう）の任官をめぐる話である。蔵人頭の候補者として藤原伊尹（これまさ）と藤原朝成（あさひら）の二人がおり、朝成は家柄が劣るが、学識や人望は優れていた。しかし、名門出身の伊尹が有利という評判であったので、朝成が伊尹のもとに出かけた場面である。これを読んで、傍線部「さ」の内容として最も適当なものを、後から選べ。

（朝成が）「殿*はならせたまはずとも、人わろく思ひ申すべきにあらず。後々にも御心にまかせさせたまへり。おのれは、この度まかりはづれなば、いみじう辛かるべきことになむはべるべきを、この度、申させたまはではべりなむや」と申したまひければ、「ここ*にもさ思ふことなり。さらば申さじ」とのたまふを、いとうれしと思はれけるに、やがて問ひごともなく、なりたまひにければ、いみじう心やましと思ひ申されけるに……

『大鏡』

注：殿＝藤原伊尹のこと
ここ＝自分の人称代名詞。私

ⓐ 伊尹が先に蔵人頭になった方が良い
ⓑ 朝成が先に蔵人頭になった方が良い
ⓒ 伊尹が先に蔵人頭になって、すぐ朝成に譲る
ⓓ 朝成が先に蔵人頭になって、すぐ伊尹に譲る

□「かく」は「こう・この・このように」
□「さ」「しか」は「そう・その・そのように」
□ 指示内容は、基本的には「前」を指す

Chapter 2
16講

指示語②

「しかれば」は「怒ったので」ではない！

▼ここからつなげる　古文特有の指示語「かく」「さ」「しか」は、ラ変動詞「あり」がくっついた形でよく出てきます。ただし、省略された形で出るため、どのような形で出るのかを見ていきましょう。

指示副詞「かく」「さ」「しか」は単独でも使用しますが、ラ変動詞「**あり**」がくっついた形でよく使われます。たとえば、「かく」に「あり」がつけば「**かくあり**」ですが、省略した「かかり」の形でよく用います。「あり」は動詞なので活用もします。それぞれ活用した形と訳し方を確認しておきましょう。

POINT 1 「かか・さ・しか」＋「ら・り・る・れ」でOK

1 かく＋あり＝かかり

「かかり」は次のように活用します。

かか＋ら・り・る・れ

訳は「かく」が土台となり、「**こう**」系で訳します。

「**かからば**」は「かかり」の未然形＋「ば」で、「**もしこうならば**」です。「あら」がラ変の未然形なので、「かから」も未然形だとわかりますね。「**かかりしかども**」は「かかり」の連用形＋過去の助動詞「き」の已然形＋逆接の接続助詞「ども」で、「**こうであったが**」と訳します。

同様に、「かかる**こと**」は「このような**こと**」、「かかる**ほどに**」は「こうしている**うちに**」、「**かかれど**」は「**こうではあるが**」、「**かかれば**」は「**このようなので・こうしたところ**」と訳します。

2 さ＋あり＝さり

「さり」も「かかり」と同様、次のように活用します。

さ＋ら・り・る・れ

訳は「そう」系で訳します。

たとえば、「**さらば**」は「**もしそうならば**」、「**さらずとも**」は「**そうでなくても**」、「**さらで**」は「**そうでなくて**」、「**さりとて**」は「**そうかといって**」、「**さること**」は「**そのようなこと**」、「**されば**」は「**そうだから**」と訳します。

3 しか＋あり＝しかり

「しかり」も同様に活用します。

しか＋ら・り・る・れ

訳は「そう」系で訳します。

「**しからば**」は「**もしそうならば**」、「しかる**こと**」は「そのような**こと**」、「**しかれば**」は「**そうだから**」です。「怒ったので」ではありませんね。

演習

1 次の傍線部の現代語訳として最も適当なものを、後からそれぞれ選べ（同じ記号を何度使ってもよい）。

① しかれど我は忘れじ……
② かかることは文にも見えず……
③ 霜のいと白きも、またさらでもいと寒きに、……
④ さらばあらがひ給へ。
⑤ さかしう言ひいます。かかれば、北の方、いと憎しと思ふ。
⑥ しかることあらんと仰せられて……
⑦ 契らせ給ひけるを、さりともうち捨ててはえ行きやらじ。

ⓐ それならば　ⓑ こうならば
ⓒ さようなら　ⓓ そうではあるが
ⓔ そうだから　ⓕ このようであるから
ⓖ 怒ること　ⓗ 怒ったけれど
ⓘ そのようなこと　ⓙ このようなこと
ⓚ そうだとしても　ⓛ そうでなくても

①	②	③	④

⑤	⑥	⑦

2 次の文章を読んで、傍線部「さること」が指し示す内容を、文中から二十五字以内で抜き出せ（句読点も字数に含む）。

翁、かぐや姫にいふやう、「翁の申さむこと、聞きたまひてむや」といへば、かぐや姫、「何事をか、のたまはむことは、うけたまはざらむ。変化の者*にてはべりけむ身とも知らず、親とこそ思ひたてまつれ」といふ。翁、「嬉しくものたまふものかな」といふ。「翁、年七十に余りぬ。今日とも明日とも知らず。この世の人は、男は女にあふことをす。女は男にあふことをす。その後なむ門広く*（かど）もなりはべる。いかでかさることなくてはおはせむ」。かぐや姫のいはく、「なんでふ、さることかしはべらむ」といへば、「変化の人といふとも、女の身持ちたまへり。翁の在らむかぎりはかうてもいますかりなむかし。この人々*の年月を経て、かうのみいましつつのたまふことを思ひさだめて、一人ひとり*にあひたてまつりたまひね」といへば…… 『竹取物語』

注：変化の者＝神仏・天人が仮に人間の姿になって現れること
門広くもなる＝一門が繁栄する
この人々＝五人のかぐや姫への求婚者たちのこと
一人ひとり＝誰か一人

（解答欄：25マス）

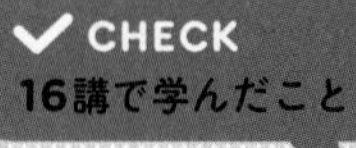

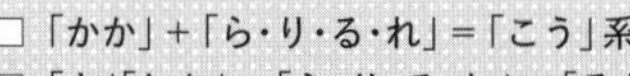

□「かか」＋「ら・り・る・れ」＝「こう」系
□「さ」「しか」＋「ら・り・る・れ」＝「そう」系

Chapter 2

17講

疑問語

「な●」「いか●」は疑問か反語

係助詞「や」「か」のように、疑問の意味を持つものは、反語の意味も持っている場合が多くあります。疑問（どうして〜か）と反語（どうして〜か、いや、〜ない）はまったく違うので、文脈判断をしてきちんと訳し分けをする必要があります。ですが、そもそも疑問語を見抜けなければいけません。疑問語の見抜き方とポイントを学習しましょう。

POINT 1 「な●」「いか●」がキーワード

1 な●

「なに」のように、「な」で始まる五文字くらいまでの言葉で、「どうして」と訳しておかしくないものが疑問語で、「など●」「なに●」「なん●」が多くあります。全部を必死に覚える必要はありません。「な」で始まっていることを確認しつつ、目を通しておきましょう。

など／などか／などかは／などてか／なにか／なにかは／なにしに／なにせむに／なんぞ／なんでふ／なんの

2 いか●

「いかが」のように、「いか」で始まる五文字くらいまでの言葉で、「どうして・どのように・どのくらい」などと訳しておかしくないものが疑問語です。全部を必死に覚える必要はありません。「いか」で始まっていることを確認しつつ、目を通しておきましょう。

いかで／いかでか／いかでかは／いかに／いかにか／いかにかは／いかにして／いかばかり／いかほど／いかん

この中で「いかで」「いかでか」「いかでかは」「いかにして」は**意志・願望**と一緒に用いていれば「なんとかして・どうにかして」と訳します（➡14講）。入試頻出なので忘れないようにしましょう。

POINT 2 疑問副詞のポイントは、結びが連体形

「な●」や「いか●」のかかっていく活用語は**連体形**になります（ただし、「いかなり」という形容動詞もあり、その場合の結びは通常の形です）。

例 いかがはせ**む**（連体形）とまどひけり。　『徒然草』

（「どうしようか」と途方にくれた。）

「な●」「いか●」を押さえておくと、疑問語が簡単に見抜けますね。結びの形にも気をつけましょう。

▼ここからつなげる　係助詞「や」「か」には疑問と反語の二つの意味があるように、「なに」などの疑問語にも、疑問だけではなく反語の意味があります。疑問語の見つけ方とポイントを押さえましょう。

演習の解答 ➡ 別冊P.24

1 「いかがせさせたまは□。」の空欄にあてはまるように、「むず」を正しく活用させて書け。

2 次の傍線部の解釈として最も適当なものを、後から選べ。

いかにして御そば近く参りて朝夕見奉り心を慰めばやと思ひめぐらして……

ⓐ 思い直して　ⓑ どのようにして
ⓒ どういうわけで　ⓓ なんとかして

3 次の傍線部を現代語訳せよ。

右近、（姫君の）御側に参りて、ほのかに聞こえ奉る。「この程（男君を）見奉りしに、げに痩せ痩せとならせ給ひ、こよなく御色のさ青に見奉り候ひぬ」とて、（男君からの）御消息取う出たれど、なかなか心憂く、そら恐ろしきに、「いかで、かくは言ふにかあらむ」とて、泣き給ひぬ。

『夢の通ひ路物語』

4 次の文章は、伊勢国から労役徴発された者が二度も見事な和歌を詠み、北面の武士が返歌すらできずに、その者を後嵯峨法皇のもとに連れて戻った場面である。これを読んで、傍線部の現代語訳として最も適当なものを、後から選べ。

事の子細聞こしめされて、御感ありて、「何事にても所望申せ」と仰せ下さる。「言ひ甲斐なき身にて候へば、何事の所望か候ふべき」と、申し上げけれども、「など分に随ふ所望なかるべき」と仰せければ、「母にて候ふ者を、養ふほどの御恩こそ、所望に候へ」と申しければ、百姓*なりけるを、かの所帯*の公事、一向御免ありて、永代を限りて、違乱あるまじき由の御下文給はりて、下りけるとぞ。

『沙石集』

注：百姓＝農民　所帯の公事＝所有地に課せられる租税

ⓐ どうして身分に相応の望みがないことがあろうか
ⓑ なぜ身分にふさわしい望みを言葉にしないのか
ⓒ おまえのような身分の者にふさわしい望みなどない
ⓓ 誰にだって身分に関係なく望みを持つ権利はある
ⓔ なんとかして身分に見合った望みを持つべきである

CHECK 17講で学んだこと
□ 「な●」「いか●」が疑問語のキーワード
□ 疑問副詞がかかっていく活用語は連体形になる

Chapter 3
18講

音便

「あべい」とは何なのかの疑問を解消！

▼ここからつなげる 「そう言ったのか」は、関西圏だと「そう言うたんか」と言うことがあります。このように、発音しやすく音を変えることを「音便」といいます。古文の音便を学習しましょう。

言葉を正しく発音することよりも、**発音しやすさを優先して音を変える**ことは古文の時代からされていました。このように音を変えて発音することを音便といいます。

POINT 1 「音便名」と「音」を押さえよう

1 イ音便

「い」に変えて発音することを**イ音便**といいます。動詞なら「**き・ぎ・し**」など、形容詞型なら「**き**」が「い」に変わっている場合がイ音便です。

例　浮**き**て➡浮**い**て　　高**き**山➡高**い**山

2 ウ音便

「う」に変えて発音することを**ウ音便**といいます。動詞なら「**ひ・び・み**」など、形容詞型なら「**く**」が「う」に変わっている場合がウ音便です。副詞「か**く**」も、「か**う**」になる場合がありましたね。

例　言**ひ**て➡言**う**て　　めでた**く**➡めでた**う**

3 促音便

小さい「っ」に変えて発音することを**促音便**といいます。小さい「っ」を「つ」で表記することもあります（発音は「っ」）。動詞「**ひ・ち・り**」が「っ（つ）」に変わっている場合が促音便です。

例　取**り**て➡取**つ**て（取って）

4 撥音便

「ん」に変えて発音することを**撥音便**といいます。動詞なら「**に・み・び**」が「ん」に変わっている場合が撥音便です。他に、**ラ変型連体形**「**〜る**」の下に、「**べし・なり・めり**」などの推量・推定の助動詞がつく場合、上の連体形「**〜る**」が「**〜ん**」に変わりやすいです。この「ん」は省略されることもあり、その場合を**撥音便無表記**といいます。

例　詠**み**て➡詠**ん**で　※音便名はありませんが、「て」➡「で」も発音がしやすいよう変化したものです。

べか**る**なり➡べか**ん**なり➡べかなり

おろかな**る**めり➡おろかな**ん**めり➡おろかなめり

ここまで学習したことを使って「**あべい**」のもとの形を考えます。「べい」は助動詞「べき」のイ音便です。「べき」は終止形からラ変の連体形に接続するため、「あ」の下は省略されたと考えられ、「あんべき」だとわかります。「あん」のもとは「ある」です。つまり、「**あべい**」は「**あるべき**」の音便です。

演習

1 次の傍線部中にある音便名をすべて、後からそれぞれ選べ（同じ記号を何度使ってもよい）。

① （五人の）人の心ざしひとしかんなり。
② 「皮を剝いで軽々と持つて売れかし」と……
③ 悲しかるべきことにこそあべかめれと思へど……
④ さすがに聞かまほしうするもありけり。
⑤ 「心苦しかべいことこそなけれ」

ⓐ イ音便　ⓑ ウ音便　ⓒ 促音便
ⓓ 撥音便　ⓔ 撥音便無表記

①
②
③
④
⑤

2 次の傍線部が、音便化などで語形変化を起こす以前の形をそれぞれ書け。

① 殿は心もゆかずおぼいたれど……
② またさべい人などのものものしうおぼす様なるも……
③ 薄氷張つたりけり。

①
②
③

3 次の文章を読んで、後の問に答えよ。

（木曾殿*が）「日ごろは何とも覚えぬ鎧が、今日は重うなつたるぞや。」今井四郎*申しけるは、「御身もいまだ疲れさせたまはず。御馬も弱り候はず。何によつてか一領の御着背長を重うは思し召し候ふべき。それは、御方に御勢が候はねば、臆病でこそ、さは思し召し候へ。兼平一人候ふとも、余の武者千騎と思し召せ。矢七つ八つ候へば、しばらく防き矢仕らん。あの松の中で御自害候へ。」とて、打つて行くほどに、また新手の武者五十騎ばかり出で来たり。〈中略〉（兼平が）「言ふかひなき人の郎等に討たれさせたまひなば、『さばかり日本国に聞こえさせたまひつる木曾殿をば、それがしが郎等の討ちたてまつたる*。』なんど申さんことこそ口惜しう候へ。」

『平家物語』

注：木曾殿＝源義仲　今井四郎＝今井兼平。義仲の乳母子
たてまつ＝「奉る」の連用形「奉り」の促音便「つ」の無表記。発音は「たてまつっ（たる）」

問1　ウ音便をすべて抜き出せ。同じものは一度でよい。

問2　「たてまつたる」以外の促音便をすべて抜き出せ。

CHECK 18講で学んだこと

□ 音便には、イ音便・ウ音便・促音便・撥音便の四種類がある
□ ラ変型の連体形「〜る」に推量・推定「べし・なり・めり」がつくと撥音便（無表記）になりやすい

Chapter 3
19講

活用の種類が二種類ある動詞

訳し方に気をつける動詞

▼ここからつなげる 「詠まない」は、「ない」の上がa段なので、「詠む」は四段活用と判断できます。「ない」をつける際には「できない」の意味にならないようにするのですが、中には例外が！

活用の種類を判断するために「ない」をつける際には、「詠めない」ではなく「詠まない」とするなど、「〜できない」の意味にならないようにします。しかし、中には「〜できない」のようになるもう一つの活用を持つ動詞があるのです。たとえば、「入る」は「入らない」で**四段**活用ですが、「入れない」となる**下二段**活用も持っています。このように、**四段と下二段の二種類を持つ動詞**がいくつかあります。活用の種類以外の違いが何なのかを把握しましょう。

POINT 1 下二段は使役「(さ)せる」を追加する

四段と下二段の二種類を持つ動詞は訳し方が違います。**四段はそのまま**で訳し、**下二段は「四段」の訳に使役「(さ)せる」を追加**して訳します。「入る」は、**四段**活用であれば「(中に)**入る**」と訳し、**下二段**活用であれば「入る」に使役「せる」を足して、「**入らせる**」(＝**入れる**)と訳します。「立つ」も四段と下二段があり、**四段**は「**立つ**」、**下二段**は「**立たせる**」です。

㊞ この寺に夜半に入らむ……（四段）
(この寺に夜中に**入ろう**……)
『今昔物語集』

㊞ 一籠にやまがら二つ入れたりけるに……（下二段）
(一つの籠にヤマガラを二羽**入れ**ていたところ……)
『閑居友』

POINT 2 三つの動詞を押さえよう

どの動詞が二種類の活用を持つのか不安にならなくても大丈夫です。先ほどの「入る」「立つ」の他に、次の三つを押さえましょう。

1 頼む

四段なら「**頼りにする・あてにする**」、下二段なら「**頼りにさせる・あてにさせる・期待させる**」と訳します。

2 慰む

四段なら「**心が晴れる**」、下二段なら「**心を晴れさせる**」(＝慰める)と訳します。

3 被く（かづく）

「**かづく**」の漢字は「**被害**」(＝害をか**ぶ**る)の「**被**」で、「**かぶる**」の意です。**四段**なら「**かぶる**」「**褒美をいただく**」、下二段なら「**かぶせる**」「**褒美を与える**」と訳します。

古文で**褒美を与える場合**、**着ている服を脱ぎ、相手の左肩にかける**方法があります。ここから、「**かぶせる**」(＝かける)は「**褒美を与える**」、「**かぶる**」は「**褒美をいただく**」とわかります。

ちなみに、「**かづけもの**」は「**褒美として与えるもの・祝儀**」の意味です。

演習

1 次の傍線部をそれぞれ現代語訳せよ。

① 頼めし人々、やがて打ちつづき身まかりにしかば……

② 「早稲飯*食はせ候ひてこそ、心は慰み候はんずれ」

③ 薄衣引き被きたる者もあり。　注：引き＝頭から

①

②

③

2 次の傍線部の解釈として最も適当なものを、後から選べ。

（帝が）「ありとある上達部、みこたち、四位五位、これ*に物ぬぎてとらせざらむ者は、座より立ちね」とのたまひければ、上下みなかづけたれば、かづきあまりて……　『大和物語』

注：これ＝玉淵の娘

ⓐ 帝は上下の衣を揃えて、臣下にお持たせになったので

ⓑ 臣下は部屋の隅から隅まで、整理整頓につとめたので

ⓒ 位の高い者も低い者もみな、玉淵の娘に衣服を与えたので

ⓓ 上座の者から下座の者まで、ひれ伏したので

ⓔ 臣下は帝に、我も我もと新しい衣服をさしあげたので

3 次の傍線部の意訳として最も適当なものを、後から選べ。

吉備国のほどにて、沖つ白波*立ち来て、ここにて命も絶えぬべく見えければ、狩衣・冠などうるはしくして、屋形*の上に出でて居りけるに、白波の舟漕ぎ寄せければ、その時、用光、篳篥（ひちりき）取り出だして、恨みたる声にえならず吹きすましたりければ、白波ども、おのおの悲しみの心起こりて、かづけものどもをさへして、漕ぎ離れて去りにけりとなむ。　『今鏡』

注：沖つ白波＝「白波」は盗賊。はるか沖合の白波と、そのあたりに見える海賊の舟とを重ねた表現。
屋形＝屋根のある家の形をした舟上の施設。

ⓐ 危害を加えなかったばかりか、演奏に対し祝儀を与えることまでして

ⓑ 舟の物を盗むどころか、代わりに届け物をしてほしいと品物を預けて

ⓒ 乱暴を働いたにもかかわらず、謝罪のしるしにと貢ぎ物を差し出して

ⓓ 危害を加えることもなく、奪った品物を全て返すことまでして

✔ CHECK
19講で学んだこと

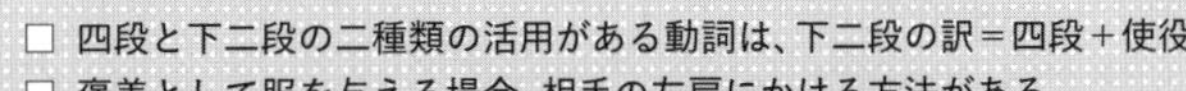

- □ 四段と下二段の二種類の活用がある動詞は、下二段の訳＝四段＋使役
- □ 褒美として服を与える場合、相手の左肩にかける方法がある
- □ 四段活用の「かづく」【被く】は「かぶる」「褒美をいただく」
- □ 下二段活用の「かづく」【被く】は「かぶせる」「褒美を与える」

Chapter 3
20講

現代語とは違う訳もある
訳し方に気をつける格助詞

▼ここからつなげる 格助詞は、上の言葉が、文の中で何の働きになるのかを決める助詞で、十個あります。その中で訳し方がポイントになる格助詞を押さえましょう。

今回学習する格助詞は「**が**」「**して**」「**より**」「**と**」です。

POINT 1 働きと訳し方をセットで押さえる

「**が**」は、働きと訳し方、見分け方を押さえましょう。**主格**、**連体格**、**準体格**、**同格**の働きをします。

体言が**用言**にかかれば**主格**「**～が**」、体言が**体言**にかかれば**連体格**「**～の**」、「**～のもの**」と訳せるものは**準体格**。**同格**は「連体形**が**～連体形…」の形がポイント。各連体形の下に何か同じ**体言**を入れて、「**が**」を「**で**」で訳し、意味がきちんと通れば、その「**が**」は**同格**です。

例 いとやむごとなき際にはあらぬ**が**、すぐれて時めきたまふありけり。　『源氏物語』
（打消「ず」の連体形／連体形）
（たいして身分が高くない**人で**とりわけ天皇のご寵愛を受けていらっしゃる**人**がいた。）

POINT 2 訳がポイントとなる

「して」「より」「と」は訳し方を押さえておくべき格助詞です。順番に見ていきましょう。

1 して

体言に接続する「**して**」は格助詞で、「**～で**（手段）」「**～とともに**（共同）」「**～に命じて**（使役の対象）」のどれかで訳せますので、文脈判断をしましょう。

2 より

体言・連体形に接続する「**より**」は格助詞で、「**～で**（手段）」「**～を通って**（経由）」「**～するやいなや**（即時）」の用法を押さえましょう。手段は「馬より」など**交通・移動手段**で使われることが多く、「**かちより**」が重要です。「**かち**」は漢字で「**徒歩**」。「**徒歩で**」と訳す移動手段です。また、**連体形に接続する「より」は「即時」から考えるのがコツ**です。「比較」「理由」などの用法は現代語でも使うので、覚える必要はありません。

3 と

「**～のように**（比喩）」の用法を押さえましょう。「比較」「動作の相手」「引用（**～と**思う・**～と**言う、など）」の用法は現代語でも使うので、覚える必要はありません。

例 笛の音のただ秋風**と**聞こゆる……　『更級日記』
（笛の音がまるで秋風**のように**聞こえる……）

演習

1

次の傍線部をそれぞれ口語訳せよ。

① かなはぬ心にかちより参りつる……

② 傍らなる人して言はすれば……

③ 雪と消えにし人や恋ふらむ

①

②

③

2

次の傍線部の解釈として最も適当なものを、後から選べ。

頼めたまひし、もしまことならむ時と思ふより、いとど心は騒ぎて、かの楼のもとに待ちゐたり。　『松浦宮物語』

ⓐ 期待させなさったことが、もしかしたら本当である時と思うや否や

ⓑ あてになさったことが、もしかしたら本当になるだろうと思ったので

ⓒ 信頼なさったことが、もし本当ではなかった時はと思うけれども

3

次の傍線部①～③の意味用法として同じものはどれか。後からそれぞれ選べ（同じ記号を何度使ってもよい）。

（帝が）「みやつこまろ*が①家は山もと近かなり。御狩の御幸したまはむやうにて、見てむや」とのたまはす。みやつこまろが②申すやう、「いとよきことなり。心もとなくてはべらむに、ふと御幸して御覧ぜば、御覧ぜられなむ」と奏すれば、帝、にはかに日を定めて御狩にいでたまうて、かぐや姫の家に入りたまうて、見たまふに、光満ちてけうらにてゐたる人あり。これならむと思して、逃げて入る袖をとらへたまへば、面をふたぎてさぶらへど、初めよく御覧じつれば、類なくめでたくおぼえさせたまひて、率ておはしまさむとするに、かぐや姫、「おのが③身は、この国に生れてはべらばこそ、使ひたまはめ、いと率ておはしましがたくやはべらむ」と奏す。　『竹取物語』

注：みやつこまろ＝竹取の翁の名

ⓐ 大江の玉淵がむすめと申す者、めづらしうまゐりて侍り。

ⓑ 女御更衣あまたさぶらひたまひけるに、いとやむごとなき際にはあらぬが、すぐれてときめき給ふありけり。

ⓒ いかなれば兼久がはわろかるべきぞ。

ⓓ かぐや姫てふ大盗人の奴が人を殺さむとするなりけり。

①

②

③

✔ CHECK
20講で学んだこと

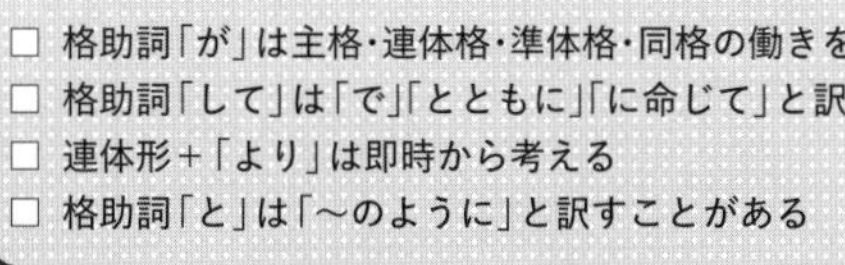

□ 格助詞「が」は主格・連体格・準体格・同格の働きをする
□ 格助詞「して」は「で」「とともに」「に命じて」と訳す
□ 連体形＋「より」は即時から考える
□ 格助詞「と」は「～のように」と訳すことがある

Chapter 3

21講

接続助詞「を」「に」

様々な働きを持つ接続助詞

▼ここからつなげる　接続助詞には順接や逆接、打消接続などいろいろな働きがあります。「を」と「に」は三つの働きがあり、訳して判断する必要があります。この二つをマスターしましょう！

接続助詞を学習するときのポイントは「**働き**」と「**接続**」です。今回学習する「を」と「に」は三つの働きがあります（POINT❶で詳しく見ていきます）。「**接続**」は、どちらも**連体形**に接続します。「ぬ」の識別などで、この知識を利用して解く場合もありますので、忘れないようにしましょう。

例　来つらむ方も見え**ぬに**、猫のいとなごう鳴いたる……　『更級日記』

上の「見え」が下二段活用で、未然形か連用形か不明
「に」の接続が連体形➡「ぬ」は**打消**「ず」と判断する

（来たような方角はわから**ないが**、猫がたいそうのどかに鳴いている……）

POINT 1 前後を訳して意味確定

接続助詞「を」「に」には、おもに「順接確定（**〜ので**）」「逆接確定（**〜のに・けれど**）」「単純に軽く前後をつないで、下に続く（**〜と・したところが**）」の三つの働きがあります。どの意味になるのかは、**前後をきちんと訳して判断する**必要があります。たとえば、接続助詞「で」は「〜ないで」と覚えておけば、それをあてはめるだけですが、「を」と「に」の意味は、その前後がきちんと訳せてはじめて確定できるのです。よって、難関大でもよく問われます。例とともに確認しておきましょう。

1 順接確定

前後が原因・理由になっている「を」「に」は順接確定で「**〜ので**」と訳します。

例　御仲らひ、うはべはいとよけれど、まめやかならぬを、いと心苦しと思さるれど……　『増鏡』

（御仲は、うわべはとてもよいが、真実ではない**ので**、とても気がかりだと思いなさるが………）

2 逆接確定

前後が予想外の展開になっている「を」「に」は逆接確定で「**〜のに・けれど**」と訳します。

例　心肝をまどはして求むるに、さらにえ見出でず。　『大和物語』

（うろたえて探す**が**、まったく見つけ出すことができない。）

3 単純につないで下に続く

単に事実を述べて下に続けている「を」「に」は「**〜と・〜したところが**」と訳します（この「が」は逆接ではありません）。

例　寄り臥してあるに、参りたる人のある……　『更級日記』

（よりかかり横になっている**と**、参上した人がいる……）

演習

1 次の傍線部の意味として、最も適当なものを後からそれぞれ選べ（同じ記号を何度使ってもよい）。

① 日も暮れぬべし

② 他事は人にまさるともおぼえぬを、……

③ ねむごろに語らふ人の、かうて後おとづれぬに、……

ⓐ 打消　ⓑ 完了　ⓒ 強意

①［　］②［　］③［　］

2 次の傍線部の働きとして最も適当なものを、後からそれぞれ選べ。

① 思ふこともなく、めでたげにゐたるに、ただ人知れず思ふことひとつなむありける。

② この男の顔をよく見るに、わが男なりけり。

③ 紅葉、小倉の山にいろいろいとおもしろかりけるを、かぎりなくめで給ひて……

ⓐ 順接（〜ので）

ⓑ 逆接（〜けれど）

ⓒ 単純接続（〜と）

①［　］②［　］③［　］

3 次の文章を読んで、後の問に答えよ。

摂政殿、宮内卿*をめして、「当時*ただしき歌よみ、多く聞こゆるなか①に、いづれかすぐれはべる。心に思はむやう、ありのまま②に」と御たづねありければ、「いづれともわきがたく候」とばかり申して、思ふやうありげなるを、「いかにいかに」とあながちに問はせたまひければ、ふところより畳紙（たたうがみ）を落として、やがていでにけり。〈中略：紙には定家の歌を書いていた。〉そののち、また治部卿*を召して、先のやうに*たづねらるる③に、これも申しやりたるかたなくて、「かささぎのわたすやいづこ夕霜の雲井④に白きみねのかけはし」と、たかやかにながめていでぬ。これは宮内卿の歌なりけり。

『今物語』

注：宮内卿＝藤原家隆　当時＝現在
治部卿＝藤原定家
先のやうに＝家隆の時と同じように

問1　傍線部の働きとして最も適当なものを、次から選べ。

ⓐ 順接　ⓑ 逆接　ⓒ 単純接続

［　］

問2　波線部①〜④の中から接続助詞を選べ。

［　］

CHECK
21講で学んだこと

□ 接続助詞「を」「に」の接続は連体形

□ 接続助詞「を」「に」は「〜ので」「〜けれど」「〜と・したところが」のどれかで訳す

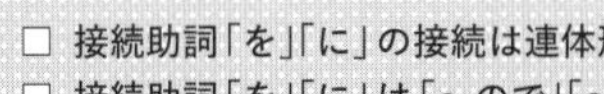

Chapter 3
22講

文脈判断が必要！
訳して識別する「なり」

▼ここからつなげる 「なり」の識別は、基本的に上の文字や接続で識別しますが、文脈判断が必要な「なり」もあるのです。訳して識別する「なり」を学習しましょう。

▼**基本的な「なり」の識別**
❶ **体言・連体形**＋「なり」＝断定の助動詞
❷ **終止形**＋「なり」＝伝聞推定の助動詞
❸ **様子や状態**＋「なり」＝形容動詞ナリ活用の活用語尾
※「～か・げ・ら＋なり」の形が多い
❹「**なる**」と訳せる「なり」＝ラ行四段活用動詞
※「～ず・と・に・く＋なり」の形が多い

このように「なり」は**上の文字**や**接続**で識別します。

ただし、**四段動詞**＋「なり」は、終止形と連体形が同じ形なので、**伝聞推定**か**断定**か迷ってしまうはずです。四段動詞が音声動詞（「鳴く」など）であれば**伝聞推定**、音声動詞でなければ**断定**と考えて文脈判断をしましょう。

また、終止形接続の助動詞は、**ラ変型の場合は連体形**に接続するので、たとえば、「あるなり」の「なり」が**断定**か**伝聞推定**かは文脈判断が必要です。（何かが）あることが確実な文脈なら「あるのである」と**断定**、あることを人から聞いたり、ただの推測の文脈なら「ある**そうだ**（ある**ようだ**）」と**伝聞推定**です。

次の例題にチャレンジしましょう。

例題

❶ 次の傍線部の意味を答えよ。
（嵐雪の妻は猫を溺愛しており、度が過ぎるので、妻の留守中に嵐雪は猫をよそにやり、帰宅した妻にはいなくなったと告げたが、妻が隣人から真相を聞いた後の場面である）

妻、「我が夫、猫を愛する事を憎み申されけるが、さては我をはかりてのわざなるか」と、さまざま恨みいどみ合ひける。嵐雪もあらはれたる上は是非なく、「実に汝をはかりて遣はしたるなり。常々言ふごとく、余り他に異なる愛し様なり。はなはだ悪しき事なり」と、さまざま争ひけるに……

『誹諧世説』

手順1 上を確認
助動詞「たり」の連体形「たる」です。「たり」は**ラ変型**活用なので、この「なり」は**断定**か**伝聞推定**で、文脈判断が必要。

手順2 訳して判断する
「なり」の直前を訳してみると、「たしかにお前をだまして（猫を）やった」です。猫をよそにやったのは嵐雪なので、自分の行動なのに「やったそうだ」と伝聞推定にするのはおかしいです。「やったの**である**」の**断定**が正解です。

例題の解答 ❶ 断定 現代語訳 ➡ 本冊 P.98

演習

1 次の空欄にあてはまる語句として最も適当なものを、後からそれぞれ選べ（同じ記号を何度使ってもよい）。

「なり」は ① を確認して、②・③ につく「なり」は ④ の助動詞、⑤ につく「なり」は ⑥ の助動詞だが、ラ変型 ⑦ につく「なり」は文脈判断が必要である。「⑧」と訳せるなら④、「⑨」と訳せるなら⑥である。

ⓐ上　ⓑ下　ⓒ用言　ⓓ体言　ⓔ連用形
ⓕ終止形　ⓖ連体形　ⓗ断定　ⓘ完了
ⓙ伝聞推定　ⓚである　ⓛた　ⓜそうだ

① ② ③ ④ ⑤
⑥ ⑦ ⑧ ⑨

2 次の傍線部の文法的説明として最も適当なものを、後から選べ。

舎人（とねり）の名は信定とかや。確かにも聞き侍らざりき。その小野の寺などは、猶残りて、僧もまだかすかに侍るなり。『今鏡』

ⓐ断定の助動詞　ⓑ伝聞の助動詞
ⓒ形容動詞の活用語尾　ⓓラ行四段活用動詞

3 次の文章を読んで、傍線部の文法的説明として最も適当なものを、後から選べ。

（御息所が）帰らせ給ひて後、老法師の腰二重なるが、杖（つゑ）にすがりて参りて、「見参*し侍りし老法師こそ参りたれ」と申しければ、しばしは聞き入るる人もなかりけれど、ひねもすに立ちてあまりにいひければ、「かかることなん申す者侍る」と申しければ、「しかることあらん」と仰せられて、日隠しの間に召し寄せて、「いかなることぞ」と問はせ給ひければ、「志賀*にこの七十余年ばかり侍りて、ひとへに後世菩提（ごせぼだい）のことを営み侍るに、はからざる見参を仕うまつりて、今一度見参の心のみ侍りて、年ごろの行ひの徒（いたづ）らになりなんことの悲しさに、杖にすがりて泣く泣く参りて侍るなり」と申しければ……『古来風躰抄』

注：見参＝お目にかかる
志賀＝志賀寺

ⓐ断定の助動詞　ⓑ伝聞の助動詞
ⓒ形容動詞の活用語尾　ⓓラ行四段活用動詞

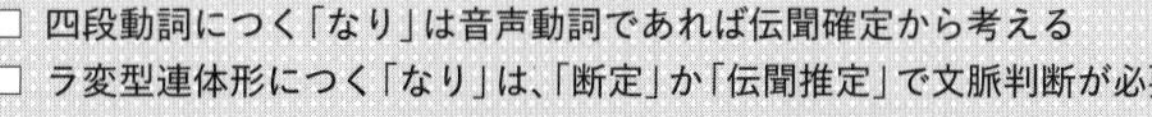

✔CHECK 22講で学んだこと
□ 四段動詞につく「なり」は音声動詞であれば伝聞確定から考える
□ ラ変型連体形につく「なり」は、「断定」か「伝聞推定」で文脈判断が必要

Chapter 3

23講

文脈判断が必要！
訳して識別する「なむ」

▼基本的な「なむ」の識別

❶未然形＋「なむ」＝他者願望の終助詞

❷連用形＋「なむ」
＝完了・強意の助動詞「ぬ」＋推量系の助動詞「む」
※本活用連用形「〜く・に・ず」＋「なむ」＝強意の係助詞

❸「死・往・去」＋「なむ」
＝ナ変動詞未然形の活用語尾＋推量系の助動詞「む」

❹それ以外＋「なむ」＝強意の係助詞

このように「なむ」は**上の文字**や**接続**で識別します。基本的には、この識別法でわかるのですが、未然形と連用形が同じ形の場合は文脈判断が必要です。次の例題で確認しましょう。

例題

❶ 次の歌は、三年不仲で対面していなかった母と仲が戻ったが、その年に母は亡くなってしまい、亡骸を法性寺の山の奥に納めるときに詠んだ歌である。傍線部「なむ」は何か。

三とせまで恋ひつつ見つる面影を飽かでや苔*の下に朽ち(く)なむ

『藤原隆信朝臣集』

注：苔の下＝墓の下

▼ここからつなげる 「なむ」の識別は、基本的に上の文字や接続で識別しますが、文脈判断が必要な「なむ」もあるのです。今回は、訳して識別する「なむ」の学習です。

手順1 上を確認

「朽ち」は「朽ちない」で**上二段**活用です。よって、**未然形か連用形かわかりません。**他者願望の終助詞なのか、助動詞「ぬ」＋助動詞「む」かは文脈判断が必要です。**ひとまず他者願望「〜てほしい」で訳すのがポイント。**スラっと通れば他者願望の終助詞、意味不明であれば助動詞「ぬ」＋助動詞「む」です。

手順2 訳して判断する

直前までを訳すと「三年の間、恋い慕いつつ（対面できず離れて）見ていた母の面影を飽くことなく覚えているのに、（その亡骸は）墓の下で」です。**他者願望**で訳すと「**朽ちてほしい**」ですが、仲良く戻ったのに「母の亡骸はお墓の中で朽ちてほしい」というのはおかしいです。よって、この「なむ」は**強意の助動詞「ぬ」＋推量の助動詞「む」**で、「墓の下で**きっと**朽ちてしまうの**だろうか**」と訳します。

未然形・連用形が同じ形でも、**文中**であれば**助動詞「ぬ」＋助動詞「む」**です。終助詞が文中にくることはないからです。文末ならば文脈判断をしましょう（見た目は文中でも、引用の「と」などの上は**文末扱い**なので気をつけること）。

例題の解答 ❶ 強意の助動詞「ぬ」＋推量の助動詞「む」

演習

1 次の傍線部「なむ」のうち、他と異なるものを選べ。

ⓐ 供御*もまゐらずして、昨日も暮れぬ、今夜も明けなむとす。

注：供御＝お食事

ⓑ 「この香失せなむ時に立ち寄りたまへ」

ⓒ 「人にな語りたまひそ。かならず笑はれなむ」

ⓓ 女も「男を捨てではいづちかいかむ」とのみいひわたりけるを、男、「おのれは、とてもかくても経なむ。女のかく若きほどに、かくてあるなむ、いといとほしき。京にのぼり、宮仕へをもせよ。」

2 次の傍線部の解釈として最も適当なものを、後から選べ。

（男は）女、いかにおぼつかなくあやしと思ふらむと、恋しきに、今日だに日もとく暮れなむ。いきてありさまもみづからいはむ、かつ、文をやらむと、酔ひさめて思ひけるに……

『大和物語』

ⓐ 今日は日がとっくに暮れてしまったようだ
ⓑ せめて今日だけでも早く日が暮れてほしい
ⓒ 今日は日が早くきっと暮れてしまうだろう

3 次の文章を読んで、後の問に答えよ。

むかし、男ありけり。女のえ得まじかりけるを、年を経てよばひわたりけるを、からうじて盗み出でて、いと暗きにきけり。芥川といふ川を率ていきければ、草の上に置きたりける露を、「かれは何ぞ」となむ男に問ひける。ゆくさきおほく、夜もふけにければ、鬼ある所とも知らで、神*さへいといみじう鳴り、雨もいたう降りければ、あばらなる蔵に、女をば奥におし入れて、男、弓、胡籙*を負ひて、戸口にをり。はや夜も明けなむと思ひつつゐたりけるに、鬼はや一口に食ひてけり。

『伊勢物語』

注：神＝雷のこと
胡籙＝矢をさして背中に負う具

問1 傍線部①の文法的説明として最も適当なものを、次から選べ。

ⓐ 他者願望の終助詞　ⓑ 強意の助動詞＋推量の助動詞
ⓒ ナ変動詞の活用語尾＋推量の助動詞　ⓓ 強意の係助詞

問2 傍線部②を現代語訳せよ。

CHECK 23講で学んだこと

- □ 未然形・連用形が同じ形につく「なむ」は「〜てほしい」から訳してみる
- □ 「〜てほしい」がスラッと通れば他者願望
- □ 「〜てほしい」がおかしければ助動詞「ぬ」＋助動詞「む」
- □ 未然形・連用形が同じ形につく「なむ」が文中なら助動詞「ぬ」＋助動詞「む」

Chapter 4
24講

単語・敬語と文法が解釈の土台
短文解釈①（助動詞「す」／「ぬ・ね」の識別）

▼ここからつなげる 学習してきたことを使って、まずは書いてあることを辞書なしで読むために、短文の解釈（＝現代語訳）ができるように訓練していきます。総復習のつもりで取り組みましょう。

考えてみよう

● 父親の遺産の荘園を人に横領された娘が、道長のところへ行き、愁訴した後の場面である。A・Bを現代語訳せよ。

いとあはれに思し召して、「皆聞きたることなり。いと不便なることにこそはべるなれ。いま、しかすまじきよし、すみやかに言はせむ。かくいましたること、あるまじきことなり。[A]人してこそ言はせたまはめ。とく帰られね」と仰せられければ、「申しつぐべき人の[B]さらにさぶらはねば、さりともあはれと仰せごとさぶらひなむ、と思ひたまへて、まゐりさぶらひながらも……」

『大鏡』

現代語訳 ➡ 本冊P.98

POINT 1 重要語句・敬語を確認する

A 人してこそ言はせ**たまはめ**。**とく**帰られね
（①尊敬の補助動詞　②）

①助動詞につく「たま**は**」は**尊敬**の補助動詞。　②**とく**＝早く。

B さらに**さぶらは**ねば
（①丁寧の本動詞）

①**本動詞**「**さぶらふ**」。**丁寧語**と**謙譲語**の二種類あり、「貴人に＋さぶらふ」の文脈ではないので、丁寧語で「あります・おります」。

POINT 2 重要文法事項を確認する

A 人**して**[こそ]言は**せ**たまは**め**。とく帰ら**れね**
（①～に命じて　②強意　③使役　④適当　⑤尊敬　⑥完了）

①格助詞「**して**」。「**で・とともに・に命じて**」で、ここでは「～に命じて」。

②**強意**の**係助詞**「こそ」。**無視**して**普通に**（＝平叙文で）**訳す**。

③動詞の**a**段につく「**せ**」＝使役・尊敬の**助動詞**「**す**」。下に尊敬語「たまふ」があるので上を確認。「**人して**」があるから使役。

④助動詞「**む**」の已然形。文末にあり、ここでは適当の意味。

⑤動詞の**a**段につく「**れ**」＝**助動詞**「**る**」。受身・可能・自発の公式にあてはまらないので、尊敬の意味。

⑥上が下二段型で、**下**を確認すると**文末**。完了「ぬ」の命令形。

B **さらに**さぶらは[**ね**ば]
（②呼応の副詞　①打消　③順接確定）

①「ねば」の「ね」＝打消の助動詞「ず」の已然形

②「**さらに～打消**」＝「**まったく～ない**」

③**已然形**＋**ば**＝**順接確定**条件。前後が因果関係➡「～ので」と訳す。

POINT ❶❷をそれぞれまとめると、A「人に命じて言わせなさるほうがよい。早く帰りなさってしまえ（＝お帰りなさい）」、B「まったくおりませんので」です。

解釈は、このように**単語・敬語**と**文法**が土台となるのです。

演習

次の文章を読んで、後の問に答えよ。

＊この帝、いまだ位につかせたまはざりける時、＊賀茂の御社（みやしろ）の辺に、＊鷹つかひ、遊びありきけるに、賀茂の明神（みやうじん）託宣したまひけるやう、「春は祭多くはべり。冬のいみじくつれづれなるに、祭たまはらむ」と申したまへば、「おのれは力およびさぶらはず」と申させたまへば、「力およばせたまひぬべきなればこそ申せ」（A）とて、かい消つやうにうせたまひぬ（B）。

『大鏡』

注：この帝＝宇多天皇　賀茂の御社＝上賀茂神社および下鴨神社のこと　鷹つかひ＝鷹狩り

1

問1　傍線部Aに関して、次の空欄にあてはまる適当な語句を、それぞれ書け。

(1)「およばせたまひぬ」の「**せ**」は動詞の［①］段についているので［②］・［③］の助動詞「す」。下が「たまふ」なので、上を確認すると「〜に」にあたるものがないので［⑤］の意味。

(2)「たまひ**ぬ**べし」の「**ぬ**」は、［⑥］形に接続しており、下が「べし」なので［⑦］の意味。

(3)「**こそ**申せ」の「**こそ**」は［⑧］の係助詞。訳す場合は無視して［⑨］訳すので「［⑩］」となる。

①	②	③	④

⑤	⑥	⑦	⑧

⑨	⑩

問2　問1を踏まえて、解釈として適当なものを次から選べ。

ⓐ あなたの力だからできることと申し上げなさい

ⓑ あなたであればおできになることだから申し上げている

ⓒ あなたでは力をおよぼすことがおできにならないからこそ申し上げている

2

問1　傍線部Bに関して、次の空欄にあてはまる適当な語句をそれぞれ書け。

(1)「うせ」の終止形は「うす」で、漢字で「失す」。「消え去る」「死ぬ」の意味を持つ重要単語。ここでは「賀茂の明神がかき消すようにうせ」なので、［①］の意味。

(2)「たまひ」は［②］の補助動詞。

(3)「たまひ**ぬ**。」の「**ぬ**」は、［③］の意味。

①	②	③

問2　問1を踏まえて現代語訳せよ。

✔ CHECK
24講で学んだこと

□ 動詞のａ段につく「せ」＝使役・尊敬の助動詞「す」
□ 「ぬ・ね」の識別は上〔＝接続〕や下〔＝活用形〕から考える
□ 単語や敬語、文法が解釈の土台となる

Chapter 4
25講

短文解釈②（助動詞「る・らる」）

文脈判断が必要なものは流れを押さえる

▼ここからつなげる　多義語や、意味をたくさん持っている文法事項は、文脈判断をして正しく意味をつかむことが必要です。文章中の「る・らる」は文脈判断も大事です。

考えてみよう

兵部卿宮（ひょうぶきょうのみや）は、ある女のもとに通っていたが、女は突然失踪した。後にその女が、自分が最近結婚した姫君に女房として出仕していたことがわかり、兵部卿宮は女のもとを訪れ、女を別の所に隠し据えることを提案する。続きを読んで、傍線部を現代語訳せよ。

女、つくづくと思ふに、かののたまひしことのさもあらば、いかに深う隠すとも、つひには隠れあるまじきを。我、いかに思ふとも、「心を合はせぬる」と姫君の思しのたまはん。いとうしろぐらきやうに、人々*の、この頃、数々言ひしことも、「さればこそ、かかることありしを、ことなしび*にもてなしけるよ」など<u>思はれんも、身のほどにはいとはしたなきことなり</u>。……

『兵部卿物語』

注：人々＝他の女房たち　ことなしび＝何事もないふりをすること

現代語訳 ➡ 本冊P.99

POINT 1 重要語句を確認➡多義語は文脈判断（POINT 3へ）

身のほど①には いと② はしたなき③ことなり。

①身のほど＝1．身分相応　2．身の上（POINT 3へ）　②いと＝とても
③はしたなし＝1．中途半端だ　2．みっともない　3．そっけない（POINT 3へ）

POINT 2 重要文法事項を確認➡文脈判断（POINT 3へ）

思はれ①「る」 ん②仮定 も、〜ことなり③断定。

①動詞のa段につく「れ」＝助動詞「る」。上が心情語は「自発」が多いが、文章中の場合は文脈判断もするほうがよい（POINT 3へ）。
②この「ん」は助動詞「む」。文中で下が体言ではないので「仮定」から考える。
③体言につく「なり」＝断定の助動詞「なり」

POINT 3 意味確定のために文脈判断をする

女の考えの大筋は「兵部卿宮が言うように隠し据えられても、結局は露顕して、姫君が『二人で心を合わせた』と思うだろうし、他の女房が私のことをやましいように言っていたことも『やっぱりね、こんなことがあったのに、何事もないように振舞っていたのだ』など」です。『〜』と思うかもしれないのは「姫君」です。つまり、「もし姫君に思われたなら」となるので、この「る」は自発ではなく「受身」です。そう思われるのが「身分相応」だというのはおかしいので、「身の上には（＝私にとっては）」でとり、「中途半端」や「そっけない」のではなく「みっともない」ことが適切です。

POINT 1〜POINT 3をまとめると、「もし（姫君に）思われたなら、身の上（＝私）にはとてもみっともないことである」と訳せます。

演習

次の文章を読んで、後の問に答えよ。

〈深山の川で溺れた男を五色の鹿が助け、鹿は自分のことを決して口外しないようにと何度も約束をした。后が夢で五色の鹿を見て、大王に捕まえてほしいと言い、大王が居場所を知る者には金銀や国を与えるとお触れを発すると、この男は知っていると名乗り出た。〉

大王、多くの狩人を具して、この男をしるべに召し具して行幸*なりぬ。〈中略：鹿は包囲され逃げられないと悟り、自ら大王の前に出た時に、助けた男が裏切ったことを知る。〉かせぎ*男に言ふやう、「命を助けたりし時、ここに我があるよし、人に語るべからざるよし、返す返す契りし所なり。然るに今その恩を忘れて、殺させ奉らんとす(A)。我が命をかへりみず、泳ぎ寄りて助けし時、汝限りなく悦(よろこ)びし事は、覚えずや」と、涙をたれて泣く。大王涙を流してのたまはく、「汝は畜生なれども、慈悲をもて人を助く。かの男は欲にふけりて恩を忘れたり。畜生といふべし。恩を知るをもて人倫*とす」とて、この男を捕らへて、鹿の見る前にて首を斬らせらる(B)。

『宇治拾遺物語』

注：行幸＝天皇・大王のお出かけ　かせぎ＝鹿の古称　人倫＝人間

1

傍線部Aに関して、次の問にそれぞれ答えよ。

問1　次の空欄にあてはまる適当な語句を、それぞれ書け。

(1)「殺させ奉ら」の「せ」は動詞の ① 段について、下が ② の補助動詞「奉る」なので ③ の助動詞。

(2)補助動詞「奉る」は ④ 体に対する敬語。この文では、その人は「 ⑤ 」になる。

①　②　③　④　⑤

問2　問1を踏まえて、解釈として適当なものを次から選べ。

ⓐ 私をあなたが殺してやろうというのですね

ⓑ 私を大王様に殺させようというのですね

ⓒ 私を狩人たちの手で殺させようというのですね

2

傍線部Bに関して、次の問にそれぞれ答えよ。

問1　次の空欄にあてはまる適当な語句を、それぞれ書け。

「斬らせ**らる**」の「**らる**」は、 ① ・ ② ・ ③ ・ ④ の意味をもつ助動詞。Bの主語は ⑤ で、その人物には「召す」や「のたまふ」など ⑥ を使用しており、この「らる」も ⑦ の意味が適当。この人物に二重尊敬は使用していないため、「せ」は ⑧ の意味でとり、この人物が直接手を下していないと考えられる。

①　②　③　④　⑤　⑥　⑦　⑧

問2　問1を踏まえて現代語訳せよ。

CHECK
25講で学んだこと

- □ 多義語は文脈判断が必要
- □ 助動詞「る・らる」は「受身・尊敬・可能・自発」の意味
- □ 文章中の「る・らる」の意味判別は文脈判断も重要

Chapter 4
26講

短文解釈③（助動詞「まし」）

反実仮想は現実もきちんと考えよう

▼ここからつなげる　「もしこうだったならば、ああだったのに」と、いろいろ妄想するのが反実仮想。古文読解の際には「では、現実はどうだったのか」という視点も忘れずに読んでいきましょう！

考えてみよう

傍線部の和歌を現代語訳せよ。また、現実はどうだったのか考えよ。

（女房である御匣殿（みくしげどの）は）今は安嘉（あんか）門院*に候ひ給ふ。東路思ひ立ちし*、明日とてまかり申しの由に北白河殿*へ参りしかど、見えさせ給はざりしかば、今宵ばかりの出立ち、もの騒がしくて、「かく」とだに聞こえあへず急ぎ出でしにも、心かかりておとづれ*聞こゆ。立ち返りその御返し、「便りあらばと心にかけ参らせつるを、今日、文待ち得て珍しく嬉しさ、まづ何事も細かに申したく候ふに、今宵は御方（かた）違（たがへ）*の行幸の御上とて、紛るる程にて、思ふばかりもいかがと本意なうこそ。御旅明日とて御参り候ひける日しも、紅葉見にとて若き人々誘ひ候ひし程に、後にこそかかる事*ども聞こえ候ひしか、などや、「かく」とも（事情を話して、私の居場所を）御尋ね候はざりし。

一方（ひとかた）*に袖や濡れまし旅衣*たつ日を聞かぬ恨みなりせば

『十六夜日記』

注：安嘉門院＝皇女邦子内親王　東路思ひ立ちし＝作者は鎌倉に下ることにした　北白河殿＝安嘉門院の御所　おとづれ＝手紙　御方違の行幸の御上＝方違えで天皇が北白河殿へいらっしゃる　かかる事＝作者が訪ねて来たこと　一方に＝並一通りに　旅衣たつ日＝旅立つ日

現代語訳 ➡ 本冊P.100

POINT 1 文法や慣用句に気をつけて現代語訳をする

一方に袖や濡れ**まし**①旅衣たつ日を聞か**ぬ**②恨み**なり**③**せば**①

①「〜まし…せば」＝反実仮想「…せば〜まし」の倒置。反実仮想の訳は「もし…ならば〜ただろうに」。

②**未然形**につく「ぬ」＝**打消**の助動詞「ず」の連体形

③**体言**につく「なり」＝**断定**の助動詞「なり」

倒置なので後半部分から直訳すると「旅立つ日を聞かない恨みだったならば、並一通りに袖が濡れただろうに」。「**袖が濡れる**」は**涙で袖が濡れる**ということ。つまり、「旅立つ日を聞いていないという恨みだったなら、ごく普通な感じで泣いていただろうに」。

POINT 2 現実はどうだったのかを考える

反実仮想「**Aだったなら Bだろうに**」の現実は、「**Aではないから Bではない**」と基本的には**反対**にします。傍線部前半の反対は「ごく普通な感じでは泣いていない」＝「号泣」です。ただし、後半の「聞いていない」を反対にした「聞いた恨み」はおかしいです。二行目に「申し上げずに出発した」とあり、聞いていないのは確実ですから、「それ以外の恨みもある」と考えましょう。一行目で、作者が御匣殿に会いに行ったが会えなかったとあり、傍線部の直前で御匣殿が「どうして私の居場所を尋ねてくれなかったのか」と言っていることから、現実は「せっかく作者が訪ねてくれたのに会えなかった恨みも加わって号泣した」と考えられます。

演習

次の文章は、世継（よつぎ）の翁が九条殿藤原師輔（もろすけ）について侍に述べたものである。これを読んで、後の問に答えよ。

「いにしへより今にかぎりもなくおはします殿の、ただ*冷泉院の御ありさまのみぞ、いと心憂く口惜しきことにてはおはします」といへば、侍、「されど、*ことの例には、まづその御時をこそは引かるめれ」といへば、「それは、[A]いかでかはさらでは侍らん。そのみかどのいでおはしましたればこそ、この*藤氏の殿ばら、今に栄えおはしませ。[B]さらざらましかば、このごろわづかにわれらも*諸大夫ばかりになり出でて、所々の御前、雑役につられ歩きなましとこそ、*入道殿は仰せられければ……」

『大鏡』

注：冷泉院＝冷泉天皇。母は師輔の娘
ことの例には、まづその御時を＝何かというと、まずはその冷泉天皇の御代を
藤氏の殿ばら＝藤原氏の殿たち
諸大夫＝摂関・大臣家の家司（けいし）〔＝家政をつかさどる職〕を務める四位五位を極位とする家柄の者。
入道殿＝藤原道長。父は師輔の息子の兼家

1 傍線部Aの現代語訳として最も適当なものを、次から選べ。

ⓐ どうして、そうなるのでしょうか。
ⓑ どうして、そうならないのでしょうか。
ⓒ どうして、そうなることがありましょうか。
ⓓ どうして、そうならないことがありましょうか。

2 傍線部Bに関して、次の問にそれぞれ答えよ。

問1 傍線部中の「さらざらましかば」とは具体的にどのようなことをいうのか、最も適当なものを次から選べ。

ⓐ もしも九条殿がいらっしゃらなかったら。
ⓑ もしも冷泉天皇の事例を引かなかったら。
ⓒ もしも冷泉天皇が即位なさらなかったら。
ⓓ もしも摂関家が栄えることがなかったら。

問2 傍線部中の「諸大夫ばかりになり出でて」とは、どのようなことをいうのか、最も適当なものを次から選べ。

ⓐ 零落　ⓑ 出世　ⓒ 繁忙　ⓓ 堕落

問3 事実はどうであったのか。簡潔に説明せよ。

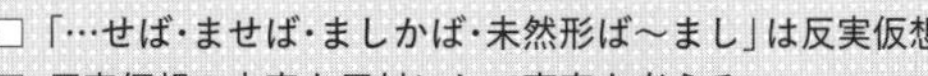

□「…せば・ませば・ましかば・未然形ば～まし」は反実仮想
□ 反実仮想の内容を反対にして事実を考える

Chapter 4
27講

言いたいことを読み取ろう

短文解釈④（副助詞「だに」）

▼ここからつなげる 副助詞「だに」には「類推」の意味があります。「軽めの例をあげるので、それより重たい事柄は当然だということを言わずともわかってね」というのが類推です。

考えてみよう

傍線部はどのようなことを言いたいのか説明せよ。

中比、甲斐国に厳融房といふ*学生（がくしゃう）ありけり。修行者多く*給仕奉事仕（ぶじし）て、学問しけり。あまりに腹のあしき*上人（しゃうにん）にて、修行者ども、*時（とき）、*非時（ひじ）、*さばくり荷用するに、湯の熱きも、又ぬるきも叱り、遅きをも腹立て、とく持て来れば、「法師に物食はせじとするか」とて、食ひさしてうち置きて叱りけり。その*あはひを見むとて、障子のひまより覗けば、「*あれは何を見るぞ」とていよいよ腹立しければ、常には心よからずのみありけれども、よき学生なりければ、忍びてこそ学問しけれ。

妹の女房、最愛の一子に遅れて、人の親の習ひといひながら、あながちに嘆きければ、よその人も訪ひ哀れみけるに、この上人訪はざりける事を、「あらうたてや。これほどの歎きを上人の訪はれぬよ。よその人だにも情けをかくるに」といひければ、……　『沙石集』

注：学生＝学僧　給仕奉事仕て＝お世話しお仕えして　上人＝僧の敬称　時＝正午以前の食事　非時＝正午以後の本来食事をしてはならない時の食事　さばくり荷用するに＝料理をして配膳や給仕をするが　あはひ＝頃合い　あれ＝おまえ

現代語訳 ➡ 本冊P.101

POINT 1 「だに」に気をつけて現代語訳をする

よその人だに①も情け②をかくるに

①副助詞「だに」は、**下に意志・仮定・願望・命令の表現があれば最小限の限定「せめて〜だけでも」**、なければ**類推「〜さえ」**。ここでは、**意志・仮定・願望・命令の表現はない**ので類推です。

②情け＝思いやり・人情。「情けをかくる」は「情けをかける・親切にいたわる」の意味。

①・②をまとめると「よその人でさえ親切にいたわるのに」です。

POINT 2 省略されている内容を考える

類推「だに」は「Xだに（＝さえ）Z、まして、YはなおさらZ」のように、「まして」と一緒に用いることが多く、**「まして」の後ろの部分が言いたい内容**ですが、「まして」以降が省略されることもよくあります。その場合は、Yが何かを考えましょう。**XとYの関係は対比で、Yのほうが重い内容**です。**YはもっとZだと言いたい**のです。今回はXが「**よその人**」なので、対比のYは「**身内の人間**」で、「**身内の人間ならもっと親切にいたわって当然だ**」となります。省略されているときだけではなく、単語が難しくてわからない場合も、この構造を考えると、きちんと解釈できるのです。

演習

次の文章を読んで、後の問に答えよ。

姫君、薄色に女郎花*などひき重ねて、几帳に少しはづれてゐ給へるさまかたち、常よりもいふよしなくあてに匂ひみちて、らうたく見え給ふ。御髪いとこちたく、五重の扇とかやを広げたらんさまして、少し色なる方にぞ見え給へど、筋こまやかに額より裾までまよふすぢなく*美し。〈中略〉撫子の露もさながらきらめきたる*小袿(こうちぎ)に、御髪はこぼれかかりて、少し傾きかかり給へるかたはら目、まめやかに光を放つとはかかるをや、と見え給ふ。よろしきをだに、人の親はいかがは見なす。ましてかくたぐひなき御有様どもなめれば、よにしらぬ心の闇にまどひ給ふも、ことわりなるべし。

『増鏡』

注：薄色に女郎花＝薄紫色の表着に女郎花の色目の袿　まよふすぢなく＝くせ毛になっているところもなく
撫子の露もさながらきらめきたる＝小袿〔＝略装の女房装束で、高貴な女子の略式礼服〕の描写

1

傍線部Aに関して、次のそれぞれの問に答えよ。

問1　次の空欄にあてはまる適当な語句を、それぞれ書け。

「よろしき」は形容詞「よろし」で、①という意味。副助詞「だに」は②と最小限の③の意味で、ここでは④。

①
②
③
④

問2　問1を踏まえて解釈した場合、最も適当なものを次から選べ。

ⓐ 世間並みの娘でさえ、親は大切に思うものである。
ⓑ 良家の娘でさえ、親は将来の心配が絶えないものである。
ⓒ 良家の娘だけ、他人の親からあら捜しをされるものである。
ⓓ 世間並みの娘であれば、他人の親から認められるのである。

2

傍線部Bとはどのようなことか、次から選べ。

ⓐ 世間並みの器量であること。
ⓑ 貧しく、頼るってもいない様子であること。
ⓒ この上なく美しい様子であること。
ⓓ ひねくれていて根暗な様子であること。

3

傍線部Cとは具体的にどのようなことか、次から選べ。

ⓐ 憂鬱な気持ちから抜け出せない状態のこと
ⓑ 美しいにも関わらず自分は醜いと思ってしまうこと
ⓒ 裕福な家に生まれなかったことを呪う気持ち
ⓓ 親が子を大切に思うがゆえに思慮分別が働かないこと

✔ CHECK 27講で学んだこと

□ 類推「だに」の公式は「XだにZ、まして、YはなおさらZ」
□ 「まして」以降が言いたいこと。XとYは対比で、Yが重い内容

Chapter 4
28講

短文解釈5（助動詞「む・むず」・「じ」）

会話文中の主語を見抜く方法

ここからつなげる 文末にある助動詞「む・むず」や、助動詞「じ」の意味確定のためには、主語がヒントになりますが、主語が書かれていないときは？今回は会話文中に限定し疑問を解消します！

考えてみよう

ある女房が激しい嫉妬をして蛇の姿になるが、貴い僧が衣鉢*（えはつ）を授けて助けると申し出た。続きを読んで、傍線部A・Bを現代語訳せよ。

（女房が）「あら、わざくれや*。衣鉢もいや。仏法は聞くだにも悲し。ただ願はくば、憎き男と憎き女を左右に引っ提げて、奈落に沈まんとこそ巧み候へ。仏法と申す事は、凡そ聞くだにも苦し。まして近付く事は思ひも寄らず。さて、御僧、世間を御覧ずるほどに、もし憎き者殺す秘事など知り給はば、それをば習ひ参らせたき」と申す。御僧の返事に、「安き事なり。憎き者失ふ秘事、A教へ参らせん。我が申す如くB御働き*候はんや」とありければ……

『磯崎』

注：衣鉢＝三衣一鉢の略。受戒するときに師僧から与えられる。転じて、教法、奥義　わざくれや＝どうでもいいことよ　働き＝動き

現代語訳 ➡ 本冊P.102

POINT 1 文法や敬語を確認する

A　教へ（参らせ）ん。
　　①謙譲　②

①動詞につく「参らせ」は**謙譲**の補助動詞。
②助動詞「**む**」。**文末**にあるため、主語が意味のヒントになるので、この文の主語を考える（POINT❷へ）。

B　御働き（候は）んや
　　①尊敬　②丁寧　③

①「御」は尊敬の意味を表す接頭語。
②動詞につく「候は」は**丁寧**の補助動詞。
③助動詞「**む**」。下の「や」が終助詞（係助詞の文末用法とする説もあり）で、終止形（文の言い切り）につくため、この「ん」は**文末**と考える。意味を判別するために、この文の主語を考える（POINT❷へ）。終助詞「や」は疑問と反語の意味があり、ここでは疑問。

POINT 2 会話文中の主語の考え方

会話文中で主語が書かれていなければ、**一人称**か**二人称**になりやすいです。尊敬語や命令形のどちらかがあれば二人称、なければ一人称から考えるとよいです。反対の場合や、わかりきっている第三者の場合もありますが、まずは尊敬語と命令形の有無を確認して、あれば二人称、なければ一人称をあてはめると大体すらっと通ります。

Aは**尊敬語も命令形もない**ので主語は**一人称**と考え、「ん」は**意志**でとり、「（私が）教え申し上げ**よう**」。Bの主語は「御」があるので**二人称**から考えます。文末で二人称の「む」は**勧誘適当**になりやすいです。ここでは**勧誘**でとり、「（あなたは）動いてください**ませんか**」。

「む」の反対の「じ」（**打消推量・打消意志**）も会話文中であれば、この方法で主語を考え、意味を判別しましょう。

演習

次の文章を読んで、後の問に答えよ。

〈*奉行人が、兵舎造営の妨げになる小屋に住む老婆に子供がいるかと尋ねると、江戸で髪を結う仕事をしている息子がいると答えた。〉

（奉行人が）「さあらば、その男呼び返すべし。よろしき替地（かへち）に*かひがひしき家を与へん。しかのみならず、その男には永く*髪結司（かみゆひづかさ）の許し文とらせて、汝には生涯*二人扶持（ふち）といふを申し下して、*身を^A やすく過ぐさせん。とくとくここを退き、*あしこに移れよ」といふに、老婆、「よくもあざむき給ふものかな。これは、わらはが先祖よりいく世ともなく住みふるして大事の栖（すみか）なれば、^B *よしや命断たるとも外へは行かじ」と申せば、奉行人の慈悲も今は施すべきよすがなく、つひにその家を避（よ）きて*地どりなりぬ。

『我春集』

注：奉行人＝取り仕切りの役人　二人扶持＝一日一升の米を支給されること　身＝身の上　かひがひしき家＝しっかりとした家　髪結司の許し文＝髪結職宗家北小路家の許可書　あしこ＝あそこ　よしや＝たとえ　地どりなりぬ＝段取りがなされた

1　傍線部Aに関して、次の問にそれぞれ答えよ。

問1　次の空欄にあてはまる適当な語句をそれぞれ書け。

(1)「やすく」は形容詞で、「**簡単・容易**」などの意味の【**易し**】と「**安心・安泰**」などの意味の【**安し**】がある。ここでは「生涯二人扶持」の文脈から身の上が［①］の意味。

(2)「過ぐさせん」の「せ」は［②］の助動詞「す」。「ん」は助動詞「［③］」で、ここの主語は［④］語や［⑤］形がないので［⑥］人称と考えられ、［⑦］の意味。

①　②　③　④　⑤　⑥　⑦

問2　問1を踏まえて現代語訳せよ。

2　傍線部Bに関して、次の問にそれぞれ答えよ。

問1　次の空欄にあてはまる適当な語句をそれぞれ書け。

(1)「とも」は［①］接［②］条件の働きをする。

(2)「行かじ」の「じ」は、［③］と［④］の助動詞「じ」。ここの主語は［⑤］語や［⑥］形がないので［⑦］人称と考えられる。よって、この「じ」は［⑧］の意味。

①　②　③　④　⑤　⑥　⑦　⑧

問2　問1を踏まえて現代語訳せよ。

✔ CHECK
28講で学んだこと

□ 会話文中で書かれていない主語は一人称か二人称が多い
□ 上記のとき、尊敬語か命令形があれば二人称、なければ一人称から考える

Chapter 5
29講

接続助詞を利用した主語把握法①

主語をつかむために「接続助詞」に注目しよう

▼ここからつなげる 古文が読みにくい理由ナンバーワンに挙げられると言っても過言ではない「主語がわからない」という問題。まずは基本的な「接続助詞」に注目する方法を学びましょう。

考えてみよう

次の本文を読んで、文中の吹き出しに主語「男」か「女」を入れよ。

但馬(たぢま)*の国に通ひける兵庫(ひやうご)*の允(じよう)なりける男の、かの国なりける女をおきて、［は］京へのぼりければ、［が］雪の降りけるにいひおこせたりける。

山里にわれをとどめてわかれぢのゆき*のまにまに深くなるらむ

といひたりければ、［は］返し、

山里に通ふこころも絶えぬべしゆく*もとまるもこころぼそさに

となむ返したりける。

注：但馬＝現在の兵庫県の北部　兵庫の允＝兵部省・兵庫寮の三等官

ゆきのまにまに深くなるらむ＝雪が降るにつれて深く積もるように、行くにつれて疎遠さが積もり、ますます離れていくのでしょう

ゆくもとまるも＝都へいく私も但馬に残るあなたも

『大和物語』

現代語訳 ➡ 本冊P.102

POINT 1 前後の主語が変わらない接続助詞

接続助詞「て・で・つつ」は、**その前後の主語は**（ほぼ）同じです。

但馬の国に通ひける(過去)兵庫の允なり(断定)ける(過去)男の、(主格「が」)かの国なり(存在)ける(過去)女を

（但馬の国に通った兵部省の三等官であった男が、この国にいた女を）

おきて、［男は］←主語は変わらず「男」京へのぼりければ、……

（おいて（男は）京の都へ行ったので）

POINT 2 前後の主語が変わりやすい接続助詞

接続助詞「を・に・ば」は、**その前後の主語**が変わりやすいです（あくまでも「変わりやすい」なので気をつけましょう）。

～［男は］京へのぼりけれ(過去)ば、［女が］←主語は変わりやすい 雪の降りけるにいひおこせたり(完了)ける(過去)。

（男は）～たので、（女が）雪が降った時に詠んでよこした（歌）。）

←前の部分から判断

（女が）山里に～といひたり(完了)けれ(過去)ば、［男は］←主語は変わりやすい 返し、……

（女が）～と詠んだので、（男は）返歌を）

演習

次の文章を読んで、後の問に答えよ。

（多気の大夫が）なべてならず美しき人の①、紅の一重がさね着たるを見るより②、「この人を妻にせばや」といりもみ＊思ひて、その家の上童＊を語らひて問ひ聞けば、「大姫御前の、紅は奉りたる（ア）」と語りければ、それに語らひつきて（イ）、「我に盗ませよ」といふに、「思ひかけず、えせじ」といひければ、「さらば、その乳母を知らせよ」といひければ、「それは、さも申してん」とて知らせてけり（ウ）。さていみじく語らひて（エ）金百両取らせなどして、「この姫君を盗ませよ」と責め言ひければ、盗ませてけり（オ）。

『宇治拾遺物語』

注：いりもむ＝気をもむ　上童＝雑用係の少女

1 傍線部①の用法として最も適当なものを、次から選べ。

ⓐ 主格　ⓑ 連体格　ⓒ 同格　ⓓ 準体格

2 傍線部②を現代語訳せよ。

3 傍線部アは誰が「奉り」たのか。次から選べ。

ⓐ 多気の大夫　ⓑ 上童　ⓒ 大姫御前　ⓓ 乳母

4 傍線部イは誰が誰に「語らひつ」いたのか。次から選べ。

ⓐ 多気の大夫　ⓑ 上童　ⓒ 大姫御前　ⓓ 乳母

誰が　誰に

5 傍線部ウは誰が「知らせ」たのか。次から選べ。

ⓐ 多気の大夫　ⓑ 上童　ⓒ 大姫御前　ⓓ 乳母

6 傍線部エは誰が誰に「語ら」ったのか。次から選べ。

ⓐ 多気の大夫　ⓑ 上童　ⓒ 大姫御前　ⓓ 乳母

誰が　誰に

7 傍線部オは、誰が誰に誰を「盗ませ」たのか。次からそれぞれ選べ。

ⓐ 多気の大夫　ⓑ 上童　ⓒ 大姫御前　ⓓ 乳母

誰が　誰に　誰を

□ 接続助詞「て・で・つつ」は、前後の主語が同じになる
□ 接続助詞「を・に・ば」は、前後の主語が変わりやすい

Chapter 5

30講 接続助詞を利用した主語把握法②

「を・に・ば」は上を確認しよう

ここからつなげる 前講で学習したように、接続助詞「を・に・ば」の前後の主語は「変わりやすい」ですが、主語が同じになるときもあります。同じになりやすいときの目安を身につけましょう。

考えてみよう

次の文章を読んで、文中の吹き出しに主語を入れよ。

にはかにかい曇りて、雨になりぬ。「たふるるかたならむかし*」と（兼家の手紙を）思ひ出でてながむるに、暮れゆく気色なり。いといたく降れば、障らむにもことわりなれば、「昔は*」とばかりおぼゆるに、［　は］涙のうかびて、あはれに物のおぼゆれば、念じがたくて、［　は］人出だし立つ。

悲しくも思ひたゆるか石上*さはらぬものとならひしものを

と書きて、「いまぞいくらむ*」と［　が］思ふほどに、南面の、格子も上げぬ外に、人の気*［　は］おぼゆ。

『蜻蛉日記』

注：たふるるかたならむかし＝「兼家（＝作者の夫）はこの雨に閉口しているだろうよ」の意味。兼家は他の女のところへばかり行って、作者の元にめったに訪れない状況が続いていたが、「今日は伺おう」と手紙が来ていた

昔は＝「雨が降っても差し障りにならなかったのに」が省略されている

石上＝「ふる」の枕詞。ここでは「ふる」の意味も込められていて、「降る」と「古」（＝昔）の意味が掛かっている（※「枕詞」などの修辞技法はChapter 6で学習）

いくらむ＝使者が到着した頃だろう　気＝気配

POINT 1 心情語＋「を・に・ば」なら主語は変わりにくい

「昔は」の注釈から判断←

「昔は」とばかり（作者は）おぼゆる（心情語）に、［作者は］涙のうかびて、（作者は）　←「て」は主語同じ

（「昔は」とだけ（作者は）思い出すと、（作者は）涙が浮かんで、（作者は））

あはれに物のおぼゆれ（心情語）ば、（作者は）念じがたくて、［作者は］人出だし立つ。　←心情語＋ば　←「て」より

（しみじみと物思いをするので、（作者は）我慢できなくて、（作者は）人を（兼家のところへ）遣わす。）

POINT 2 体言＋「を・に」なら主語は変わりにくい

和歌の内容か直後の「　」の内容から判断←

（作者が）書きて、「いまぞいくらむ」と［作者が］思ふほど（体言）に、　「て」より→

（作者が）書いて、「使者が到着した頃だろう」と（作者が）思う時に、）

←体言＋に

（作者は）南面の、格子も上げぬ外（打消体言）に、人の気［作者は］おぼゆ。　↑体言＋に

（作者は）南に面した部屋の、格子も上げない外に、人の気配を（作者は）感じる。）

現代語訳 ➡ 本冊P.103

演習の解答 ➡ 別冊P.42

演習

次の文章を読んで、後の問に答えよ。

少納言統理（むねまさ）と聞こえける人、年ごろ世を背かんと思ふこころざし深かりしが、月くまなかりけるころ、心をすましつつ、つくづくと思ひ居たるに、山深く住まん事のなほ切（せち）に覚えければ、先（ま）づ家に「ゆするまうけ*せよ。物へゆかんと言ひて、髪洗ひけづり、帽*子なんどしける。妻なりける人、心得てさめざめとなむ泣きける。

僧賀聖（そうかひじり）の室に至りて、本意のごとくかしらおろしてげれ*ど、つくづくと眺めがちにて、勤め行ふ事もなし。物思へる様にて、常は涙ぐみつつ居たりければ、聖のあやしみて、故を問ひけり。言いやる方なくて、余りのままに*、「子生み侍るべき月に当たりける女の侍るが、思ひ捨て侍れど、さすがに心にかかりて」と言ふ。聖これを聞きて……

『発心集』

注：ゆするまうけ＝髪を洗い、とかすための用意　帽子＝烏帽子。元服した男子が頭につける袋形のかぶりもの
てげれど＝「てけれど」を強めた「てんげれど」の「ん」が表記されていない形　余りのままに＝思い余って

1 傍線部ア〜カの主語として最も適当なものを、次からそれぞれ選べ（同じ記号を何度使ってもよい）。

ⓐ 少納言統理　ⓑ 妻なりける人　ⓒ 僧賀聖

ア　イ　ウ　エ　オ　カ

2 傍線部①・②の主語として最も適当な人称代名詞を、次からそれぞれ選べ（同じ記号を何度使ってもよい）。

ⓐ 一人称　ⓑ 二人称　ⓒ 三人称

①　②

3 A ん の意味として最も適当なものを、次から選べ。

ⓐ 推量　ⓑ 打消　ⓒ 勧誘　ⓓ 意志

4 B 本意 の読みを答えよ。

5 三か所の波線部はどのようなことを意味しているか、簡潔に書け。

CHECK 30講で学んだこと

□ 心情語＋「を・に・ば」は、前後の主語が同じままのほうが多い
□ 体言＋「を・に」は、前後の主語が同じままのほうが多い

Chapter 5
31講

「已然形＋ば」の前後の主語

同じ or 変わる？ 因果関係は文脈勝負

ここからつなげる「私は寝坊したので、（私は）遅刻した」という場合と、「あなたが合格したので、私は嬉しい」という場合があるように、「〜ので」の前後の主語が同じかどうかは文脈が重要です！

考えてみよう

次の本文を読んで、文中の吹き出しに主語「兼房」か「白河院」を入れよ。

＊粟田讃岐守兼房（あはたさぬきのかみかねふさ）といふ人ありけり。年ごろ、和歌を好みけれど、［は］よろしき歌もよみ出ださざりければ、［は］心に常に＊人麻呂を念じけるに、ある夜の夢に、＊西坂本とおぼゆる所に、木はなくて、梅の花ばかり雪のごとく散りて、いみじく香ばしかりけり。〈中略：傍に高齢の人がいて、それは人麻呂であった。兼房は夢から覚めると、絵師に人麻呂の姿を描かせて宝にした。いつも拝んでいたからか、兼房は前より上手に詠めるようになった。〉

年ごろありて、死なむとしける時、［が］＊白河院に（人麻呂の絵像を）参らせたりければ、［は］ことによろこばせ給ひて、御宝の中に加へて、＊鳥羽（とば）の宝蔵に納められにけり。

『十訓抄』

注：粟田讃岐守兼房＝藤原兼房。平安時代の歌人　人麻呂＝柿本人麻呂。『万葉集』の代表的歌人。歌聖と称される
西坂本＝現在の京都市左京区　白河院＝白河上皇　鳥羽＝現在の京都市伏見区にある白河院の鳥羽離宮

現代語訳 ➡ 本冊 P.103

POINT 1

「已然形＋ば」の前後の主語は文脈が重要

接続助詞「ば」は**主語が変わりやすい**ですが、「已然形＋ば」で「〜ので」の時など、**同じ場合**もあります。**同じか違うかは文脈判断が必要**です。一行目を確認してみましょう。

和歌を好みけれど（過去）、［兼房は］←ここまで兼房のみ　よろしき歌もよみ出ださざり（打消）けれ（過去・已）ば、
（和歌を好んだが、（兼房は）まあまあよい歌も詠み出さなかったので、）

［兼房は］←兼房が良い歌が詠めないので、兼房が歌聖の人麻呂を念じたはず
心に常に人麻呂を念じけるに、……
（（兼房は）心にいつも（歌聖の）人麻呂を念じていたところ、……）

続いて、四行目を確認してみましょう。

［兼房が］←「（人麻呂の絵像を）**参らす**」＝「**差し上げる**」から判断
〜白河院に（人麻呂の絵像を）参らせたり**けれ**ば、
（（兼房が）白河院に（人麻呂の絵像を）**差し上げ**たので、）

［白河院は］←絵像をもらって喜んだ人物は「白河院」のはず。
地の文の**二重尊敬**「**せ給ひ**」からも判断できる
ことによろこばせ給ひて、〜鳥羽の宝蔵に納められにけり。
（（白河院は）格別に喜び**なさって**、〜鳥羽の宝蔵に納めなさった。）

このように、「〜ので」の前後の主語が同じか変わるかは**文脈で決まる**のです。

演習

次の文章を読んで、後の問に答えよ。

〈讃岐に配流され、その地で崩御した崇徳上皇の御陵（御墓）に、西行が参った場面を描いたものである。〉

①よもすがら供養したてまつらばやと、御墓の前のたひらなる石の上に座をしめて、経文徐に誦しつつも、かつ歌よみたてまつる。日は没りしほどに、山深き夜のさま常ならね、石の床、木の葉の衾いと寒く、*神清み骨冷えて、物とはなしに②すさまじき心地せ[A]らる。月は出でしかど、茂きが林は影をもらさねば、③あやなき闇にうらぶれて、眠るともなきに、まさしく、「*円位、円位」とよぶ声す。眼をひらきてアすかし見れば、その形異なる人[B]の、背高く痩せおとろへたるが、顔のかたち着たる衣の色紋も見えで、こなたにむかひてイ立てるを、西行もとより*道心の法師なれば、ウ恐ろしともなくて、「ここに来たるは誰ぞ」と答ふ。

『雨月物語』

注：神清み骨冷えて＝精神が澄み渡り　円位＝西行法師の法名　道心の法師＝仏道の悟りを開いた僧侶

1 波線部①を現代語訳せよ。

2 波線部②・③の意味として最も適当なものを、次からそれぞれ選べ。

②すさまじき
ⓐ目がまわる　ⓑわけがわからない　ⓒ神聖な
ⓓ荒々しい　ⓔ寒々とした

③あやなき
ⓐ冷え冷えとした　ⓑ不安を感じさせる
ⓒものの見分けがつかない　ⓓ希望がまったくない
ⓔ邪悪な感じがする

②　③

3 A[らる]の意味として最も適当なものを、次から選べ。
ⓐ受身　ⓑ尊敬　ⓒ可能　ⓓ自発

4 B[の]の働きとして最も適当なものを、次から選べ。
ⓐ主格　ⓑ連体格　ⓒ同格　ⓓ連用格

5 傍線部ア〜ウの主語として最も適当なものを、次からそれぞれ選べ（同じ記号を何度使ってもよい）。
ⓐ西行　ⓑ形異なる人

ア　イ　ウ

✔ CHECK 31講で学んだこと

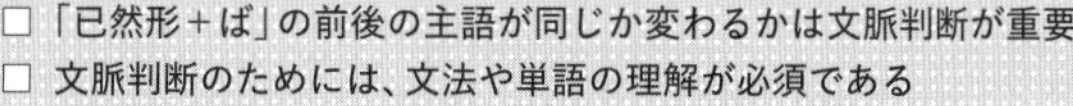

□「已然形＋ば」の前後の主語が同じか変わるかは文脈判断が重要
□ 文脈判断のためには、文法や単語の理解が必須である

Chapter 5
32講

敬語の有無に違いがあればラッキー

敬語を利用した主語把握法

▼ここからつなげる　主語把握法として「接続助詞の考え方」を学習してきましたが、例外もあります。このとき、敬語での主語把握法を理解していれば、正しく簡単に判別できることも！

考えてみよう

次の文章は、今は尼となっている作者が石清水（いわしみず）八幡宮に詣でた際、かつて女房として仕え、その愛を受けもした後深草院と思いがけず再会し、後深草院から自分のいる所へ参上するようお召しがあるが、作者は複雑な思いを抱き決断できないでいると、北面の下臈*（げろう）から「早く」と促された場面である。これを読んで、吹き出しに「作者」か「後深草院」を入れよ。

何と逃るべきやうもなければ、北の端なる御妻戸の縁に［　　］はさぶらへば、「なかなか人の見るも目立たし。内へ入れ」と仰せある［　　］の御声は、さすが昔ながらに変らせおはしまさねば、こはいかなりつることぞと思ふより、胸つぶれて［　　］はすこしも動かれぬを、「とくとく」と［　　］はうけたまはれば、なかなかにて［　　］は参りぬ。

『とはずがたり』

注：北面の下臈＝院に仕える武士で、身分の低い者

現代語訳 ➡ 本冊P.104

POINT 1 敬意を払う人物かどうかを確認する

地の文で、**敬意を払う人物**と**払わない人物**に分けられる場合は、**敬語の有無で主体や客体を判別する**ことができます。

本文で確認していきましょう。冒頭「逃るべきやうもなければ」（＝逃れることができそうもないので）はリード文から**作者**と考えられます。「さぶらへば」は、上の「御妻戸」の「御」から「**貴人がいる場所にさぶらへ**」で**謙譲**の本動詞「**お控えする**」ですから、尊敬語ではありません。次のセリフの直後には「仰せ」という**尊敬語**があります。この本文には敬意を払う人物と払わない人物がいて、「作者」か「後深草院」を入れる問題です。そうすると「**作者**」が**敬意を払わない人物**、「**後深草院**」が**敬意を払う人物**だと判断でき、「さぶらへば」は**尊敬語ではないから作者**、「仰せ」は**尊敬語**で**後深草院**のセリフです。「御声」も、「御」から**後深草院**の声です。

本文二行目「動か**れぬ**を」の「**れ**」は、動詞の**a**段につく助動詞「**る**」、「**ぬ**」は「を」の上＝**連体形**で**打消**なので、この「る」は**可能**で考えます。「（胸がどきどきして）少しも動けない」のは、**尊敬語がないから作者**です。「**うけたまはる**」も「**参る**」も謙譲の本動詞で、**尊敬語ではないから作者**です。「動かれぬ**を**」や「うけたまはれ**ば**」は「**を**」や「**ば**」ですが、**作者のまま**であることが**敬語から判別できます**。ただし、訳して確認はするようにしましょう。

演習

次の文章は、藤原伊尹（これまさ）の子である藤原義孝について述べた部分である。これを読んで、後の問に答えよ。

世の常の君達*などのように、内わたり*などにて、おのづから女房と語らひ、はかなきことをだにのたまはせざりけるに、いかなる折にかありけむ、細殿*に①立ち寄り給へれば、例ならずめづらしう②物語り聞こえさせけるが、やうやう夜中などにもなりやしぬらむと思ふほどに、③立ち退き給ふを、いづ方へかと④ゆかしうて、人をつけ奉りて見せければ、北の陣出で給ふほどより、法華経をいみじう尊く⑤誦じ給ふ。大宮のぼりにおはして、世尊寺へおはしましつきぬ。なほ⑥見ければ、東の対の端なる紅梅のいみじく盛りに咲きたる下に⑦立たせ給ひて、「滅罪生善、往生極楽」と⑧いふ、額を西に向きて、あまた度⑨つかせ給ひけり。帰りて御有様⑩語りければ、いといとあはれに聞き奉らぬ人なし。

『大鏡』

注：君達＝貴族の息子　内わたり＝宮中　細殿＝女房の局（つぼね）。局は部屋

1 波線部Aの現代語訳として最も適当なものを、次から選べ。

ⓐ 自然と女房達に親しみのある会話をなさることがあり、ちょっとした世間話をなさったが

ⓑ みずから女房達と親しみのある会話はなさったが、ちょっとした世間話はなさることがなく

ⓒ 時たま、女房達と親しみのある会話をなさることはあっても、ちょっとした世間話まではなさらなかったが

ⓓ 時たま、女房達と親しみのある会話や、ちょっとした世間話さえもなさることはなかったが

2 傍線部①〜⑩の主語として最も適当なものを、次からそれぞれ選べ（同じ記号を何度使ってもよい）。

ⓐ 義孝　ⓑ 女房達　ⓒ 尾行した人

①	⑥
②	⑦
③	⑧
④	⑨
⑤	⑩

3 御有様は誰の「御有様」か。最も適当なものを、**2**の選択肢の中から選べ。

4 波線部Bの現代語訳として最も適当なものを、次から選べ。

ⓐ 本当に気の毒だとお思いになる人ばかりでした

ⓑ あまり気の毒だとお思いになる人はいませんでした

ⓒ 本当に感慨深いとお聞きする人ばかりでした

ⓓ あまり感慨深いとお聞きする人はいませんでした

CHECK
32講で学んだこと

☐ 地の文で敬意を払う人物か払わない人物かを意識する
☐ 敬語の有無で主体や客体が判別できる場合がある

Chapter 5
33講

挿入句

作者の勝手な考えや疑問が割り込んでいる

▼ここからつなげる 「こうだからかなぁ」と勝手に推測することがあります。事実かどうかが不明でも、作者の考えや疑問を本文中に入れ込んでいる部分が挿入句です。挿入句を見つけましょう！

考えてみよう

次の文章は、作者が何をするともなく、嫁ぎ先の仙台の家に引き籠って過ごしていたが、孫の食い初めのお祝いに呼ばれたので、会いに行くことにした場面である。これを読んで、文中の挿入句をすべて見つけよ。

道のほど雨打ち降り、泥も潤ひて、歩みがたくわびしきを、とかくたどりて其処にとまりぬ。折しもあらんを、その夕つかた、伊勢の国より来たりしとて、尼一人とむらひ来たりけり。「武蔵の国にて、あや子*てふ*名は聞きつ」とて、みやびの友とや思ひけん、歌二首よみて持て来たりしを、下人のうちつけに、「をりあはず」と答へしを、いかが思ひけん、猶立ち去らで、こしかけながら語るやう、「……

『真葛が原』

注：あや子＝作者の名前　てふ＝「といふ」の略

現代語訳 ➡ 本冊P.104

POINT 1 挿入句の見つけ方

挿入句は、形を覚えると簡単に見つけられます。次の三つの形を押さえましょう。（　）内が挿入句です。

❶〜、（**…疑問語…推量の連体形、**）〜
❷〜、（**…にや、**）〜
❸〜、（**…にか、**）〜

❷「**にや、**」❸「**にか、**」は結びの省略「にやあら**む**、」「にかあら**む**、」で「**む**」が**推量の連体形**ですから、つまりは❶と同じです。

この形を本文中で探すと、「みやびの友と**や**思ひ**けん、**」と「**いかが**思ひ**けん、**」の二か所です。

挿入句は文中が多いのですが、文頭でも形は同じなので、文頭がいきなり挿入句になっている場合もあります。

POINT 2 大筋や真実だけつかむなら挿入句は飛ばす

挿入句が読めるなら読むに越したことはないですが、もし、難しい単語などが使われていて意味不明な場合、問題や答えの根拠になっていないなら飛ばせばよいのです。

挿入句の上の部分は、挿入句を飛ばして下にかかります。

本文一つ目の挿入句で確認しましょう。

尼が ↑直前の「とむらひ来たり」の同一表現と文脈より判断
「〜」とて、（みやびの友と**や**思ひ**けん**、）歌二首よみて持て来たりし…
（尼が）「〜」と言って、（風雅の友だと思ったのであろうか、）歌を二首詠んで持って来た）
※尼が風雅の友と思ったかどうかはわからず、作者の勝手な推測です。事実は「**尼が『〜』と言って、歌を二首持って来た**」のです。

演習の解答 ➡ 別冊P.47

演習

次の文章は、土御門院（第八十三代天皇）に仕えた女性が書いたものである。これを読んで、後の問に答えよ。

寝られぬままに有明の月の［　］を①ながめて、局の上口[*]もたてぬ[*]ほどに、土御門の大納言殿[*]、女院の御方[*]に(a)まゐらせ給ひて、あかつき近くなるまで(b)さぶらはせ給ひて、いでさせ給ふにや、御妻戸開く音して、中門[*]の方へあゆみ(c)おはしますに、御供の人も召さず、②寄りゐさせ給ひて、有明の月をながめさせ給ふ。

『土御門院女房日記』

注：局の上口＝身分の高い人々の出入り口　たてぬ＝閉めない　土御門の大納言殿＝源定通。女院（承明門院在子）の異父弟
女院＝承明門院在子。土御門院の母　中門＝寝殿造で東西の対の屋から釣殿に通じる廊の中程にある門

1 空欄［　］に入る語として最も適当なものを、次から選べ。

(a) くまなき　(b) はかなき
(c) あやなき　(d) かひなき

［　］

2 傍線部①・②の主語として最も適当なものを、次からそれぞれ選べ（同じ記号を何度使ってもよい）。

(a) 土御門院　(b) 作者
(c) 土御門の大納言殿　(d) 女院

①［　］　②［　］

3 波線部(a)〜(c)の敬語について、誰に対する敬意がこめられているかを考えた時、一つだけ敬意の対象が異なるものがある。次から選べ。

(a) まゐら
(b) さぶらは
(c) おはします

［　］

4 作者は妻戸が開く音がした理由は、なぜだと推測しているか。主語も明確にして説明せよ。

［　］

✔ CHECK
33講で学んだこと

□ 挿入句とは作者の推測や疑問
□ 挿入句の形「〜、(…疑問語…推量系の連体形、)〜」「〜、(…にや、)〜」「〜、(…にか、)〜」

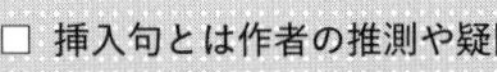

Chapter 6
34講

句切れ

訳ではなく文法で簡単にクリア

▼ここからつなげる　和歌の「句切れ」とは、和歌を「五・七・五・七・七」に分けたときに、どこかの句末で意味上切れるところのことです。訳ではなく、文法で簡単に見つけられるのです！

考えてみよう

次のA～Dの和歌が、それぞれ何句切れか考えよ。

A　しのぶ山しのびてかよふ道もがな人の心の奥も見るべく　『伊勢物語』
B　玉の緒よ絶えなば絶えねながらへば忍ぶることの弱りもぞする　『百人一首』
C　しのぶれど色に出でにけりわが恋はものや思ふと人の問ふまで　『百人一首』
D　嘆けとて月やはものを思はするかこち顔なるわが涙かな　『百人一首』

現代語訳 ➡ 本冊P.105

POINT 1 句切れの見つけ方

五・七・五・七・七に分けて各句末を見て、次の形や品詞がないかを確認しましょう。これらがあれば、そこが句切れです。

❶ 終止形
❷ 命令形
❸ 係り結びの「結び」／疑問語が掛かっていく連体形
❹ 終助詞

初句の句末から順番に「初句切れ」「二句切れ」「三句切れ」「四句切れ」「句切れなし」です（句切れは一か所の場合が多いのですが、まれに二か所ある場合もあります）。

A～Dを順番に見ていきましょう。

A　しのぶ山　しのびてかよふ　道**もがな**　／　人の心の　奥も見るべく

「**もがな**」は願望の**終助詞**。よって、**三句切れ**です。

B　玉の緒よ　絶えなば絶え**ね**　／　ながらへば　忍ぶることの　弱りもぞする

「**ね**」は完了の助動詞「ぬ」の**命令形**。よって、**二句切れ**です。

C　しのぶれど　色に出でに**けり**　／　わが恋は　ものや思ふと　人の問ふまで

「**けり**」は詠嘆の助動詞「けり」の**終止形**。よって、**二句切れ**です。八音で字余りですが、どこで分けるかは文法・単語が理解できていて、いつも分けていれば気づけるようになります。

D　嘆けとて　月**や**はものを　思は**する**　／　かこち顔なる　わが涙かな

「**する**」は係助詞「や」の**結び**で、使役の助動詞「す」の**連体形**。よって、**三句切れ**です。

❶～❹、つまり、文末の形がわかれば、このように句切れは見つけられるのです。各句末を確認して、文末の形を探しましょう。

演習

次のA～Dの和歌に関して、後の問に答えよ。

A 花すすき＊君がかたにぞなびくめる思はぬ山の風は吹けども　『大和物語』
B 契りきなかたみに袖をしぼりつつ末の松山＊浪越さじとは　『百人一首』
C 別れては六とせ経にけり六つの道＊いづ方と①だになどか知らせぬ　『俊成家集』
D 何せむに＊へた＊のみるめ＊を思ひけむ沖の玉藻を②かづく身にして　『袖中抄』

注：花すすき＝穂の出たすすき　末の松山＝現在の宮城県多賀城市の海岸にある丘と考えられている
六つの道＝「六道」のこと。六道とは、生前の行いによって死後におもむく六つの境界で「修羅・人間・天上・地獄・餓鬼・畜生」のこと
何せむに＝この歌では「どうして」の意味　へた＝水際　みるめ＝海松布（海藻）と「みる」という名前の女の意味を掛けている

1 A～Dの和歌の句切れとして最も適当なものを、次から選べ（同じ記号を何度使ってもよい）。

ⓐ 初句切れ　ⓑ 二句切れ　ⓒ 三句切れ
ⓓ 四句切れ　ⓔ 句切れなし

A［　］ B［　］ C［　］ D［　］

2 傍線部①の意味として最も適当なものを、次から選べ。

ⓐ 添加　ⓑ 類推　ⓒ 最小限の限定

［　］

3 傍線部②「かづく」は「潜く」と書き、「被く」同様の考え方で二種類の意味がある。ここでの意味を、次から選べ。

ⓐ 潜る　ⓑ 潜らせる

［　］

4 Aの和歌の前後には次のような文章がある。これを踏まえて、波線部の意味として適当なものを、後から選べ。

男、「女、こと人にものいふ」と聞きて、「その人とわれと、いづれをか思ふ」と問ひければ、女、「**Aの和歌**」となむいひける。　『大和物語』

ⓐ 急にあなたから非難されて動揺していますが
ⓑ 思いがけず他の男性から言い寄られていますが
ⓒ 世間の人々から思いも寄らぬ仕打ちにあっていますが
ⓓ 唐突な質問をされて自分でもはっきりわかりませんが
ⓔ 自分のことを思ってくれない人からひどい仕打ちを受けましたが

［　］

✓ CHECK 34講で学んだこと
□ 各句末を確認して文末の形があれば、そこが「句切れ」となる
□ 「疑問語が掛かっていく連体形」も句切れの目安の形となる

Chapter 6
35講

枕詞
お決まりの語を導く五音

▼ここからつなげる　「枕詞」とは、「この言葉があれば、後ろにこの語がくる」と、お決まりの語を導く言葉です。複数の語を導くものもありますが、同じ系統でまとめて覚えるとよいですよ！

考えてみよう

次のA〜Dの和歌から、枕詞を見つけよ。

A　あしひきの山鳥の尾のしだり尾*のながながし夜をひとりかも寝む　『百人一首』
B　ちはやぶる神代(かみよ)も聞かず竜田川からくれなゐ*に水くくる*とは　『百人一首』
C　わたの原*漕ぎ出でて見れば久方の雲居にまがふ沖つ白波　『百人一首』
D　ぬばたまの夜のふけゆけば久木(ひさき)*生(お)ふる清き川原に千鳥しば鳴く　『万葉集』

注：しだり尾＝長く垂れ下がっている尾　からくれなゐ＝鮮やかな紅色　くくる＝くくり染めにする　わたの原＝大海　久木＝木の名前

現代語訳 ➡ 本冊P.105

POINT 1　「枕詞」は特定の語を導く五音で訳は不要

枕詞は五音なので、探す場合は初句か三句を見ればよいです。ある**特定の語を導きます**が、枕詞自体には意味がなく、訳は不要です。よって、「枕詞」を見つける場合は、**初句か三句で、省いても支障がないほうが「枕詞」**です。ただし、お決まりのものなので、次の頻出の枕詞十個くらいは、導く語（太字や「●系」を押さえればOK）とセットで覚えておきましょう。

- あしひきの…**山**・峰・岩などの山系
- ひさかたの…**月**・**光**・**天**・**空**・**雲**などの天空系
- ぬばたまの…**髪**・**墨**・**夜**・**黒**などの黒系や**夢**
- うばたまの…**黒**・**闇**・**夜**などの黒系や**夢**
- たらちねの…**母**
- ちはやぶる…**神**・うぢ
- からころも…**着る**・**袖**・**裾**などの衣装系
- くさまくら…**旅**・結ぶ
- あづさゆみ…**射る**・**引く**・**張る**・**そる**などの弓系
- あをによし…**奈良**

A〜Dの枕詞を順に確認します。

Aは、**初句**の「**あしひきの**」で「**山**」を導きます。「あし**び**きの」の場合も。濁点の有無が違っても、似ているのでわかりますね。

Bも、**初句**の「**ちはやぶる**」で「**神**」を導きます。「ちはやぶる」の場合も同様です。

Cは、**三句**の「**久方の**」で「**雲**」を導きます。

Dは、**初句**の「**ぬばたまの**」で「**夜**」を導きます。

知っていれば即答できますし、万一知らなくても、これらを省いてみても支障がないことでわかります。

演習

次のA〜Cの和歌とDに関して、後の問に答えよ。

A あをによし奈良の都は咲く花のにほふがごとく今盛りなり 『万葉集』

B 人もなき空しき家は草まくら旅にまさりて苦しかりけり 『万葉集』

C 篝り火の影し①映れば［Ⅰ］夜川の底は水も燃えけり 『貫之集』

D その年もはやうち暮れて、［Ⅱ］春にもなりゆけば、東風②吹く風もやはらかに、…… 『阿仏東下り』

1 A・Bの和歌から枕詞をそれぞれ抜き出せ。

A［　　］ B［　　］

2 Cの和歌の空欄Ⅰに適する枕詞を、次から選べ。

ⓐ あしひきの ⓑ ちはやぶる
ⓒ うばたまの ⓓ あらたまの

［　　］

3 Dは和歌ではないが、空欄Ⅱには枕詞が入る。適する枕詞を、次から選べ。

ⓐ たらちねの ⓑ ぬばたまの
ⓒ ひさかたの ⓓ あらたまの

［　　］

4 Aの和歌の波線部を現代語訳せよ。

［　　］

5 Cの和歌の傍線部①の文法的説明として、最も適当なものを次から選べ。

ⓐ サ変動詞「す」の連用形
ⓑ 過去の助動詞「き」の連体形
ⓒ 強意の副助詞「し」

［　　］

6 Dの文中の傍線部②の読みを答えよ。

［　　］

✔ CHECK 35講で学んだこと

□ 枕詞は五音で特定の語を導く言葉で、枕詞自体は省いても支障がない
□ 頻出の枕詞は導く語とセットで覚える

Chapter 6
36講

掛詞 地名編

地名を使ったダジャレ

▼ここからつなげる 一つの音に二つ以上の意味を持たせる「掛詞」。「住吉は住み良し」ときちんと二回言うと掛詞ではありません。「住みやすい？」「はい！ 住吉(=住み良し)ですから」が掛詞です。

考えてみよう

次のA〜Dの和歌から、掛詞を見つけよ。

A わが庵(いほ)は都のたつみ*しかぞ住む世をうぢ山と人はいふなり 『百人一首』
B 大江山いく野の道の遠ければまだふみもみず天の橋立 『百人一首』
C たち別れいなばの山の峰に生(お)ふるまつとし聞かばいま帰り来む 『百人一首』
D 名にしおはば逢坂(あふさか)山のさねかづら*人に知られでくるよしもがな 『百人一首』

注：たつみ＝南東　さねかづら＝植物の名前。ビナンカズラのこと

現代語訳 ➡ 本冊P.106

POINT 1 地名や山・川の名前が「掛詞」のことが多い

自分で掛詞を探さなければいけない場合、和歌に**地名や山・川の名前**があれば、そこが**掛詞**のことが多いです。あくまでも目安ですが、よくある地名の掛詞は覚えておきましょう。

- あふ（さか）…「**逢坂**」と「**逢ふ**」（＝男女が深い仲になる）
- あふみ…「**近江**」と「**逢ふ身**」
- いく（の）…「**生野**」と「**行く**」
- いなば…「**因幡**」と「**往なば**」（＝行くならば）
- する（が）…「**駿河**」と「**する**」
- すみ（よし）…「**住吉**」と「**住み良し**」・「**澄み**」
- あかし…「**明石**」と「**明かし**」（＝明るい）
- たつ（たやま）…「**竜田山**」と「**立つ**」
- う（ぢ）…「**宇治**」と「**憂**（し）」（＝つらい）

A〜Dの掛詞を順に確認します。

Aは、「**うぢ山**」の「**う**」が「**宇**（治）」と「**憂**（し）」の掛詞。

Bは、「**いく野**」の「**いく**」が「**生**（野）」と「**行く**」の掛詞。地名ではありませんが、「**ふみ**」も「**踏み**」と「**文**（＝手紙）」の掛詞。

Cは、「**いなば**」が「**因幡**」と「**往なば**」の掛詞。地名ではありませんが、「**まつ**」も「**待つ**」と「**松**」の掛詞。

Dは、「**逢坂山**」の「**逢**」が「**逢**（坂）」と「**逢ふ**」の掛詞。地名ではありませんが、「さ**ね**かづら」の「**ね**」に「**寝**」が掛けられており、「**くる**」も「**来る**（＝行く）」と「**繰る**」の掛詞です。

地名以外の目安もあるので、次講以降に学習します。今は、ひとまず地名のものが見つけられていたならば、よしとしましょう。

演習

次のA～Dの和歌に関して、後の問に答えよ。

A うきことを大江の山と知りながらいとど深くも入るわが身かな 『栄花物語』

B 有明の月もあかしの浦風に波ばかりこそよると見えしか 『金葉和歌集』

C 今日わかれ明日はあふみと思へども夜や更けぬらむ袖の露けき 『古今和歌集』

D 住吉と海人は告ぐとも長居すな人忘れ草おふと言ふなり 『古今和歌集』

1 Aの和歌で掛詞が用いられている句を、次から選べ。

ⓐ うきことを　ⓑ 大江の山と
ⓒ いとど深くも　ⓓ 入るわが身かな

2 Bの和歌の傍線部「よる」は「夜」と「寄る」の掛詞であるが、「よる」以外にもう一つ掛詞がある。次の空欄に入る語句をそれぞれ書け。なお、①は和歌から抜き出して、②・③は掛詞の意味がわかるように漢字も使って書け（②・③は順不同）。

［①］が掛詞になっていて、「［②］」と「［③］」が掛けられている。

①　②　③

3 Cの和歌の掛詞を例にならい、それぞれの意味がわかるように漢字も使って書け（順不同）。

例「文」と「踏み」

4 Cの和歌の波線部は、「（夜が更けたからか）袖が露っぽい」ということだが、袖が濡れているのは「露」のせいだけではない。「露」以外で濡れている原因と考えられるものを、漢字一字で書け。

5 Dの和歌で、海人が告げた内容を掛詞がわかるように書け。

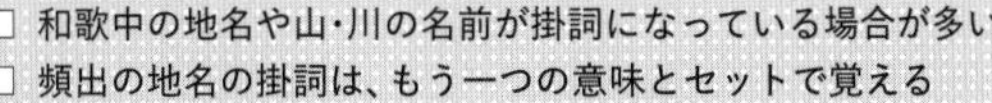

Chapter 6
37講

掛詞　その他編

地名以外の見つけ方のコツ

▼ここからつなげる　掛詞（地名編）の和歌に、「ふみ」「まつ」「くる」など地名以外の掛詞がありました。これらは、ある共通点がわかると掛詞に気づきやすくなります。さて、その共通点は何？

考えてみよう

次のA～Dの和歌から、掛詞を見つけよ。

A　わびぬれば今はた同じ難波なるみをつくしても逢はむとぞ思ふ　『百人一首』

B　山里は冬ぞさびしさまさりける人目も草もかれぬと思へば　『百人一首』

C　かくとだにえやはいぶきのさしも草[*]さしも知らじな燃ゆる思ひを　『百人一首』

D　つれづれのながめにまさる涙河袖のみひちてあふよしもなし　『伊勢物語』

注：さしも草＝よもぎ。お灸に用いる「もぐさ」の原料

現代語訳 ➡ 本冊P.106

POINT 1　不自然な平仮名の部分が「掛詞」の場合が多い

前講の「ふみ」「まつ」「くる」は、「踏み・文」「待つ・松」「来る・繰る」など簡単に書ける漢字なのに、和歌中で**不自然に平仮名**になっています。どちらかの意味に偏らないよう、あえて平仮名にしているのです。掛詞を探す場合、このような**不自然な平仮名があれば、おそらくその部分が掛詞**と目星をつけることができます。「地名」と同様、よくあるパターンを覚えておきましょう。

- あき…「**秋**」と「**飽き**」
- かれ…「**枯れ**」と「**離れ**」
- すむ…「**住む**」と「**澄む**」
- ながめ…「**眺め**（＝物思いにふける）」と「**長雨**」
- ふみ…「**文**」と「**踏み**」
- まつ…「**松**」と「**待つ**」

- みをつくし…「**身を尽くし**」と「**澪標**（＝船の水路を示す杭）」
- ふる…「**古**」「**降る**」「**経る**」「**振る**」
- ひ…「**火**」「**思ひ**」「**恋ひ**」
- おく…「（露を）**置く**（＝露が発生する）」と「**起く**」

A～Dの掛詞を順に確認します。

Aは、「みをつくし」が「**身を尽くし**」と「**澪標**」の掛詞。

Bは、「かれ」が「**離れ**」と「**枯れ**」の掛詞。

Cは、「ひ」が「（思）**ひ**」と「**火**」の掛詞。「いぶ（き）」も「**伊吹**（＝伊吹山）」と「**言ふ**」の掛詞。

Dは、「ながめ」が「**眺め**」と「**長雨**」の掛詞。

不自然な平仮名はあくまで目安で、どちらかの漢字になっている場合もあります。頻出の語があっても、絶対掛詞というわけでもありません。きちんと二つの意味がとれるかの確認が大事です。

演習

次のA〜Dの和歌に関して、後の問に答えよ。

A 人のあきに庭さへ荒れて道もなく蓬茂れる宿とやは見ぬ 『平中物語』

B 音にのみきくの白露夜はおきて昼は思ひにあへずけぬべし 『古今和歌集』

C 尋ぬべき人もなぎさの住の江にたれ松風の絶えず吹くらん 『住吉物語』

D ながらへて身はいたづらにはつ霜の置くかた知らぬ世にもふるかな 『増鏡』

1 Aの和歌の傍線部は二つの語の意味が重ねられた掛詞であるが、その二つの語の組み合わせとして最も適当なものを次から選べ。

ⓐ 空きと秋　ⓑ 秋と安芸　ⓒ 安芸と飽き
ⓓ 飽きと空き　ⓔ 安芸と空き　ⓕ 秋と飽き

2 Bの和歌の「思ひ」の「ひ」には「日」が掛かっていると考えられるが、これ以外にも二か所掛詞がある。例にならい、それぞれの意味がわかるように漢字も使って書け（順不同）。

㊎「ふみ」が「文」と「踏み」

3 Cの和歌には掛詞が二つある。例にならい、それぞれの意味がわかるように漢字も使って書け（順不同）。

㊎「文」と「踏み」

4 Dの和歌には掛詞が用いられている。掛詞になっている平仮名の部分を抜き出せ（「ふる」は除く）。

5 Aの和歌の波線部を現代語訳せよ。

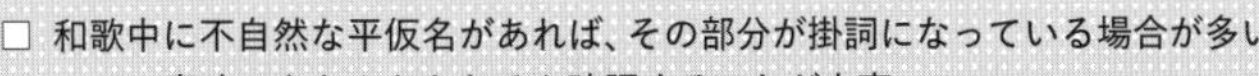

掛詞 和歌以外も重要編

本文・リード文・注釈がヒントになる

▼ここからつなげる よくあるパターン以外の掛詞を見つけるために、和歌だけを何度も詠む人がいますが、ヒントが和歌ではなく、和歌以外の本文やリード文、注釈にある場合もあります。

考えてみよう

傍線部の和歌から、掛詞を見つけよ。

御門（みかど）、住吉へ御幸（みゆき）ならせ給へり。式部*も、御供（おんとも）に参りける。かの御（おん）やしろ御（おん）めぐりありけるに、折節（をりふし）、千鳥・かもめ、よろづの水鳥、海に浮かびて、波に揺られゐたるを、おもしろく思し召して「このけしきを歌に詠みて参らせよ」と、和泉式部に宣旨*（せんじ）あり。式部、「姫*を一人ぐしてまゐりたり。かれに詠ませらるべき」よし奏聞（そうもん）申しければ、このよしを仰せ下されければ、彼の姫、母の方（かた）へ向きて「千はやぶる」と申しければ、母、叱りければ、いひさしてけり。「何とて、いさむるぞ」と宣旨ありければ、「神の御事（おんこと）をこそ千はやぶるとは申し侍れ。これは鳥類の翼の事なり。さて諫（いさ）めて侍るなり」と申す。「いとけなきものなれば苦しからじ。詠ませて聞かん」との宣旨なり。「さらば、よみて奉れ」と、母許しければ、

千はやぶる神のいがき*もあらぬともなみのうへにもとりゐたりけり

『御伽草子』「子式部*」

注：式部＝和泉式部のこと。有名な女流歌人　宣旨＝天皇の意志の下達　姫＝娘のこと　神のいがき＝「いがき（斎垣）」は、神社の神聖な領域を示すために、その周囲にめぐらした垣根のこと　子式部＝和泉式部の娘のこと

現代語訳 ➡ 本冊P.107

POINT 1 和歌以外も大事

▼地名や不自然な平仮名のお決まりパターンなどで掛詞がわからない場合

和歌以外の本文・リード文・注釈にある言葉が和歌の中で再現されているなら、その部分が掛詞の可能性が高い。

傍線部の和歌を見ると、「**千はやぶる**」は「**神**」を導く**枕詞**。「あら**ぬ**」の「**ぬ**」は、**未然形**接続で**打消**です（※下の「とも」は逆接仮定条件の接続助詞で、通常は終止形接続ですが、鎌倉以降に連体形に接続する場合もあり、ここも連体形接続）。下の句「なみのうへにもとりゐたりけり」の「とりゐ」は、和歌と和歌中の注釈だけを見た場合は、上の句との関連で「（神社の）鳥居」と考えられ、全体で「神社の垣根はなくても波の上に（神社の）**鳥居**であるなあ」となります。和歌中に地名はないので、**不自然な平仮名**に掛詞があるはずです。候補は「なみ」「うへ」「とりゐ」。「**なみ**」は「**涙**」「**無み**」（＝ないので）などと掛詞になりやすいですが、今回はどちらもおかしいです。「うへ」も他の意味の「うへ」が考えられません。残る「**とりゐ**」は、一行目を踏まえると「波の上に鳥が浮かんでいる（＝居る）」ことから、「鳥（が）居る」が掛かっています。**文章をきちんと読めば、「鳥居」に「鳥が居る」が掛かっていると簡単にわかる**例です。

演習

次の文章を読んで、後の問に答えよ。

男女住みわたりけり。年ごろ住みけるほどに、男、妻(め)まうけて心かはりはてて、この家にありける物どもを、①今の妻のがりかきはらひ*もて運び行く。ちりばかりの物も残さず、みなもていぬ。ただ残りたる物は馬槽(うまぶね)*のみなむありける。それを、この男の従者(ずさ)、まかぢといひける童使ひけるして、この槽(ふね)をさへとりにおこせたり。この童に、女の言ひける、「きむぢ*も今はここに見えじかし」など言ひければ、「②などてか候は*ざらむ。主(ぬし)、おはせずとも候ひなむ」など言ひ、立てり。女、「主に消息(せうそこ)聞こえば申してむや。③文はよに見給はじ。ただ言葉にて申せよ」と言ひければ、「いとよく申してむ」と言ひければ、かく言ひける。

ふねもいぬ(A) まかぢも(B)見えじ今日よりはうき世の中をいかでわたらむ

『大和物語』

注：かきはらひ＝はらいのけて何も残さず　馬槽＝馬の飼料を入れる桶　きむぢ＝おまえ　候は＝ここでは「行く」の謙譲語「伺う」

1 傍線部①の意味として最も適当なものを、次から選べ。

ⓐ 今の妻のもとに　ⓑ 今の妻が仮に

ⓒ 今の妻が逃げて　ⓓ 今の妻の言いのがれに

2 傍線部②の現代語訳として最も適当なものを、次から選べ。

ⓐ どうして伺わないのだろう

ⓑ どうして伺わないだろうか、いや、伺う

ⓒ どうして伺うのがよいのか

ⓓ なんとかして伺わないつもりだ

3 傍線部③を、主語を明確にして現代語訳せよ。

4 和歌中の波線部A・Bは掛詞で、A「ふね」の一つは「舟」、B「まかぢ」の一つは「真楫」（＝舟の左右にそろった櫂(かい)・舟を進めるための道具）である。もう一つの掛詞をそれぞれわかるように答えよ。

A

B

✔ CHECK
38講で学んだこと

□ お決まりパターン以外の掛詞を見つけるには和歌以外も大事

□ 本文・リード文・注釈にある言葉が和歌中で再現されていると、その語が掛詞の可能性が高い

Chapter 6

39講

序詞

コツさえつかめばすぐに見抜ける！

▼ここからつなげる　「序詞」が苦手、そもそも「序詞」が何なのかわからないという人も多いです。「序」は「前置き」を意味します。「序詞」が何かと、見つけ方のコツを学びましょう。簡単ですよ！

考えてみよう

● 次のA〜Cの和歌から、序詞を見つけよ。

A　あしひきの山鳥の尾のしだり尾のながながし夜をひとりかも寝む　『百人一首』

B　住の江の岸による波よるさへや夢の通ひ路人めよくらむ　『百人一首』

C　難波江の芦（あし）のかりねのひとよゆゑみをつくしてや恋ひわたるべき　『百人一首』

POINT 1 目安は前半が景色・事物、後半が心情・人物

和歌中で伝えたい言葉を導くために**前置き**を置くことがあり、その部分を「**序詞**」といいます。言葉を導くという点では「枕詞」に似ていますが、「序詞」は**七音以上**です。「枕詞」は五音の決められた言葉で、訳は不要ですが、**「序詞」は個人が勝手に創作した言葉で、訳が必要**です。「序詞」の目安は和歌の**前半が「景色や事物」、後半が「心情や人物」の場合、前半の部分が序詞であることが多い**です。目星をつけたら、POINT 2の方法で確認をしましょう。

POINT 2 三つの見分け方を押さえよう

1 「〜のように」と訳す「の」までが序詞

A　〔あしひきの　山鳥の尾の　しだり尾の〕　※〔　〕＝序詞
（山鳥の長く垂れ下がっている尾のように）
ながながし夜を　ひとりかも寝む　※伝えたいこと
（長い長い夜を一人で寝ることになるのだろうか）

2 同音反復の場合、二つ目の直前までが序詞

B　〔住の江の　岸による波〕　よるさへや
（住の江の岸に寄る波ではないが）夜までも
夢の通ひ路　人めよくらむ
（夢の中の通い路でどうして人目を避けているのだろう）

3 （一つ目の）掛詞の直前までが序詞

C　〔難波江の　芦の〕　かりね（刈根／仮寝）の　ひとよ（一節／一夜）ゆゑ　※掛詞の赤色が主文脈
（難波江の芦の刈根の一節ではないが）たった一夜の仮寝のために
みをつくし（澪標／身を尽くし）ても　恋ひわたるべき
（身を捨てて命をかけて恋し続けることになるのだろうか）

ちなみに、A〜Cの前半は鳥や住の江の情景、植物など景色や事物、後半は心情で目安通りです。

演習

次のA～Cの和歌に関して、後の問に答えよ。

A　多摩川にさらす手作り*さらさらに何そこの児（こ）のここだ*悲しき　『万葉集』

B　手にむすぶ*水に宿れる月影のあるかなきかの世にこそありけれ　『百人一首一夕話（ひとよがたり）』

C　次の文章は『源氏物語』須磨巻の一節である。光源氏が須磨に退居してから半年余りが過ぎようとしていた。

煙のいと近く時々立ち来るを、これや海人（あま）の塩焼くならむと思しわたるは、おはします背後（うしろ）の山に、柴といふものふすぶるなりけり。めづらかにて、

山がつ*のいほりにたけるしばしばもこと問ひ来なん恋ふる里人　『源氏物語』

注：手作り＝手織りの布のこと　ここだ＝たいそう・こんなに　むすぶ＝（水を）すくう　山がつ＝山賊

1　Aの和歌の序詞を抜き出せ。

2　Aの傍線部の意味として最も適当なものを、次から選べ。

ⓐ 面倒だ　ⓑ 愛しい　ⓒ 哀れだ　ⓓ 瀕死だ　ⓔ 悲しい

3　Bの和歌の序詞を抜き出せ。

4　Bの傍線部の文法的意味として最も適当なものを、次から選べ。

ⓐ 受身　ⓑ 自発　ⓒ 可能　ⓓ 存続

5　Cの波線部の和歌について、後の問に答えよ。

問1　序詞を抜き出せ。

問2　四句目「こと問ひ来なん」は「訪れてほしい」と訳す。「来」の読みを答えよ。

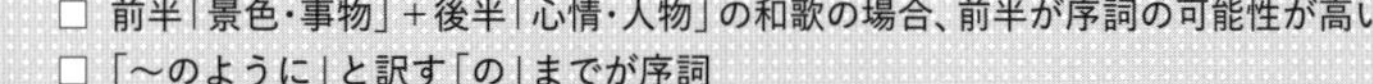

□ 前半「景色・事物」＋後半「心情・人物」の和歌の場合、前半が序詞の可能性が高い
□「～のように」と訳す「の」までが序詞
□ 同音反復の場合、二つ目の直前までが序詞
□ 一つ目の掛詞の直前までが序詞

Chapter 6
40講 縁語

主文脈とはまったく縁がない！

▼ここからつなげる 「縁語」とは、文字そのまま「縁がある語」。縁語同士の言葉が縁があるだけであって、和歌の主文脈とはまったく縁がないのです。一体どういうことなのか、しっかり学びましょう！

和歌中の**ある体言に関連が深い語を、和歌中に散りばめて読み込むこと**を「縁語」といいます。ただし、**和歌の伝えたい内容に絡んでいるものは、縁語ではありません**。どういうことか、見ていきましょう。

POINT 1 掛詞の片方が縁語になっていることが多い

縁語の見つけ方のコツの一つは、**掛詞をヒント**に探すことです。掛詞があり、片方が「景色・事物」の場合、それが縁語になっている可能性が高いのです。もし、**複数掛詞があるならば、「景色・事物」同士が縁語**になるのもよくあるパターンです。

前講冒頭の和歌Cには掛詞が三つありました。訳とともに再度確認しましょう。

〈序詞〉
〔難波江の　芦の〕**かりね**の　**ひとよ**ゆゑ
（かりね＝刈根／仮寝、ひとよ＝一節／一夜）
みをつくしても　恋ひわたるべき
（みをつくし＝澪標／身を尽くし）

（難波江の芦の刈根の一節ではないが）たった一夜の仮寝のために
（身を捨てて命をかけて恋し続けることになるのだろうか）

「刈根」「一節」（※節＝竹や芦などの茎の、節と節の間のこと）「澪標」が景色や事物で、これらは縁語です。実は、これら以外にも縁語がまだあるのです。見つけ方のコツを、さらに学びましょう。

POINT 2 縁語になれるのは自立語だけ

自立語とは、付属語（＝**助動詞・助詞**）**以外**の語です。自立語しか縁語になれないので、付属語は消してしまいましょう（既に縁語とわかっている部分は色字にしておきます）。

難波江~~の~~**芦**~~の~~**かりね**~~の~~**ひとよゆゑみをつくし**~~ても~~**恋ひわたる**~~べき~~

太字の中にまだ縁語があります。「節」から「**芦**」も縁語です（「芦」は水辺の節がある植物）。「澪標」は船の水路の杭なので、「**難波江**」「**わたる**」も船関係でイメージできます。つまり、「芦・刈根・一節・澪標・**わたる**」が「**難波江**」の縁語です。

これらは、和歌の伝えたいこととまったく関係がありません。**主文脈は「一夜の仮寝のために身を尽くして恋し続けることになるのか」**です。「難波江に生えている節がある芦の根を刈ろう。難波江の澪標を目印に船で渡ろう」などと言いたいわけではありません。

このように、縁語は主文脈と関連なく、イメージでつながる語です。

演習

次の文章を読んで、後の問に答えよ。

男、文は取り伝へつべき人を①たよりにて、上達部めきたる人の娘よばひけるを、いひかはしけること二度三度ばかりして、後々はせざりければ、「身を燃やすことぞわりなき梳く藻火の煙も雲となるを頼みて」とあれど、さらに返しなし。されば、かの男、文伝へける人にあひて、「②いかなることを聞こしめしたるにかあらむ」などいひければ、「なでふことにもあらじ」といひければ、「さらば、よきをりをりに奉らせたまへ」。さて、文に思ひけることどものかぎり多う書きて、とらせたりければ、持て行きけれど、また、その返りこともせざりければ、男、また、いひやる。

A　はき捨つる庭の屑とやつもるらむ見る人もなきわが言の葉は

といひやれど、返りこともせざりければ、また、

B　秋風のうち吹き返す葛の葉のうらみてもなほうらめしきかな

『平中物語』

注：梳く藻火の煙も雲となるを頼みて＝下にくすぶっている煙がのぼり雲となるように、私の心にくすぶる思いが高貴なあなたに届くよう期待をして

1　傍線部①の意味として最も適当なものを、次から選べ。

ⓐ 消息　ⓑ 機会　ⓒ ついで　ⓓ つて

2　傍線部②の現代語訳として最も適当なものを、次から選べ。

ⓐ どのようなことを望んでいらっしゃるのであろうか
ⓑ 手紙のどこがお気に召さなかったのであろうか
ⓒ 私のどのようなことをお聞きになったのであろうか
ⓓ 何を召し上がったのであろうか

3　A・Bの和歌の修辞の説明として適当でないものを、次から選べ。

ⓐ Aの和歌には「葉」の縁語として、「はき捨つ」と「庭の屑」が用いられている。
ⓑ Aの和歌の「なき」は、「無き」と「泣き」の掛詞である。
ⓒ Bの和歌の「秋風の〜葛の葉の」は、「うら」を導き出すための序詞である。
ⓓ Bの和歌の「うらみ」は、「裏見」と「恨み」の掛詞である。

✔ CHECK 40講で学んだこと

□ 縁語同士は関連が深いが、和歌の主文脈にはまったく関連がない
□ 掛詞の片方（景色・事物）が縁語になっていることが多い

Chapter 3 22講 訳して識別する「なり」

妻、「我が夫、猫を愛する事を憎み申されけるが、さては我をはかりてのわざなるか」と、さまざま恨みいどみ合ひける。嵐雪もあらはれたる上は是非なく、「実に汝をはかりて遣はしたるなり。常々言ふごとく、余り他に異なる愛し様なり。**はなはだ**（とても）**悪しき**（よくない。悪い）事なり」と、さまざま争ひけるに……

『誹諧世説』

現代語訳

（嵐雪の）妻が、「私の夫は、猫をかわいがることを憎み申し上げなさったが、それでは私をだましてのことであるのか」と、あれこれ恨みごとを言い口論した。嵐雪も露顕したからには仕方がなく、「たしかにお前をだまして（猫を）よそにやったのである。いつも言うように、あまりに他と違うかわいがりようである。とてもよくない事である」と、あれこれ言い争ったところ……

Chapter 4 24講 短文解釈①（助動詞「す」／「ぬ・ね」の識別）

いと**あはれに**（気の毒だ）思し召して、「皆聞きたることなり。いと**不便なる**（不都合だ）ことにこそはべるなれ。いま、しかすまじき**よし**（～とのこと）、すみやかに言はせむ。かく**いましたる**（「あり・行く・来」の尊敬語で「いらっしゃる」と訳す）こと、あるまじきことなり。人してこそ言はせたまはめ。**とく**（早く）**帰られね**」と仰せられければ、「申しつぐべき人のさらにさぶらはねば、**さりとも**（そうはいっても）あはれと仰せごとさぶらひなむ、と思ひたまへて、まゐりさぶらひながらも……」

『大鏡』

現代語訳

（道長は）とても気の毒にお思いになって、「全部聞き及んでいることである。たいそう不都合なことです。今すぐ、そのようにしてはならないとのことを、すみやかに言わせよう。このように（あなたが直接私のもとへ）いらっしゃることは、あるまじきことである。人に命じて言わせなさるほうがよい。早くお帰りなさい」とおっしゃったところ、（娘が）「取り次いでくれる人がまったくおりませんので、そうはいってもきっと気の毒だとお言葉をいただけるだろう、と思いまして、参上しましたが……」

女、つくづくと思ふに、かののたまひしことのさもあらば、いかに深う隠すとも、つひには隠れあるまじきを。我、いかに思ふとも、「心を合はせぬる」と姫君の思しのたまはん。いとうしろぐらきやうに、人々の、この頃、数々言ひしことも、「**さればこそ**（予想通りの結果になったときに使う言葉。やっぱりね）、かかることありしを、ことなしびにもてなしけるよ」など思はれんも、身のほどにはいと**はしたなき**（みっともない）ことなり。……

『兵部卿物語』

現代語訳

女が、よくよく考えると、あの宮がおっしゃったことがそのとおりになったら、どれだけ深く隠したとしても、結局は隠れていることができないことよ。私が、どのように思うとしても、「（私と宮が）心を合わせた」と姫君が思いなさったりおっしゃったりするだろう。とてもやましいように、他の女房たちが、この頃、いろいろ言っていたことも、「やっぱりね。こんなことがあったのに、何事もないように振舞っていたことよ」など（姫君に）もし思われたなら、身の上には〔＝私にとっては〕とてもみっともないことである。……

短文解釈③（助動詞「まし」）

（女房である御匣殿は）今は安嘉門院に候ひ給ふ。東路思ひ立ちし、明日とてまかり申しの由に北白河殿へ参りしかど、見えさせ給はざりしかば、今宵ばかりの出立ち、もの騒がしくて、「かく」とだに**聞こえあへ**（Vしきれない・Vしようとしてできない）ず急ぎ出でしにも、心かかりておとづれ聞こゆ。立ち返りその御返し、「**便り**（つて）あらばと心にかけ参らせつるを、今日、**文**（手紙）待ち得て珍しく嬉しさ、まづ何事も細かに申したく候ふに、今宵は御**方違**（左記※参照）の**行幸**（天皇のお出かけ）の御上とて、紛るる程にて、思ふばかりもいかがと**本意なう**（不本意だ）こそ。御旅明日とて御参り候ひける日しも、紅葉見にとて若き人々誘ひ候ひし程に、後にこそかかる事ども聞こえ候ひしか、などや、「かく」とも（事情を話して、私の居場所を）御尋ね候はざりし。

　一方に袖や濡れまし旅衣たつ日を聞かぬ恨みなりせば

『十六夜日記』

※方違＝外出する際、天一神などの神様がいる方角を避けること。行きたい方角にその神がいると災いを受けるので、前日に違う方角の家に泊まり、そこから方角を変えて目的地に行くこと。

現代語訳

（女房である御匣殿は）今は安嘉門院にお仕えなさる。東国への道を決心し〔＝作者が鎌倉に下ることにしたこと〕、明日（出発する）といってお別れの挨拶を申し上げるために北白河殿〔＝安嘉門院の御所〕へ参上したが、（御匣殿が）お見えにならなかったので、今夜だけの準備が、なんとなく慌ただしくて、「こう」とさえ申し上げることができず急いで出発したことにつけても、気にかかって手紙を差し上げる。折り返しそのお返事が、「つてがあれば（手紙を書こう）と気にかけ申し上げていたが、今日、手紙を受け取って素晴らしい嬉しさ、まずは何事も細やかに申し上げたいのですが、今晩は方違えで天皇が北白河殿にいらっしゃるとのことで、取り込んでいる時で、思うくらいにもどうして（書けるか、いや、書けない）と不本意に（思われます）。ご旅行が明日といって（あなたが北白河殿へ）参上しました日も、紅葉を見に（いこう）と言って若い女房たちが誘いましたので（私は出かけており）、後でこのようなこと〔＝作者が訪ねて来たこと〕を聞きましたが、どうして、「こうだ〔＝明日出発するお別れを言いに来た〕」とも（事情を話して、私の居場所を）お尋ねなさらなかったのですか。

　並一通りに（私の）袖が濡れた〔＝泣いた〕だろうに。旅立つ日を聞いていない恨み（だけ）だったならば。（実際はそれだけではなく、あなたが訪ねてくれたのに会えなかった恨みまでも加わって、私は号泣しました）

中比、甲斐国に厳融房といふ学生ありけり。修行者多く給仕奉事仕て、学問しけり。あまりに腹のあしき上人にて、修行者ども、時、非時、さばくり荷用するに、湯の熱きも、又ぬるきも叱り、遅きをも腹立て、**と**く（早く）持て来れば、「法師に物食はせじとするか」とて、**食ひさして**（Vしかけて途中でやめる）うち置きて叱りけり。そのあはひを見むとて、障子の**ひま**（隙間）より覗けば、「あれは何を見るぞ」とていよいよ腹立しければ、常には心よからずのみありけれども、よき学生なりければ、**忍び**（我慢する）てこそ学問しけれ。妹の女房、最愛の一子に**遅れ**（死に遅れる・先立たれる）て、人の親の習ひといひながら、**あながち**（異常だ）に嘆きければ、よその人も訪ひ哀れみけるに、この上人訪はざりける事を、「あら**うたて**（嘆かわしい）や。これほどの歎きを上人の訪はれぬよ。よその人だにも**情け**（思いやり・人情）をかくるに」といひければ、……

『沙石集』

現代語訳

そう遠くない昔、甲斐国に厳融房という学僧がいた。修行者が多くお世話しお仕えして、学問した。あまりに怒りっぽい僧で、修行者たちが、時や、非時の食事を、料理をして配膳や給仕をするが、湯が熱いのも、またぬるいのも叱り、遅いのにも腹を立て、（食後のお茶を）早く持って来ると、「法師（＝私）に物を食べさせまいとするのか」と言って、途中で食べるのをやめて置いて叱った。その頃合いを見ようとして、障子の隙間からのぞくと、「おまえは何を見るのか」と言ってまた怒ったので、（厳融房は）いつも不愉快だったが、優れた学僧だったので、修行者たちは我慢して学問を学んでいた。妹の女性が、最愛の一人子に先立たれて、人の親の通例とは言うが、異常なまでに嘆いたので、よその人も見舞い哀れんだが、この僧が見舞わなかったことを、（妹が）「ああ嘆かわしいなあ。これほどの歎きを僧が見舞われないことよ。よその人でさえ親切にいたわるのに」と言ったところ、……

Chapter 4 28講

短文解釈5（助動詞「む・むず」・「じ」）

（女房が）「あら、わざくれや。衣鉢もいや。仏法は聞くだにも悲し。ただ願はくば、憎き男と憎き女を左右に引つ提げて、奈落に沈まんとこそ巧み候へ。仏法と申す事は、凡そ聞くだにも苦し。まして近付く事は思ひも寄らず。さて、御僧、世間を御覧ずるほどに、もし憎き者殺す秘事など知り給はば、それをば習ひ参らせたき」と申す。御僧の返事に、「安き事なり。憎き者失ふ秘事、教へ参らせん。我が申す如く御働き候はんや」とありければ……

（安き：安心。ただし、ここでは「易し」と同じで「簡単だ」の意味。）

『磯崎』

現代語訳

（女房が）「ああ、どうでもいいことよ。衣鉢もいや。仏法は聞くのさえも嘆かわしい。ただ願うことは、憎い男と憎い女を左右の手に提げて、地獄に落ちようと企んでいます。仏法と申し上げることは、そもそも聞くことさえつらい。まして近付くことは（もっとつらくて）思いも寄らない。ところで、お坊様は、世の中を御覧になっているので、もし憎い者を殺す秘術など（あなたが）知っていらっしゃるならば、（私は）それを習い申し上げたい」と申し上げる。お坊様の返事に、「簡単なことである。憎いものを消滅させる秘術を、（私が）教え申し上げよう。私が申し上げるように（あなたは）動いてくださいませんか」といったので……

Chapter 5 29講

接続助詞を利用した主語把握法1

但馬の国に通ひける兵庫の允なりける男の、かの国なりける女をおきて、京へのぼりければ、雪の降りけるにいひおこせたりける。

（のぼり：地方から都へ行く／いひおこせ：言ってよこす）

山里にわれをとどめてわかれぢのゆきのまにまに深くなるらむ

といひたりければ、返し、

山里に通ふこころも絶えぬべしゆくもとまるもこころぼそさに

となむ返したりける。

『大和物語』

現代語訳

但馬の国に通った兵部省の三等官であった男が、この国にいた女をおいて（男は）京の都へ行ったので、（女が）雪が降った時に（歌を）詠んでよこした。

山里に私を残して別れる旅の途中で雪が降るにつれて深く積もるように、行くにつれて疎遠さが積もり、ますます私から離れていくのでしょう

と（女が）詠んだので、（男は）返歌を、

山里に通う心の糸も（細くなり）きっと切れてしまいそうだ。都へ行く私も但馬に残るあなたも心細い思いをするために

と返した。

Chapter 5
30講 接続助詞を利用した主語把握法②

にはかに（突然だ）かい曇りて、雨になりぬ。「たふるるかたならむかし」と（兼家の手紙を）思ひ出でてながむるに、暮れゆく気色（様子）なり。いといたく降れば、障らむ（差し障りになる）にもことわり（当然である）なれば、「昔は」とばかりおぼゆるに、涙のうかびて、あはれに物のおぼゆれば（自然に思われる・感じる）、念じがたく（我慢するVしにくい・Vできない）て、人出だし立つ。

悲しくも思ひたゆるか石上さはらぬものとならひしものを

と書きて、「いまぞいくらむ」と思ふほどに、南面（南に面した部屋）の、格子（上げ下げする窓のようなもの）も上げぬ外に、人の気おぼゆ。

『蜻蛉日記』

現代語訳

突然一面に曇って、雨になった。「（兼家はこの雨に）閉口しているだろうよ」と（兼家からの手紙を作者は）思い出して外を眺めていると、暮れていく様子である。とてもひどく降るので、差し障りになるだろうことも当然であるので、「昔は（雨が降っても差し障りにならなかったのに）」とだけ（作者は）思い出すと、（作者は）涙が浮かんで、しみじみと物思いをするので、（作者は）我慢できなくて、人を（兼家のところへ）遣わす。

悲しくも（兼家がこちらに来ることを）あきらめたのか。昔は差し障りにはならずに来るのが常だったのになあ。

と（作者は）書いて、「今頃使者が到着した頃だろう」と（作者が）思う時に、（作者は）南に面した部屋の、格子（＝上げ下げする窓のようなもの）も上げない外に、人の気配を（作者は）感じる。

Chapter 5
31講 「已然形＋ば」の前後の主語

粟田讃岐守兼房といふ人ありけり。年ごろ（長年・数年間）、和歌を好みけれど、よろしき（悪くはない）歌もよみ出ださざりければ、心に常に人麻呂を念じ（心にかける）けるに、ある夜の夢に、西坂本とおぼゆる所に、木はなくて、梅の花ばかり雪のごとく散りて、いみじく（とても）香ばしかりけり。〈中略〉

年ごろありて、死なむとしける時、白河院に（人麻呂の絵像を）参らせたりければ、ことに（格別に）よろこばせ給ひて、御宝の中に加へて、鳥羽の宝蔵に納められにけり。

『十訓抄』

現代語訳

粟田讃岐守の藤原兼房という人がいた。長年、和歌を好んだが、（兼房は）まあまあ良い歌も詠み出さなかったので、（兼房は）いつも心に（歌聖の）柿本人麻呂を念じていたところ、ある夜の夢に、西坂本と思われる所に、木はなくて、梅の花だけ雪のように散って、とても香ばしかった。〈中略〉

長年経過して、（兼房が）死にそうになった時、白河院に（人麻呂の絵像を）差し上げたので、（白河院は）格別に喜びなさって、お宝の中に加えて、鳥羽離宮の宝蔵に納めなさった。

Chapter 5 32講

敬語を利用した主語把握法

何と逃るべきやうもなければ、北の端なる御妻戸の縁にさぶらへば、「**なかなか**（かえって）人の見るも目立たし。内へ入れ」と仰せある御声は、**さすが**（そうは言ってもやはり）に**昔ながら**（昔のまま）に変らせおはしまさねば、こはいかなりつることぞと思ふより、胸つぶれてすこしも動かれぬを、「**とくとく**（早く早く）」とうけたまはれば、なかなかにて参りぬ。

『とはずがたり』

現代語訳

（作者は）何と言っても逃れることができそうもないので、北の端にある御妻戸の縁側に（作者は）お控えすると、「かえって人が見るのに目立っている。中へ入れ」とおっしゃる（後深草院の）お声は、そうは言ってもやはり昔のままで変わっていらっしゃらないので、（作者は）「これはどうしたことか」と思うやいなや、胸がどきどきして（作者は）少しも動けないのに、「早く早く」と（作者は）承るので、（こうしているのも）かえって畏れ多いので（作者は中に）参上した。

Chapter 5 33講

挿入句

道のほど雨打ち降り、泥も潤ひて、**歩みがたくわびしき**（Vできない・Vしにくい　つらい）を、**とかく**（どうにかこうにか）たどりて其処にとまりぬ。折しもあらんを、その夕つかた、伊勢の国より来たりしとて、尼一人とむらひ来たりけり。「武蔵の国にて、あや子てふ名は聞きつ」とて、みやびの友とや思ひけん、歌二首よみて持て来たりしを、下人の**うちつけ**（ぶしつけだ）に、「をりあはず」と答へしを、いかが思ひけん、猶立ち去らで、こしかけながら語るやう、「……

『真葛が原』

現代語訳　※（　）部分は挿入句

道中雨が降り、泥もぬかるんで、歩きにくくつらいが、どうにかこうにかたどり着いてそこに泊まった。他に時もあるだろうに、（出かけた）その夕方、伊勢の国から来たと言って、尼が一人訪れて来た。（尼が）「武蔵の国で、あや子（＝作者の名前）という名は聞いた」と言って、（風雅の友と思ったのであろうか、）歌を二首詠んで持って来たが、下人がぶしつけに、「（作者は）運悪く他出している」と答えたところ、（どのように思ったのであろうか、）（尼は）まだ立ち去らないで、腰かけながら語ることには、……

Chapter 6 34講

句切れ

A　しのぶ山**しのび**（秘密にする）てかよふ道もがな人の心の奥も見るべく　『伊勢物語』

B　玉の緒よ絶えなば絶えねながらへば忍ぶることの弱りもぞする　『百人一首』

C　**しのぶれ**（秘密にする）ど色に出でにけりわが恋はものや思ふと人の問ふまで　『百人一首』

D　嘆けとて月やはものを思はする**かこち**（かこつける）顔なるわが涙かな　『百人一首』

現代語訳

A　信夫山（しのぶ）ではないが、人目を忍んで通う道があればなあ。あなたの心の奥を見ることができるように。

B　（私の）命よ、絶えるならば絶えてしまえ。生きながらえるならば耐え忍ぶ心が弱って（恋する気持ちが抑えられなくなって）しまうと大変だから。

C　秘密にしていたけれど顔色に出てしまったなあ。私の恋は、「物思いをしているのですか」と人が訪ねてくるほどに。

D　嘆けと言って月が物思いをさせるのか、いや、そうではない。月のせいだというような顔をして流れ落ちる私の涙だなあ。

Chapter 6 35講

枕詞

A　あしひきの山鳥の尾のしだり尾のながながし夜をひとりかも寝む　『百人一首』

B　ちはやぶる神代も聞かず竜田川からくれなゐに水くくるとは　『百人一首』

C　わたの原漕ぎ出でて見れば久方の雲居に**まがふ**（見間違える）沖つ白波　『百人一首』

D　ぬばたまの夜のふけゆけば久木生ふる清き川原に千鳥しば鳴く　『万葉集』

現代語訳

A　山鳥の長く垂れ下がっている尾のように、長い長い夜を一人で寝ることになるのだろうか。

B　（不思議なことが起こっていた）神の時代にも聞いたことがない。竜田川が鮮やかな紅色に水をくくり染をするとは。

C　大海に（船を）漕ぎ出して見渡すと、雲かと見間違えるような沖の白波よ。

D　夜が更けていくと久木の生えている清らかな川原に、千鳥がしきりに鳴いている。

Chapter 6 36講

掛詞 地名編

A　わが庵は都のたつみ（南東。漢字は「辰巳」と「巽」の二つ）しかぞ住む世をうぢ山と人はいふなり　『百人一首』

B　大江山いく野の道の遠ければまだふみもみず天の橋立　『百人一首』

C　たち別れいなばの山の峰に生ふるまつとし聞かばいま帰り来む　『百人一首』

D　名にしおはば（名前として持つ）逢坂山のさねかづら人に知られでくるよし（手段・方法）もがな　『百人一首』

現代語訳

A　私の庵は都の南東にあって、＊そのように住んでいる。（それで、）世の中をつらいといって住む宇治山と人は言うそうだ。

＊どのように住んでいると考えるかは諸説あり。「世の中をつらいといって住んでいる。（それで、～と続く）」や、「心静かに住んでいる。（なのに、～と続く）」と考える場合も。

B　大江山を越えて行き、生野を通って行く道が遠いので、まだ天の橋立を踏んだこともないし、母からの文（ふみ）（＝手紙）も見ていません。

C　別れて因幡の国に去ったならば、その因幡山の峰に生えている松ではないが、私のことを「待つ」と聞いたならば、すぐに帰って来よう。

D　「逢って寝る」と名前として持っているならば、逢坂山のさねかずらを手繰り寄せるように、人に知られないで逢いに行く方法があればなあ。

Chapter 6 37講

掛詞 その他編

A　わび（思い悩む）ぬれば今は同じ難波なるみをつくしても逢は（男女が深い関係になる・夫婦になる）むとぞ思ふ　『百人一首』

B　山里は冬ぞさびしさまさりける人目も草もかれぬと思へば　『百人一首』

C　かくとだにえやはいぶきのさしも草さしも知らじな燃ゆる思ひを　『百人一首』

D　つれづれ（手持ち無沙汰だ・退屈だ）のながめにまさる涙河袖のみひち（水にぬれる）てあふよし（手段）もなし　『伊勢物語』

現代語訳

A　思い悩んだので今はもう同じこと。難波にある澪標ではないが、身を尽くして、身を滅ぼしてでもあなたに逢おうと思う。

B　山里は特に冬のさびしさがまさって感じられるなあ。訪れてくる人もなくなり、草も枯れてしまうと思うと。

C　こうだとさえ言えようか、いや、言えない。伊吹山のさしも草ではないが、そうとも知らないだろうなあ。火のように（私の）燃える思いを。

D　ぼんやりと物思いにふけっているので、長雨にまさる涙が川のように流れ、袖だけが濡れてあなたに逢う手段もない。

御門、住吉へ御幸（天皇のお出かけ）ならせ給へり。式部も、御供に参りける。かの御やしろ御めぐりありけるに、折節、千鳥・かもめ、よろづの水鳥、海に浮かびて、波に揺られゐたるを、おもしろく思し召して「このけしき（様子）を歌に詠みて参らせよ」と、和泉式部に宣旨あり。式部、「姫を一人ぐし（引き連れる）てまゐりたり。かれに詠ませらるべき」よし奏聞（天皇に申し上げること）申しければ、このよしを仰せ下されければ、彼の姫、母の方へ向きて「千はやぶる」と申しければ、母、叱りければ、いひさし（Vしかけて途中でやめる）てけり。「何とて、いさむる（注意する）ぞ」と宣旨ありければ、「神の御事をこそ千はやぶるとは申し侍れ。これは鳥類の翼の事なり。さて諫め（注意する）て侍るなり」と申す。「いとけなき（幼い）ものなれば苦しからじ。詠ませて聞かん」との宣旨なり。「さらば、よみて奉れ」と、母許しければ、

千はやぶる神のいがきもあらぬともなみのうへにもとりゐたりけり

『御伽草子』「子式部」

現代語訳

帝が、住吉へお出かけなさった。和泉式部も、お供に参上した。その（住吉の）神社をめぐっていらっしゃったところ、ちょうどその時、千鳥、かもめなど、たくさんの水鳥が、海に浮かんで、波に揺られているのを、（帝は）趣深いと思いなさって「この様子を歌に詠んで献上せよ」と、和泉式部にご命令がある。和泉式部が、「姫（＝娘）を一人連れて参上した。彼女に詠ませなさるのがよい」とのことを帝に申し上げたところ、このことの仰せがあったので、その姫が、母（＝和泉式部）の方へ向いて「千はやぶる」と申し上げたところ、母が、叱ったので、（娘は）言いかけて途中でやめた。（帝から）「どうして、注意するのか」とお言葉があったので、（和泉式部は）「神のことに『千はやぶる』と申します。これは鳥類の翼のことである。それで注意するのです」と申し上げる。（帝から）「幼い者なので差支えはない。詠ませて聞こう」とのお言葉がある。「それならば、お詠み申し上げよ」と、母が許したので（娘は詠んだ）、

神社の垣根もなくても、波の上に鳥がいられる鳥居があったのだなあ。

著者 岡本梨奈

リクルート「スタディサプリ」古典講師。大阪教育大学教養学科芸術専攻ピアノ科卒業。自身が受験時代に苦手だった古文を克服し、一番の得点源に変えられたからこそ伝えられる「わかりやすい解説」で全国の受験生から支持されている。著書に『岡本梨奈の1冊読むだけで古文の読み方＆解き方が面白いほど身につく本』『古文ポラリス1・2・3』(以上、KADOKAWA)『高校の古文読解が1冊でしっかりわかる本』(かんき出版)などがある。

岡本のここからつなげる古典文法ドリル

PRODUCTION STAFF

ブックデザイン	植草可純　前田歩来（APRON）
著者イラスト	芦野公平
本文イラスト	かざまりさ
企画編集	髙橋龍之助（Gakken）
編集担当	髙橋龍之助　留森桃子（Gakken）
編集協力	株式会社 オルタナプロ
校正	高倉啓輔　竹本陽
販売担当	永峰威世紀（Gakken）
データ作成	株式会社 四国写研
印刷	株式会社 リーブルテック

読者アンケートご協力のお願い

この度は弊社商品をお買い上げいただき、誠にありがとうございます。本書に関するアンケートにご協力ください。右のQRコードから、アンケートフォームにアクセスすることができます。ご協力いただいた方のなかから抽選でギフト券（500円分）をプレゼントさせていただきます。

アンケート番号：305686

※アンケートは予告なく終了する場合がございます。

岡本のここからつなげる古典文法ドリル

別冊

解答……解説

Answer and Explanation
A Workbook for Achieving Complete Mastery
Classical Japanese by Rina Okamoto

Gakken

➡軽くのりづけされているので、外して使いましょう。

岡本のここからつなげる古典文法ドリル

別冊 解答解説

答え合わせのあと
必ず解説も読んで
理解を深めよう

MEMO

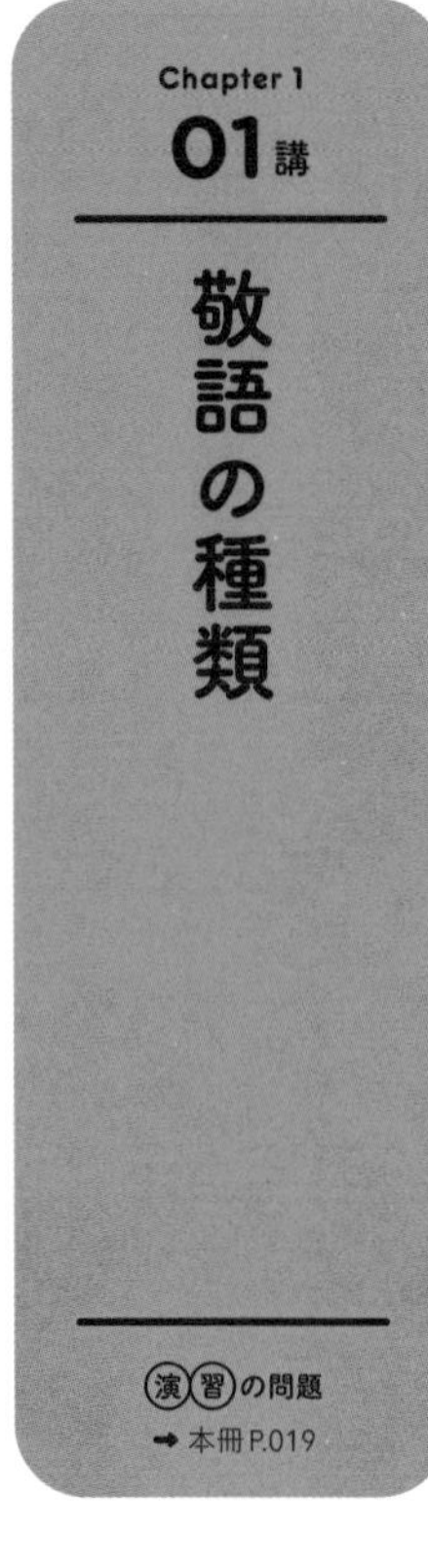

1 ①丁寧語　②尊敬語　③丁寧語　④謙譲語

2 ①丁寧語　②謙譲語　③尊敬語

3 ①ⓐ　②ⓐ　③ⓓ　④ⓓ　⑤ⓒ　⑥ⓒ　⑦ⓐ

1

① 解答 丁寧語

会話文にあるときに、その会話を聞いている人〈＝**聞き手**〉を敬う敬語は**丁寧語**です。

② 解答 尊敬語

主体〈＝〜**は**・**が**〉を敬う敬語は**尊敬語**です。

③ 解答 丁寧語

会話文以外にあるときに、**読者**を敬う敬語は**丁寧語**です。

④ 解答 謙譲語

客体〈＝〜**を**・**に**〉を敬う敬語は**謙譲語**です。

2

① 解答 丁寧語

「思い**ます**」と訳す、「思ひ**侍り**」の「**侍り**」は**丁寧語**です。

② 解答 謙譲語

「お読み**する**」と訳す、「読み**奉る**」の「**奉る**」は**謙譲語**です。

③ 解答 尊敬語

「**お**書き**になる**」と訳す、「書き**給ふ**」の「**給ふ**」は**尊敬語**です。

3

現代語訳

左大臣が、美しい姫君をお持ちになっていたのを、帝に差し上げようと思って大切に養育しなさっていたが、姫君は、人知れず中将をお慕いして、中将に「私を盗みとって、どこへでも引き連れて行きなさいませ」と申し上げた。中将が、（姫君を）盗んで武蔵野に駆け落ちなさる。左大臣が、姫君の姿が見えずおどろきあきれて思いなさるが、どうしようもなく、（左大臣は）帝に「姫は、病気になって死にました」と嘘を語り申し上げなさる。

重要古語

かしづく＝大切に養育する
具す＝引き連れる
あさまし＝おどろきあきれる
すべきかたなし＝どうしようもない
悩む＝病気になる
失す＝死ぬ
虚言（そらごと）＝うそ

① 解答 ⓐ

「持ち**給ひ**」の「**給ひ**」は**尊敬語**。尊敬語は**主体**を敬います。**左大臣が**美しい姫君をお持ちになっていたので、左大臣を敬っています。よって、

ⓐが正解。

② 解答 ⓐ

「かしづき**給ひ**」の「**給ひ**」は**尊敬語**。尊敬語は**主体**を敬います。**左大臣が**姫君を大切に養育しなさっていたので、左大臣を敬っています。よって、ⓐが正解。

③ 解答 ⓓ

「恋ひ**奉り**」の「**奉り**」は**謙譲語**。謙譲語は**客体**を敬います。**中将を**お慕いしていたので、中将を敬っています。よって、ⓓが正解。

④ 解答 ⓓ

「行き給ひ**侍れ**」の「**侍れ**」は**丁寧語**。丁寧語が**会話文**にあるので、**聞き手**を敬います。姫君が中将に話しかけているので、中将を敬っています。よって、ⓓが正解。

⑤ 解答 ⓒ

「失せ**侍り**き」の「**侍り**」は**丁寧語**。丁寧語が**会話文**にあるので、**聞き手**を敬います。左大臣が帝に話しかけているので、帝を敬っています。よって、ⓒが正解。

⑥ 解答 ⓒ

「語り**奉り**」の「**奉り**」は**謙譲語**。謙譲語は**客体**を敬います。左大臣が**帝に**語っているので、帝を敬っています。よって、ⓒが正解。

⑦ 解答 ⓐ

「語り奉り**給ふ**」の「**給ふ**」は**尊敬語**。尊敬語は**主体**を敬います。**左大臣が**帝に語っているので、左大臣を敬っています。よって、ⓐが正解。

Chapter 1

02講 敬語の補助動詞

演習の問題
➡ 本冊P.021

1 ①ⓑ ②ⓒ ③ⓔ ④ⓐ

2 **給ふ・おはす・おはします**（順不同）

3 **奉る・申す・聞こゆ・参らす**（順不同）

4 **侍り・候ふ**（順不同）

5 問1 ①ⓐ ②ⓒ ③ⓑ 問2 **ロ** 問3 **見つけ申し上げたが**

1 解答 ①ⓑ ②ⓒ ③ⓔ ④ⓐ

補助動詞の型は次の三つです（波線部分が補助動詞）。

A **用言**（＋**助動詞**）＋動詞

B 動詞＋**て**＋動詞

C **体言**＋に（て）＋おはす・おはします・侍り・候ふ

空欄箇所に該当する記号を選べばよいです。

2 解答 **給ふ・おはす・おはします**（順不同）

「給ふ」は、ひらがなで「たまふ」でもよいです。

3 **解答** **奉る・申す・聞こゆ・参らす**（順不同）

それぞれひらがなでもよいです。「参らす」を「参る」と間違える人が多いので気をつけましょう。謙譲の補助動詞は「参らす」です。

4 **解答** **侍り・候ふ**（順不同）

それぞれひらがなでもよいです。また「さぶらふ」は「さふらふ」「さうらふ」でもかまいません。

5

現代語訳

かぐや姫が、泣く泣く言うには、「前々から申し上げようと思ったけれど、必ず心を悩ませなさるだろうにちがいないと思って、今まで（言わずに）過ごしたのです。そのままではいられないと思って、打ち明けます。私は月の都の人である。今はもう、帰らなければならないときになったので……」と言って、ひどく泣くと、翁は、「これは、なんということをおっしゃるのか。竹の中から見つけ申し上げたが、からし菜の種子の大きさでいらっしゃったのを、私の身長に並ぶほどまでに育て申し上げた我が子を……」

重要古語

のたまふ＝おっしゃる

問1 **解答** ①ⓐ ②ⓒ ③ⓑ

①「惑はし**給は**」なので、動詞「惑はす」＋「**給ふ**」で型（用言＋動詞）と単語の両方をクリアしていることから、この「**給は**」は**補助動詞**。補助動詞「**給ふ**」は**尊敬語**。よって、ⓐが正解。

②「過ごし**侍り**」なので、動詞「過ごす」＋「**侍り**」で型（用言＋動詞）と単語の両方をクリアしていることから、この「**侍り**」は**補助動詞**。補助動詞「**侍り**」は**丁寧語**。よって、ⓒが正解。

③「やしなひ**奉り**」なので、動詞「やしなふ」＋「**奉る**」で型（用言＋動詞）と単語の両方をクリアしていることから、この「**奉り**」は**補助動詞**。補助動詞「**奉る**」は**謙譲語**。よって、ⓑが正解。

問2 **解答** **ロ**

イの上は助詞「も」なので、補助動詞の型にあてはまりません。よって、イ「申さ」は本動詞。ロの上は「うちいで」なので、動詞「うちいづ」＋「**侍り**」で型（用言＋動詞）と単語の両方をクリアしていることから、ロ「**侍り**」は**補助動詞**。よって、ロが正解。ハの上は助詞「を」なので、補助動詞の型にもあてはまらず、また、「のたまふ」という単語も補助動詞にあてはまりません。よって、「のたまふ」は本動詞。

問3 **解答** **見つけ申し上げたが**

「見つけ**きこえ**」なので、動詞「見つく」＋「**きこゆ**」で型（用言＋動詞）と単語の両方をクリアしていることから、この「**きこえ**」は**補助動詞**。**補助動詞「きこゆ」は謙譲語で「〜申し上げる」と訳す**ので、「見つけきこえ」は「見つけ申し上げる・発見し申し上げる」となります。**連用形**「きこえ」に**接続**する「**たり**」は**完了・存続**の助動詞「たり」。「見つけている」と存続で訳すとおかしいので、この「**たり**」は**完了**。「**しか**」は**過去**の助動詞「き」の已然形。已然形＋「**ど**」は**逆接**の接続助詞。これらをつなげて、「見つけ申し上げたが」「発見し申し上げたけれど」などが正解です。

1 四段活用　**2** 下二段活用
3 ①ⓑ　②ⓐ　③ⓐ　④ⓑ　⑤ⓐ
4 ⓑ

1

解答 **四段**活用

尊敬の補助動詞「給ふ」は**四段**活用です。

2

解答 **下二段**活用

謙譲の補助動詞「給ふ」は**下二段**活用です。

3

① **解答** ⓑ

補助動詞「給**ふれ**」（下二段）は**謙譲語**です。訳は「田などは何になろうか、いや、何にもならないと思い**ます**が……」。

② **解答** ⓐ

補助動詞「給**ひ**」（四段）は**尊敬語**です。訳は「御物思いをし**なさっ**た」。

③ **解答** ⓐ

補助動詞「給**ふ**」は**尊敬語**です（※謙譲の終止形はめったに使われないため、「給ふ」であれば通常は尊敬語と考えましょう）。訳は「身を害し**なさる**ことはするな」。

④ **解答** ⓑ

補助動詞「給へ」なので、下を確認すると「て」があります。「**て**」の接続から、この「給へ」は**連用形**だとわかるので**謙譲語**です。訳は「とても気にくわなく思えることであると思い**まし**て、……」。

⑤ **解答** ⓐ

補助動詞「給へ」なので、下を確認すると「り」があります。動詞の**e段**につく「**り**」は**完了・存続**の助動詞「り」です。助動詞「り」の接続から、この「給へ」は**四段已然形**だとわかるので**尊敬語**です。訳は「屏風の陰から覗き**なさっ**た」。

4

現代語訳

（桐壺院は）衰弱したご容態ながら、皇太子の御事を繰り返し（頼み）申し上げなさって、次には光源氏の御事を、「何事も（あなたが光源氏の）お世話役と思いなさい。（光源氏は）年の割には政治を行っても、ほとんど遠慮するところはないと思います。必ず天下を治める相がある人である。それによって、（光源氏が政争に巻き込まれてしまうことを）煩わしく思って親王にもせず、臣下として朝廷の補佐役をさせようと思ったのであります。その心づもりに、（あなたは）背きなさるな」と、しみじみとした御遺言が多かったが、……

重要古語

春宮＝皇太子。「とうぐう」の読みも大事
おぼす＝思いなさる。「思ふ」の尊敬語
まつりごつ＝政治を行う

をさをさ～打消＝ほとんど～ない
ただ人＝①（神仏に対して）普通の人間
②（皇族に対して）臣下
③（摂政・関白に対して）一般の貴族

解答 ⓑ
補助動詞「給**ふる**」（下二段）は**謙譲語**です。ⓐの補助動詞「給**ひ**」（四段）とⓒの補助動詞「給**ふ**」は**尊敬語**です（謙譲の終止形はめったに使われない）。よって、ⓑが正解。ちなみに、ⓑは「給**へ**」なので**下を確認する**と「し」があります。この「**し**」は**過去**の助動詞「**き**」です。助動詞「き」の接続から、この「給へ」は**連用形**だとわかるので**謙譲語**です。ただし、この問題の場合は、最初に解説したように消去法で正解を導くほうが早いです。

Chapter 1
04講 謙譲の補助動詞「給ふ」の特徴

演習の問題
→本冊P.025

1 ⓑ　2 ⓐ・ⓓ・ⓔ・ⓗ・ⓘ（順不同）
3 ①ⓐ　②ⓑ　③ⓐ　④ⓐ
4 問1 中納言の君（夕霧）　問2 嘆き申し上げなさる
問3 イ 謙譲語　ロ 尊敬語

1 解答 ⓑ
謙譲の補助動詞「**給ふ**」は**会話文**（や手紙文）で使用します。

2 解答 ⓐ・ⓓ・ⓔ・ⓗ・ⓘ（順不同）
謙譲の補助動詞「**給ふ**」は、「**覚ゆ・思ふ・見る・聞く・知る**」につきます。

3 ① 解答 ⓐ
地の文にある補助動詞「給へ」なので**尊敬語**です。訳は「『私にも見せろよ』と言って、取って見**なさっ**たところ……」。

② 解答 ⓑ
補助動詞「給**へ**」が会話文にあり、上が「思ひ」なので、**下**を見て**活用**

形を確認するしかありません。下の「られ」は助動詞「**らる**」です。助動詞「らる」の接続から、この「給へ」は**未然形**だとわかるので**謙譲語**です。訳は「数日間気がかりで、恐ろしく思わずにいられ**ません**でしたが、……」。

③ **解答** ⓐ

補助動詞「給へ」が会話文にありますが、上が「**渡り**」なので**尊敬語**です。訳は「無理に『行き**なさい**』とも言わなくて、……」。

④ **解答** ⓐ

補助動詞「**給へ**」が会話文にあり、上が「知り」なので、**下**を見て**活用形を確認する**しかありません。下の「る」は動詞の**e段**につくので、助動詞「**り**」です。助動詞「り」の接続から、この「給へ」は**四段已然形**だとわかるので**尊敬語**です。訳は「どのようにして私の住むところを知り**なさっ**たのか」。

4

現代語訳

中納言の君が、「過ぎましたような昔のことは、（私は）なんともわかりかねます。朝廷にお仕え申し上げます間に、世の中のことを見まして歩きまわる（＝経験いたしました）うちに、大小のことにつけても、内々のしかるべき話などのおりにも、昔の辛いことがあってなど、ちょっとほのめかし申し上げることはございませんでした。〈中略〉（父が朱雀院のお話を伺いたいと思いつつ、月日が過ぎていることを）時々嘆き申し上げなさる」など（朱雀院に）申し上げなさる。

重要古語

おほやけ＝朝廷
物語＝話。雑談
ついで＝機会。おり
奏す＝天皇・上皇（＝院）に申し上げる

問1 **解答** **中納言の君**（夕霧）

傍線部にある「思うたまへ」の「たまへ」は敬語の補助動詞。敬語の種類は、補助動詞「**たまへ**」が会話文にあり、上が「思う（思ひ）」なので、**下を見て活用形**を確認するしかありません。下の「わき」は動詞「わく」です。動詞（**用言**）の上は**連用形**なので、この「給へ」は**謙譲語**です。謙譲の補助動詞「たまふ」が使用されている部分の**主語**は、**一人称**（＝**会話主**）なので「中納言の君（夕霧）」が正解。

問2 **解答** **嘆き申し上げなさる**

動詞につく「申し」と「たまふ」は補助動詞。「**申す**」は**謙譲語**で「〜**申し上げる**」と訳し、「**たまふ**」は**尊敬語**で「〜**なさる**」と訳します。これらをつなげると「嘆き申し上げなさる」となります。

問3 **解答** イ　謙譲語　ロ　尊敬語

イ　「見たまへ」の「たまへ」は敬語の補助動詞。補助動詞「**たまへ**」が会話文にあり、上が「見」なので、**下**を見て**活用形**を確認するしかありません。下の「まかりありく」は動詞です。動詞（**用言**）の上は**連用形**なので、この「給へ」は**謙譲語**です。

ロ　「奏したまふ」の「たまふ」は敬語の補助動詞。謙譲の終止形「たまふ」はめったに使われないので、**尊敬語**から考えます。**地の文**にあること、もしくは、上が「**奏し**」なので、やはり**尊敬語**とわかります。

Chapter 1 05講

本動詞「尊敬語」

演習の問題
➡ 本冊P.027

1 ⓒ　**2** ①おぼ　②おも　③おぼ　**3** ⓓ
4 ①いらっしゃる　②お聞きになる　③おっしゃる
④お与えになる　⑤おっしゃる

1

解答 ⓒ

「**おぼゆ**」【覚ゆ】は敬語ではありません。「❶**自然に思われる** ❷（人から）**思われる** ❸**思い出される** ❹**似る**」の意味をもつ普通動詞です。ちなみに、本動詞の尊敬語は「〜す」で終わる言葉が多いのが特徴です。違う文字で終わる尊敬語や、「〜す」で終わる謙譲語もあるので「絶対に」ではありませんが、知っているとけっこう便利です。今回もⓒ以外はすべて「〜す」です。

2

解答 ①**おぼ**　②**おも**　③**おぼ**

「思(おぼ)す」「思(おも)ほす」「思(おぼ)しめす」です。すべて本動詞の**尊敬語**「**お思いになる**」ですが、読み方に気をつけましょう。

3

解答 ⓓ

「**大殿ごもる**」は「寝(ぬ)」の尊敬語で「**おやすみになる・お眠りになる**」です。

4

現代語訳

亭子の帝が、鳥飼院にいらっしゃった。〈中略〉こうして（帝が）帰りなさるときに、南院の七郎君という人がいたが、その人がこの遊女の住むあたりに家を造って住んでいると（帝が）お聞きになって、その人におっしゃってまかせた。（帝が）「彼女が申し上げるようなことを、院（＝私）に申し上げよ。私からお与えになるような物も、その七郎君のもとへおやりになろう。決して彼女にみじめな思いをさせるな」とおっしゃったので、（七郎君は）常に（遊女のもとへ）訪れ面倒を見た。

重要古語

かれ＝①あれ　②あの人（男性にも女性にも用いる）
がり＝〜のもとへ。「〜のがり」と使う場合が多い
遣はす＝①「派遣する」の尊敬語で「派遣なさる」
　②「与ふ」の尊敬語で「お与えになる」
わびし＝①つらい　②さびしい　③貧しい　④興ざめだ
な〜そ＝〜するな

① **解答** **いらっしゃる**

「**おはします**」は「あり・をり・行く・来」の尊敬語で「**いらっしゃる**」と訳します。もとの語がどの意味であれ、「いらっしゃる」と訳すとあてはまる場合が多いので便利です。

② **解答** お聞きになる

「**きこしめす**」は「聞く」の尊敬語で「**お聞きになる・聞きなさる**」と訳します。「きこしめす」には、実は他にも「食ふ・飲む」の尊敬語で「**召し上がる・お飲みになる**」と訳す場合もあります。「お聞きになる」がマスターできれば、次はこれらの意味も覚えておきましょう。

③ **解答** おっしゃる

「**のたまふ**」は「言ふ」の尊敬語で「**おっしゃる**」と訳します。

④ **解答** お与えになる

「**賜はす**」は「与ふ」の尊敬語で「**お与えになる**」と訳します。「**たまふ**」「**たまはす**」の漢字は、「**給ふ**」「**給はす**」だけではなく、このように「賜ふ」「賜はす」もあります。

⑤ **解答** おっしゃる

「**仰す**」は「言ふ」の尊敬語で「**おっしゃる**」と訳します。

Chapter 1

06講 本動詞「謙譲語」

演習の問題

➡ 本冊P.029

1 ⓐ　**2** ①ⓑ・ⓒ　②ⓐ・ⓕ　**3** ⓑ

4 問1　①お仕えする　②参上する　③差し上げる　④申し上げる

問2　天皇（帝）

1

解答 ⓐ

「**きこす**」は「聞く」の**尊敬語**で「**お聞きになる**」です。謙譲語ではありません。ちなみに、前講の解説で本動詞の尊敬語は「～す」で終わる言葉が多いのが特徴だとお伝えしました。「聞こす」はそれにあてはまりますが、ⓒ「聞こえさす」は謙譲語です。「聞こす」「聞こしめす」は「聞く」の尊敬語で「お聞きになる」、「聞こゆ」「聞こえさす」は「言ふ」の謙譲語で「申し上げる」です。入試頻出のため、間違えないように気をつけましょう。

2

① **解答** ⓑ・ⓒ

「**啓す**」は「**皇后・皇太子に申し上げる**」と訳す**謙譲**の本動詞です。ちなみに、古語では「皇后」は「中宮」、「皇太子」は「東宮・春宮」です。

② **解答** ⓐ・ⓕ

「**奏す**」は「**天皇・上皇に申し上げる**」と訳す**謙譲**の本動詞です。ちなみに、「上皇」とは「天皇の譲位後の称」です。

3

解答 ⓑ

「聞こえければ」を品詞分解すると、本動詞「聞こえ」＋過去の助動詞「けれ」＋接続助詞「ば」です。**本動詞**「聞こえ（**聞こゆ**）」は**敬語**と**普通動詞**の場合があります。本動詞の敬語「聞こゆ」は謙譲語で「申し上げる」、普通動詞の「聞こゆ」は「①聞こえる ②噂になる ③わけがわかる」の意味です。ⓐが普通動詞の場合の訳、ⓑが敬語の場合の訳で、文脈判断が必要です。「僧が来て、『～』と**聞こえければ**、仏菴**いらへ**ける」となっており、「いらへ（**いらふ**）」【**答ふ・応ふ**】は「**返事をする**」という意味の重要単語です。「僧が『～』と**申し上げたところ**、仏菴は返事をした」と訳しておかしくありません。よって、ⓑが正解。訳は「不思議な僧がやって来て、『主人は天竺仏を訪ねなさると聞く』と申し上げたところ、仏菴が返事をしたことには……」

4

現代語訳

翁が答えて言うには、「やはり（かぐや姫が帝に）お仕えしそうもないことを、（宮中に）参上して申し上げよう」と言って、参上して、申し上げるには、「帝のお言葉のもったいなさに、あの娘〔＝かぐや姫〕を差し上げようといたすと、（かぐや姫は）『もし宮仕えに出すならば死ぬつもりだ』と申し上げる。私の手によって生ませた子ではない。昔、山で見つけたのだ。こうなので、心の持ち方も世間の人には似ていません」と帝に申し上げる。

重要古語

かしこさ＝形容詞「かしこし」の名詞化。
「かしこし」は、①畏れ多い・もったいない　②利口だ。

問1
① **解答** お仕えする
「**仕うまつる**」は「仕ふ」の謙譲語で「**お仕えする**」と訳します。
② **解答** 参上する
「**参る**」は「**差し上げる**」と「**参上する**」があります。「宮中に参る」は「場所に参る」なので、「参上する」となります。
③ **解答** 差し上げる
本動詞「**参らす**」は「与ふ」の謙譲語で「**差し上げる**」と訳します。
④ **解答** 申し上げる
本動詞「**申す**」は「言ふ」の謙譲語で「**申し上げる**」と訳します。
問2 **解答** 天皇（帝）
Aの発話の直後に「**奏せさす**」とあります。注釈に「**奏す**」と同じ意味とあることから、天皇・上皇に申し上げたのです。翁は宮中に参上して申し上げているため、天皇に申し上げていると考えられます。

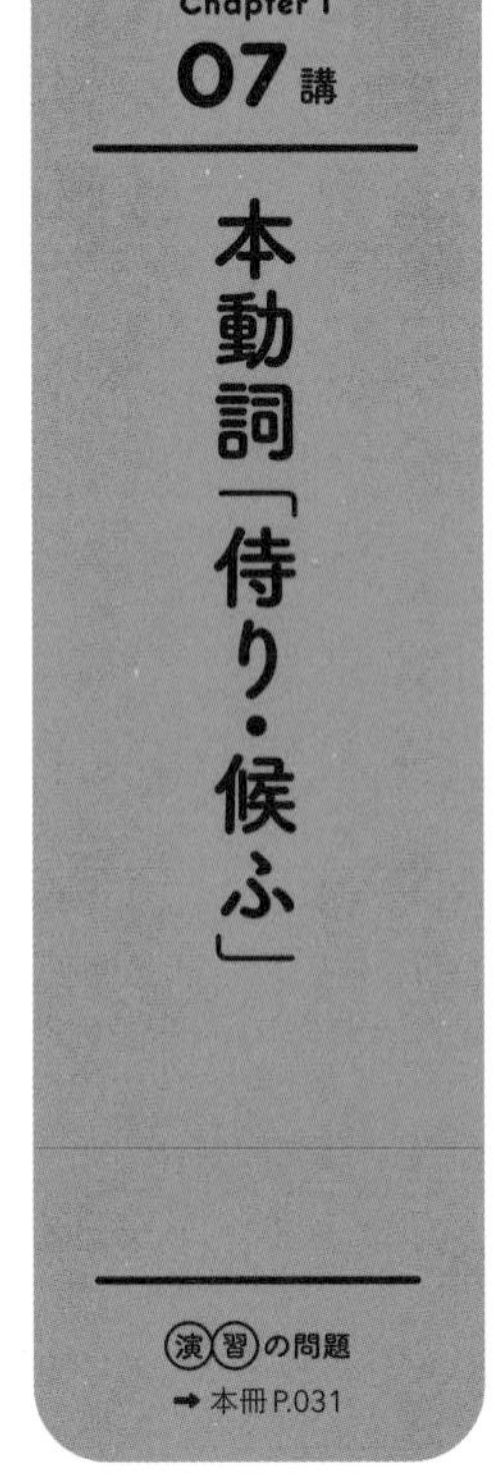

1 丁寧語／あります・おります・います
謙譲語／お仕えする・お控えする
（順不同。なお、「訳し方」はどれか一つでもOK）
2 ① 貴人　② 貴人がいる場所（順不同）
3 ①ⓒ　②ⓑ　**4** ⓓ

1

解答 丁寧語／あります・おります・います
謙譲語／お仕えする・お控えする
（順不同。なお、「訳し方」はどれか一つでもOK）
本動詞の「侍り・候ふ」は丁寧語と謙譲語の二種類があります。**丁寧語**なら「**あります・おります・います**」、**謙譲語**なら「**お仕えする・お控**

えする」と訳します。

2

解答 ① 貴人　② 貴人がいる場所（順不同）

本動詞の「侍り・候ふ」が**謙譲語**になりやすい形として、**「貴人・貴人がいる場所に侍り・候ふ」**を覚えておくと便利です。この場合は「**お仕えする・お控えする**」から訳してみましょう。

3

① **解答** ⓒ

直前の「**あまた**」は副詞で「**たくさん**」の意味です。副詞＋「候ふ」は補助動詞の型ではないので、この「候ふ」は本動詞です。謙譲語になりやすい形ではないため、**丁寧語**から訳して確認してみると、「男はたくさん**います**が、女の子を持っていないので（＝女の子はいないので）」となり、おかしくないため、丁寧語のⓒが正解。

② **解答** ⓑ

「藤壺」は注釈にあるように、内裏の殿舎の一つなので「貴人がいる場所」と考えられます。「貴人がいる場所に候ひ」の形なので、この「**候ふ**」は**謙譲語**から訳して確認します。「藤壺に**お仕え**なさる」となり、おかしくないため、謙譲語のⓑが正解。

ちなみに、種類別の敬語を重ねる場合は、必ず「**謙譲語**＋**尊敬語**＋**丁寧語**」の順番になります。「候ひ**給ふ**」の「**給ふ**」は、**尊敬**の補助動詞です。尊敬語「給ふ」の上にある「候ふ」は謙譲語です。**尊敬語の上に丁寧語がくることはありません。**このように、敬語の重ねる順番から正解を導くこともできます。

4

現代語訳

小野宮右大臣は、若い頃から賢人を目指していただけではなく、思慮も格別に深く、思いやりも、人よりもすぐれていらっしゃった。

円融天皇の御代に、（小野宮右大臣は）頭中将で、殿上の間にお控えなさった時に、式部丞蔵人藤原貞高という人が、台盤についていたが、急死したのを、頭（＝小野宮右大臣）は、奉行として、曹司の下働きの者をお呼びになって、運び出させなさった時に、（下働きの者が）「どこから出るべきか」と申し上げたので……

重要古語

ことに＝①格別に　②その上に

情け＝思いやり

〜の御時＝〜の御代

問　**解答** ⓓ

①「すぐれておはし」は「動詞（すぐる）＋て＋おはす」なので、①「おはし」は**尊敬**の補助動詞。

②・③「殿上に候ひ給ひ」の「**殿上**」は、注釈にあるように内裏の殿舎の南廂にある「殿上の間」のことなので、**「貴人がいる場所に候ひ」**です。②「候ひ」は**謙譲**の本動詞。③「動詞＋**給ひ**」なので、**尊敬**の補助動詞です。また、敬語の重なる順番で考えても「候ひ給ふ」は「**謙譲語**＋**尊敬語**」だとわかります。

④「召し（召す）」は本動詞の**尊敬語**。

⑤上が助詞なので、この「申す」は本動詞の**謙譲語**。

以上を踏まえて種類別にすると、尊敬語が①・③・④、謙譲語が②・⑤

です。よって、ⓓが正解。

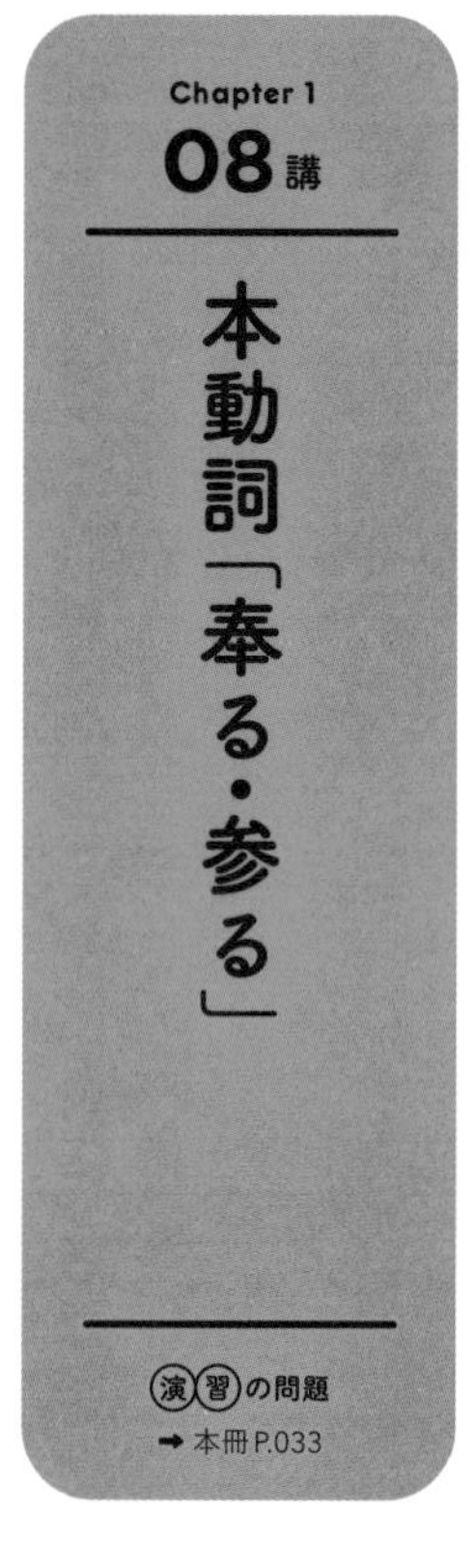

1 ⓒ

2 ⓒ

3 ① **お召しになる** ② **お乗りになる** ③ **参上する**

1

解答 ⓒ

傍線部の直前が「御衣」で**衣装**に関する文脈です。妻が亡くなったので、薄墨色の服、つまり喪服を**着ている**のです。よって、この「**たてまつれ**」は**尊敬語**「**お召しになる**」です。訳は「(妻が亡くなり) 薄墨色の御喪服をお召しになっているのも、……」。

2

解答 ⓒ

傍線部中の「まゐり」は本動詞「**まゐる**」です。傍線部の後ろの「折敷」は、注釈から**食事**などを載せるものです。よって、**尊敬語**「**召し上がる**」から考えます。ⓒをあてはめて訳してみると、「豊後介が、隣の仕切りの幕のもとに寄ってきて、召し上がる物にちがいない、食事を載せる盆を自分で取って、……」となり、おかしくないので、ⓒが正解。

3

現代語訳

(高倉院は) 中国の薄い藍色の狩の御直衣、中国から渡来した綾織物で白い御衣を二着、御大口袴をお召しになる。御姿はとても優雅で美しく見えなさる。〈中略〉翌朝の午前七時~午前九時頃にまた御宮をめぐって、そのまま御船にお乗りになる。〈中略〉向こう岸に色が濃い藤が、松の緑色に咲きかかっているのをご覧になって、院の庁の職員の康貞をお呼びになってとどめておやりになる。(康貞は) 丘の上に登って、松の枝に (藤を) かけて (院のところに) 持って参上する。

重要古語

直衣＝貴族の平服
いみじ＝とても
なまめかし＝優雅だ
やがて＝①すぐに ②そのまま
つかはす＝「派遣する」の尊敬語

① **解答** **お召しになる**

上が「体言（大口）」なので補助動詞の型ではありません。よって、この「たてまつら」は本動詞です。前に「**直衣**(なほし)・唐綾・御衣・大口」など**衣装**に関する言葉がたくさんあります。それらの服を**着た**姿がとても美しいと後ろに続くので、この「たてまつら」は「着る」の**尊敬語**「**お召しになる**」です。

ちなみに、**直衣**（発音は「**のうし**」）は**貴族の平服**です。読みが問われることもあります。歴史的仮名遣いであれば「**なほし**」なので気をつけましょう。

② **解答** **お乗りになる**

上が「体言（船）＋に」ですが、「たてまつる」なので補助動詞の型ではありません。よって、この「たてまつる」は本動詞です。「**船に**」なので**尊敬語**「**お乗りになる**」です。

③ **解答** **参上する**

「持て**まゐる**」は「持って**参上する**」の意味です。本文にある「院のところに」をヒントにすると、「場所に（持て）**参る**」なので「**参上する**」と訳すことがわかります。

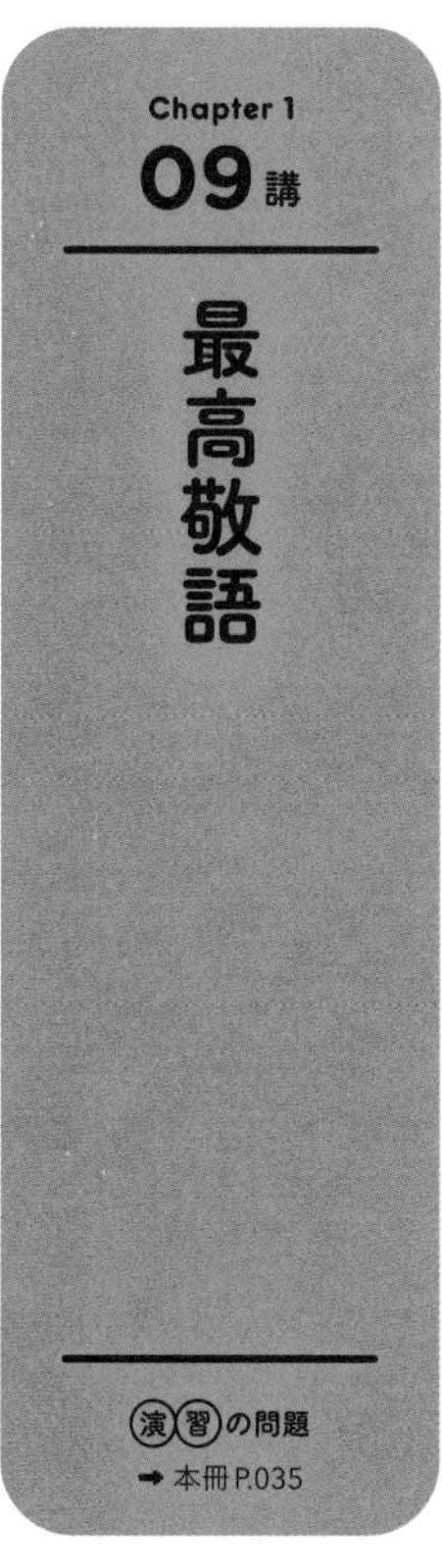

1 ⓐ・ⓓ・ⓔ・ⓖ・ⓘ・ⓙ・ⓛ・ⓝ
2 ⓑ・ⓓ・ⓔ・ⓗ
3 ⓑ
4 ⓓ

1

解答 ⓐ・ⓓ・ⓔ・ⓖ・ⓘ・ⓙ・ⓛ・ⓝ

ⓒ「いまそかり」は普通の尊敬語なので選ばないように気をつけましょう。ⓗ「たまはる」は普通の謙譲語です。ⓛ「たまはす」と混同しないようにしましょう。

2

解答 ⓑ・ⓓ・ⓔ・ⓗ

地の文で尊敬語の**最高敬語**が使われていれば、その主体は**とても偉い人**です。ⓓ「**春宮**」は**皇太子**、ⓔ「**中宮**」は**皇后**、ⓗ「左大臣」はトップレベルの貴族です。よって、ⓑ・ⓓ・ⓔ・ⓗが正解。ⓐ「女(め)の童(わらは)」は①女の子、②召使いの少女です。ⓒ「随身(ずいじん)」はお供の家来、ⓕ「蔵人(くらうど)」は天皇に仕える秘書のような職員、ⓖ「童」は①子供、②召使いの子供など。

3

解答 ⓑ

とても偉い人には最高敬語だけではなく、普通の尊敬語も使います。よって、ⓑが正解。

4

現代語訳

（大納言は）このこと（＝鷹を逃がしてしまったこと）を帝に申し上げないで、しばらくの間はそのままいられるだろうが、二、三日のうちに（帝が）ご覧にならない日はない。（大納言は）どうしようと思って、宮中に参上して、御鷹がいなくなったことを帝に申し上げなさる時に、（帝は）何もおっしゃらない。（大納言は帝が）お聞きになっていないのだろうかと思って、また申し上げなさると、（帝は大納言の）顔ばかりをじっと見つめなさって、何もおっしゃらない。（帝は）もってのほかだとお思いになっているのだなあと、（大納言は）茫然自失になって、恐縮していらっしゃって、「この御鷹が、さがしたが、いませんことを、

どのようにいたしましょうか。どうして何もおっしゃってくださらないのか」と帝に申し上げなさる時に、（帝は）

言わないで心で思うほうが言うよりもまさっている

とおっしゃった。（帝は）このようにだけおっしゃって、他のこともおっしゃらなかった。

重要古語

内＝①宮中　②天皇
うす＝①行方不明になる　②死ぬ
おもて＝顔
まもる＝じっと見つめる
われにもあらず＝自分が自分のような気がしない。茫然自失
こと事＝他のこと

解答 ⓓ

ⓐ・ⓑ・ⓒ・ⓔは地の文の尊敬語の最高敬語であるため、主体はとても偉い人です（この場合は帝）。一方、ⓓ「いますかり」は普通の尊敬語なので、（とても偉い人を含め、）誰もが主体となれます。今回の問題は「主体が大納言となるものを選ぶ」問題です。ⓑ以外は必ず「とても偉い人」となるため、消去法でⓓが大納言と考えられます。よって、ⓓが正解。

1 ①ⓒ　②ⓘ　③ⓗ　④ⓑ　⑤ⓙ　⑥ⓚ　⑦ⓔ　⑧ⓖ

2 帝から中宮へ

3 ①ⓐからⓒへ　②ⓓからⓐへ　③ⓓからⓐへ　④ⓔからⓐへ　⑤ⓔからⓓへ　⑥ⓔからⓐへ

1 **解答** ①ⓒ　②ⓘ　③ⓗ　④ⓑ　⑤ⓙ　⑥ⓚ　⑦ⓔ　⑧ⓖ

敬意の方向を問われたら「**誰から**」は**敬語の場所**を確認します。**地の文**なら「**作者から**」、**会話文**なら「**話し手から**」です。一方、「**誰へ**」や「**誰に**」は**敬語の種類**を確認します。**尊敬語**なら「**主体へ**」、**謙譲語**なら「**客体へ**」、**丁寧語**は**地の文**にあれば「**読者へ**」、**会話文**にあれば「**聞き手へ**」となります。

2 **解答** 帝から中宮へ

「誰から」は会話文にあるので「話し手から」です。「**帝が**中宮に」話しかけているので、「**帝から**」です。「誰へ」は敬語の種類を確認すると、傍線部「侍れ」は**丁寧**の補助動詞です。丁寧語が**会話文**にあるので「**聞き手**」に対する敬語、つまり「**中宮へ**」の敬語です。訳は「帝が、中宮

に『その絵を見せます』と申し上げなさった」。

3

現代語訳

淑景舎（＝原子）などがいらっしゃって、お話のついでに、（淑景舎が）「私の手元にとても趣のある笙の笛がある。亡くなった父道隆がくださった」とおっしゃると、僧都の君（＝隆円）が（淑景舎に）「それは（あなた＝淑景舎が）私隆円にお与えなさい。私の手元に素晴らしい琴があります。それと交換なさい」と申し上げなさるのを（淑景舎は）聞き入れなさらないで、他のことをおっしゃるので、……

重要古語

わたる＝①行く　②来る　③移動する
物語＝話・雑談
をかしげなり＝趣がある
めでたし＝すばらしい
こと事＝他のこと

① **解答** ⓐからⓒへ
会話文にあるので「話し手から」です。これは淑景舎のセリフなので「**淑景舎から**」。**尊敬**の補助動詞なので「**主体へ**」です。笙の笛を淑景舎に得させた（＝与えた）のは故殿（＝道隆）です。よって、「**道隆へ**」の敬語です。

② **解答** ⓓからⓐへ
会話文にあるので「話し手から」です。これは僧都の君のセリフなので「**僧都の君から**」。**尊敬**の本動詞（お与えになる）なので「**主体へ**」です。笙の笛を隆円に与えることができるのは、今の笙の持ち主である淑景舎です。よって、「**淑景舎へ**」の敬語です。

③ **解答** ⓓからⓐへ
会話文にあるので「話し手」の「**僧都の君から**」です。**丁寧**の本動詞（あります）で**会話文**にあるので「**聞き手へ**」です。僧都の君は、笙の持ち主である淑景舎に話しかけているので、聞き手は淑景舎です。よって、「**淑景舎へ**」の敬語です。

④ **解答** ⓔからⓐへ
地の文にあるので「**作者から**」です。**謙譲**の本動詞（申し上げる）なので「**客体へ**」です。僧都の君が**淑景舎に**申し上げたので「**淑景舎へ**」の敬語です。

⑤ **解答** ⓔからⓓへ
地の文にあるので「**作者から**」です。**尊敬**の補助動詞なので「**主体へ**」です。**僧都の君が**淑景舎に申し上げたので「**僧都の君へ**」の敬語です。

⑥ **解答** ⓔからⓐへ
地の文にあるので「**作者から**」です。**尊敬**の本動詞（おっしゃる）なので「**主体へ**」です。僧都の君の淑景舎へのセリフを聞かないで、他のことをおっしゃったのは淑景舎です。よって、「**淑景舎へ**」の敬語です。

Chapter 2

11講 呼応の副詞「不可能・禁止」

演習の問題
➡ 本冊P.039

1 ⓐ 2 ⓑ
3 **詠むことができないのであろうか**（**詠めないのだろうか**）
4 ① **戦うことはできないのである** ② **おっしゃるな**

1

解答 ⓐ

空欄の後ろ「寄り**そ**」の「**そ**」に気づくと、**禁止**「**な〜そ**」の形になるⓐが正解だとわかります。空欄の前「**あなかしこ**」も**強い禁止**です。訳は「決して、近くに寄るな。ただ遠くから守れ」。

2

解答 ⓑ

不可能「**え〜ず**」が二か所あります。「えいはず」は「言えない」、「えせず」は「することができない」。両方きちんと不可能で訳せているものはⓑのみ。よって、ⓑが正解。

3

解答 **詠むことができないのであろうか**（**詠めないのだろうか**）

傍線部中の「ぬ」は、未然形「詠ま」に接続しているので打消の助動詞「ず」です。「**え〜ず**」なので**不可能**。「にや、」の直後には「**あらむ**」が省略されており、「**に**」は**断定**の助動詞、「**や**」は**疑問**の係助詞。「にやあらむ」は「〜であろうか」です。以上から、「詠むことができないのであろうか」が正解。

4

現代語訳

かぐや姫が言うには、「（私を）閉じ込めて、守り戦おうとする準備をしたとしても、あの月の国の人と戦うことはできないのである。弓矢で射ることはできないだろう。このように閉じ込めていても、あの月の国の人が来たならば、すべてきっと開いてしまうだろう。」翁が言うことには、「お迎えに来るような人を、長い爪で、眼をつかみつぶそう。」と腹を立てて座っている。かぐや姫が言うには、「大声でおっしゃるな。屋根の上にいる人たちが聞くと、ひどくみっともない。……」

重要古語

のたまふ＝おっしゃる
いと＝とても・ひどく
まさなし＝みっともない

① 解答 **戦うことはできないのである**

傍線部中の「ぬ」は、未然形「戦は」に接続しているので打消の助動詞「ず」の連体形です。連体形接続の「なり」は断定の助動詞。「**え〜ず**」は**不可能**。以上から「戦うことはできないのである」が正解。

② 解答 **おっしゃるな**

「**な〜そ**」は**禁止**「**〜するな**」です。「**のたまふ**」は「言ふ」の尊敬語で「**おっしゃる**」。以上から「おっしゃるな」が正解。

Chapter 2

12講 呼応の副詞「全否定」

演習の問題

➡ 本冊 P.041

1 ⓓ　2 ⓔ

3 まったくわかることがない（全然知ることがない）

4 ① 決して申し上げなさるな
② 絶対に隠し申し上げることができない
③ 少しもわかっていないなあ　④ 決して言うな
⑤ 決して見るつもりはございません

1

解答 ⓓ

副詞「**おほかた**」が**打消**「なし」と一緒に用いられているので**全否定**です。よって、「**まったく**（〜**ない**）」のⓓが正解。訳は「まったく、人に従うということがない」。

2

解答 ⓔ

副詞「**さらに**」が**打消**「ず」と一緒に用いられているので**全否定**です。よって、「**全く〜ない**」のⓔが正解。ちなみに、「**なつかし**」は重要単語で「**心がひかれる**」の意味。

3

解答 まったくわかる**こと**が**ない**（**全然知ることがない**）

副詞「**つゆ**」が**打消**「なし」と一緒に用いられているので**全否定**です。よって、「**まったく**わかることが**ない**」が正解（一言一句同じである必要はありません。全否定と「知る・わかる」などで訳せていればＯＫです）。

4

現代語訳

（作者が）「決して申し上げなさるな」などと言って、幾日か長く経ってしまった。（則光の手紙に）「（また斉信が）責めなさるので、どうしようもない。絶対に隠し申し上げることができない。どうしよう。（あなたが）おっしゃるように従おう」と書いてある。海藻を一寸ぐらい紙に包んで送った。そうして、後に（則光が）来て「人のもとにそんなものを包んで送ることがあるか、いや、ない。取り違えたのか」と言う。「少しもわかっていないなあ」と思うと気にくわないので、紙の端に、「海に潜る海女のように姿を隠している私の住みかを、そこさえ決して言うなと、目くばせの意味を込めて布を食わせたのだろう」と書いて差し出したところ、「歌を詠みなさったのか。決して見るつもりはございません」と言って、逃げ去った。

重要古語

術なし＝どうしようもない

① 解答 決して申し上げなさるな

「な〜そ」は不可能で「〜するな」です。「〜するな（＝〜し**ない**でくれ）」は**打消**と考えられるので、「さらに〜打消」が全否定です。よって、「**さ**

らにな〜そ」は「**決して〜するな**」と強い禁止になります。「聞こえ（聞こゆ）」は本動詞。本動詞「聞こゆ」には敬語と普通動詞がありますが、リード文に「秘かに」とあり、作者は自分の居場所を言ってほしくないと考えていることがわかります。よって、「言うな」の意味がとれる**謙譲語**の**本動詞**「**申し上げる**」だと判断します。「**給ひ**」は**尊敬**の補助動詞。以上から「決して申し上げなさるな」が正解。（一言一句同じでなくても、同じ意味がとれていればOKです。以下同様）

② 解答 **絶対に隠し申し上げることができない**

「え〜まじ」は禁止で「〜できない」です。「〜でき**ない**」は**打消**と考えられるので、「さらに〜打消」が全否定です。よって、「**さらにえ〜まじ**」は「**絶対に**（全然・まったく・決して）〜**できない**」です。「**申す**」は**謙譲**の補助動詞。以上から「絶対に隠し申し上げることができない」が正解。

③ 解答 **少しもわかっていないなあ**

「**ざり**」は**打消**の助動詞「ず」の連用形です。「いささか〜打消」は「少しも〜ない」の全否定。カッコの中の「けり」なので詠嘆も考えられます。詠嘆「〜なあ」から訳してみておかしくないので、この「けり」は詠嘆。以上から、「少しもわかっていないなあ」が正解。

④ 解答 **決して言うな**

「ゆめ〜な」は強い禁止です。よって、「決して言うな」が正解。

⑤ 解答 **決して見るつもりはございません**

この「**じ**」は**打消意志**の助動詞なので、「さらに〜じ」は全否定です。「**侍り**」は**丁寧**の補助動詞。以上から「決して見るつもりはございません」が正解。

Chapter 2

13講 呼応の副詞「その他の否定系」

演習の問題 ➡ 本冊P.043

1 ⓒ　2 ⓑ　3 ⓓ

4 ① まさか残念なことはないだろう　② さあどうだかわからない　③ 頼りになさるな

1 解答 ⓒ

副詞「**いたく**」が**打消**「ず」と一緒に用いられているので、「**たいして〜ない**」となります。よって、ⓒが正解。訳は「人が**たいして**反論し**ない**」。

2 解答 ⓑ

副詞「**よも**」とセットで用いるのは「**じ**」です。よって、ⓑが正解。「**よも〜じ**」は「**まさか〜ないだろう**」と訳します。訳は「**まさか**かなりよい歌では**ないだろう**」。

3 解答 ⓓ

副詞「**をさをさ**」が**打消**「ず」と一緒に用いられているので、「**めったに**（滅多に）〜**ない**」となります。よって、ⓓが正解。

4

現代語訳

「なぞなぞ合せをしたが、応援する人ではないで、そのようなことに熟知していた人が、「左組の一番は私が言おう。そう思いなさい」などと頼りにさせるので、そうはいっても下手なことは言い出さないだろうよと頼もしく嬉しくて、みんな人々が（なぞなぞの問題を）作りだして、選んで決めるときに、（熟知していた人が）「その（なぞなぞの）言葉を、ただ（私に）まかせて（ここで問題を発表せずに）残しておきなさい。そのように申し上げるのだから、まさか残念なことはないだろう」と言う。なるほどと思ううちに、（なぞなぞ合せの）日がたいそう近くなった。（人々は）「やはりこのこと（＝なぞなぞの問題）をおっしゃいなさい。思いがけず同じ問題があれば大変だ」と言うと、「それは、さあどうだかわからない。頼りになさるな」などと不機嫌になったので、……

重要古語

くちをし＝残念だ
げに＝なるほど・本当に
もこそ＝～したら大変だ
むつかし＝①不快だ　②わずらわしい

① **解答** **まさか残念なことはないだろう**

「**よも～じ**」は「**まさか～ないだろう**」と訳します。「**くちをし**」は重要単語で「**残念だ**」の意味。以上から「まさか残念なことはないだろう」が正解。

② **解答** さあどうだかわからない

「**いさしらず**」は「**さあどうだかわからない**」と訳します。

③ **解答** **頼りになさるな**

「**な～そ**」は「**～するな**」と訳します。「れ」は注釈から尊敬です。「頼ま」は**四段**活用で「**頼りにする**」の意味。以上から「頼りになさるな」が正解。

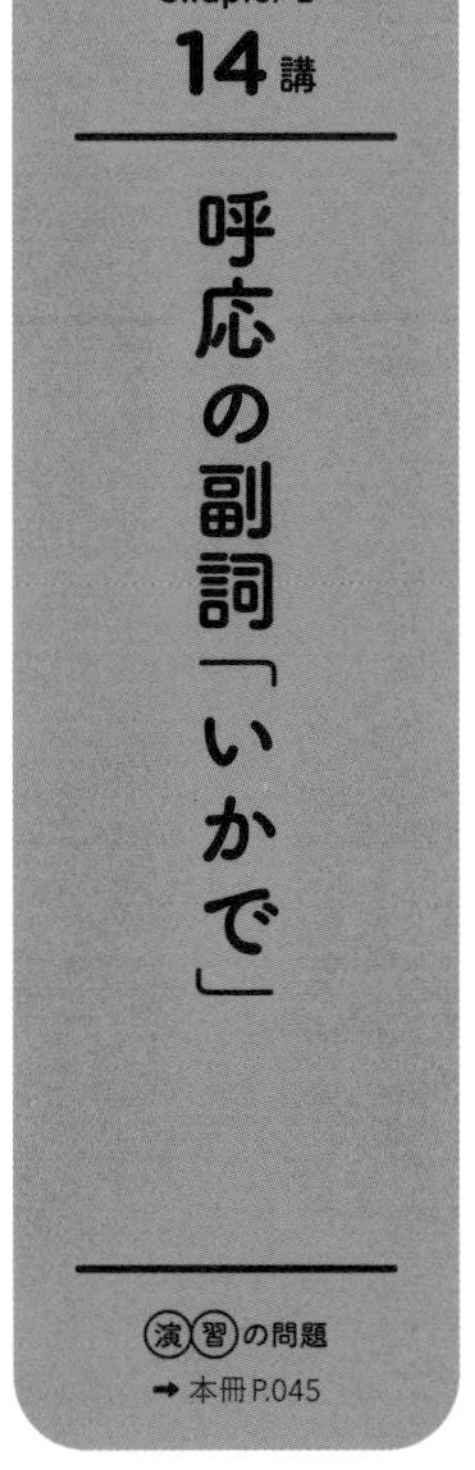

Chapter 2

14講 呼応の副詞「いかで」

演習の問題
➡ 本冊P.045

1 ⓑ　**2** ⓐ

3 問1 ⓑ

問2 ① **申し上げることができない**
② **まったく人もいないので**
③ **めったに参上なさらない**

1

解答 ⓑ

「もがな」は願望の終助詞です。「**いかで～願望**」なので、この「いかで」は「**なんとかして**」と訳します。よって、ⓑが正解。

2

解答 ⓐ

「**いかで**」が「**む**」と一緒に用いられているので「**疑問**」「**反語**」「**なん**

とかして」の三つの訳をあてはめて確認します。疑問なら「どうしてそのことを知らないのだろうか」、反語なら「どうしてそのことを知らないだろうか、いや、知っているだろう」、「む」が意志ならば「なんとかしてそのことを知らないでいよう」となります。傍線部の前に「殺生の禁断は、世間で漏れる〔＝抜け落ちる〕ところはない」とあることから、世間に知れ渡っていることがわかり、傍線部は「反語」の解釈が適切です。選択肢の中で同じ解釈になるものはⓐです。「殺生が禁止されていることを、きちんとわかっているはずだ」ということです。よって、ⓐが正解。訳は「殺生の禁制は、世間で広く知れ渡っている。どうしてそのこと〔＝殺生の禁制〕を知らないだろうか、いや、知っているだろう〔＝ことの次第をきちんと分かっている〕。この罪を犯すことは、並一通りではない罪で、逃れることはできない」。

3

現代語訳

仲澄が、「私、仲澄も（あなたに）申し上げたいと思っていましたが、ひまもないようなので、申し上げることができない（できなかった）」（と言う）。仲忠が「清涼殿にお仕えなどする時も、心細く思いますため、どうにかしてお互いに親しく語りあいたいものです。内裏にも、この頃は、めったに参上なさらないのは、どういうことか」と言う。

重要古語

かたみに＝お互いに

問1 **解答** ⓑ

「**いかで**」が「**む**」と一緒に用いられているので「**疑問**」「**反語**」「**なんとかして**」の三つの訳をあてはめて確認します。「聞こえ」は謙譲の補助動詞、「侍ら」は丁寧の補助動詞です。大筋をとるだけであれば補助動詞は無視すればよいので、省いて訳してみると、疑問なら「どうしてお互いに近く語るのだろうか」、反語なら「どうしてお互いに近く語るだろうか、いや、語らない」、「む」が意志ならば「なんとかしてお互いに語りたい」となります。傍線部の前に「心細く思う」とあるので、「なんとかしてお互いに語りたい」が一番自然です。選択肢の中で同じ解釈になるⓑが正解。ⓓは「なんとかして」はよいですが、後半が「できないだろうか」となっており不適。

問2

① **解答** **申し上げることができない**

「**え〜ず**」は**不可能**で「**〜できない**」と訳します。「**聞こえさす**」は「言ふ」の謙譲語で「**申し上げる**」の意味。「ずなむ」の「なむ」は強意の係助詞なので、訳出不要です。以上から「申し上げることができない」が正解。

② **解答** **まったく人もいないので**

副詞「**いささか**」が**打消**「なし」と一緒に用いられているので「**すこしも・まったく〜ない**」と訳します。「なければ」は形容詞「なし」の已然形＋「ば」なので、順接確定条件です。傍線部の後ろは「心細く思う」とあり、傍線部が原因と考えられるため、「〜ので」と訳します。以上から「まったく人もいないので」が正解。

③ **解答** **めったに参上なさらない**

傍線部中の「ぬ」は未然形「給は」に接続しているので打消の助動詞「ず」です。副詞「**をさをさ**」が**打消**と一緒に用いられているので「**めったに〜ない**」です。「**参る**」は本動詞の謙譲語で、「内裏（場所）に参る」という文脈から「**参上する**」と訳します。「**給は**」は**尊敬**の補助動詞。以上から「めったに参上なさらない」が正解。

1 ① さ・ⓒ ② こ・ⓑ ③ いづこ・ⓐ
2 最初 千引と 最後 らずは
3 ⓑ

1

① **解答** さ・ⓒ
「**さ**」が指示語で「**そう・その・そのように**」などと訳します。よって、「さ・ⓒ」が正解。訳は『そう思いますが、どうしようもない』と言って去った」。

② **解答** こ・ⓑ
「**こ**」が指示語で「**ここ・これ・こう**」などと訳します。よって、「こ・ⓑ」が正解。訳は「車を急いで向かわせると、『これは一体何』と言ってわけがわからず……」。

③ **解答** いづこ・ⓐ
「**いづこ**」が指示語で「**どこ**」と訳します。よって、「いづこ・ⓐ」が正解。訳は「一枝はどこに見つけるだろうか」。

2

現代語訳
「たとえ千引の石であったとしても（石に）精魂が入っていたならば、一万人の力でも及ばないだろう。人夫（＝力仕事をする労働者）には混じらないで、あなたが一人で引け。その時、もし守護が不思議なものと思って財宝を与えたら、（あなたは）富貴の身となるだろう。決してこの言葉はうそではない」と言って、このように詠んだ（歌）、
千人で引くとも万人で引くと言っても引かれはしないだろうよ、あなた一人の愛情でないならば（引かれないのだ）
と言って、泣く泣く別れた。

解答 最初 **千引と** 最後 **らずは**
指示内容は基本的には「**前**」を指しますが、後ろに和歌がある場合は、後ろの和歌を指すことが多いのです。傍線部「かく」の直後が「詠める（歌）」ということなので、その後ろに和歌があります。「かく詠める」は「このように詠んだ（歌）」ということなので、後ろの和歌を指すと考えておかしくありません。よって、最初は「千引と」、最後は「らずは」が正解です。

3

現代語訳
（朝成が伊尹に）「殿（＝伊尹）は（蔵人頭に）おなりにならないとしても、みっともないと思い申し上げるはずがない。後々（あなたの）お心のままにさせなさる（＝いつでも蔵人頭になれる）。私は、今回なり

損ねましたならば、ひどく辛いに違いないでしょうから、今回は、（蔵人頭になりたいと）申し上げなさらないでくださいませんか」と申し上げなさったところ、（伊尹が）「私もそう（＝朝成が先に蔵人頭になった方が良い）思うことである。それならば（蔵人頭になりたいと）申し上げまい」とおっしゃるので、（朝成は）とてもうれしいと思いなさったのに、そのまま断りもなく、（伊尹が蔵人頭に）なりなさったので、（朝成が）たいそう不快に思い申し上げなさったところ……

重要古語

人わろし＝みっともない
辛（から）し＝つらい
ここ＝自分の人称代名詞。私
やがて＝そのまま・すぐに
いみじ＝とても
心やまし＝不快でいらいらする

解答 ⓑ

指示内容は基本的に「**前**」を指します。「私もそう思う」の「そう」は、その前の朝成が伊尹に対して発言した内容になります。朝成の発言を要約すると「伊尹は今回蔵人頭になれなくても、将来いつかなれるだろうけれど、自分は今回逃したらもうなれないだろうから、今回は身を引いてほしい」という内容です。つまり、「自分に蔵人頭をさせてほしい」とお願いに行ったのです。それと同じ意味になるのはⓑ「朝成が先に蔵人頭になった方が良い」です。よって、ⓑが正解。「すぐに譲る」という話はしていませんので、ⓒ・ⓓは不適。

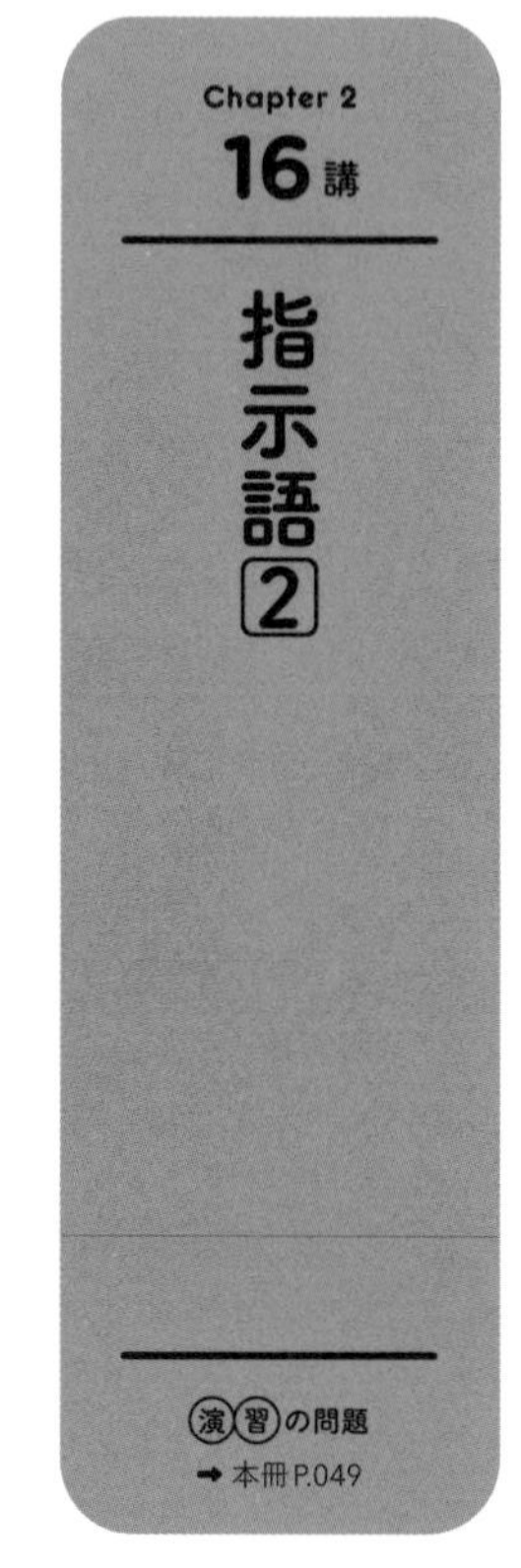

1 ①ⓓ ②ⓙ ③ⓛ ④ⓐ ⑤ⓕ ⑥ⓘ ⑦ⓚ

2 **男は女にあふことをす。女は男にあふことをす。（二十二字）**

1

① **解答** ⓓ

「**しかれ**」なので「**そう**」系です。「しかれど」は「しかり」の已然形＋逆接確定の接続助詞「ど」なので、「そうではあるが」と訳します。よって、ⓓが正解。訳は「**そうではあるが**私は忘れまい……」。

② **解答** ⓙ

「**かかる**」なので「**こう**」系です。「かかること」は「かかり」の連体形＋「こと」なので、「このようなこと」と訳します。よって、ⓙが正解。訳は「**このようなこと**は手紙にも書いておらず……」。

③ **解答** ⓛ

「**さら**」なので「**そう**」系です。「さらでも」は「さり」の未然形＋打消の接続助詞「で」＋係助詞「も」なので、「そうでなくても」と訳します。よって、ⓛが正解。訳は「霜がとても白い朝も、また**そうでなくても**とても寒い朝に、……」。

④ **解答** ⓐ

「**さら**」なので「**そう**」系です。「さらば」は「さり」の未然形＋順接仮定の接続助詞「ば」なので、「それならば」と訳します。よって、ⓐが正解。訳は「**それならば**反論なさい」。

⑤ **解答** ⓕ

「**かかれ**」なので「**こう**」系です。「かかれば」は「かかり」の已然形＋順接確定の接続助詞「ば」なので、「このようであるから」と訳します。よって、ⓕが正解。訳は「利口ぶって言いなさる。**このようであるから、**北の方は、たいそう気に入らないと思う」。

⑥ **解答** ⓘ

「**しかる**」なので「**そう**」系です。「しかること」は「しかり」の連体形＋「こと」なので、「そのようなこと」と訳します。よって、ⓘが正解。訳は「**そのようなこと**があるだろうとおっしゃって……」。

⑦ **解答** ⓚ

「**さり**」なので「**そう**」系です。「さりとも」は「さり」の終止形＋逆接仮定の接続助詞「とも」なので、「そうだとしても」と訳します。よって、ⓚが正解。訳は「約束なさったが、**そうだとしても**捨てては行くことはできないだろう」。

2

現代語訳

翁が、かぐや姫に言うには、「私、翁が申し上げるようなことを、聞きなさるだろうか」と言うので、かぐや姫が、「どんなことも、おっしゃることは、お聞きしないだろうか、いえ、どんなことでもお聞きする。変化の者でございましたような我が身とも知らずに、親と思い申し上げる」と言う。翁が、「嬉しくもおっしゃるものだなあ」と言う。（また翁が）「私、翁は、七十歳をこえた。（命は）今日とも明日ともわからない。この世の人は、男は女と結婚をする。女は男と結婚をする。その後に一門が繁栄するのです。どうしてそのようなこと（＝結婚すること）をしないでいらっしゃってよいか、いや、よくない」（と言う）。かぐや姫が言うことには、「どうして、そのようなこと（＝結婚すること）をするのでしょうか」と言うと、（翁が）「変化の人といったとしても、女の身を持ちなさっている。私、翁がいるようなかぎりはこのよう（＝独身）でもいらっしゃるだろうよ（、ですが、自分がいなくなればどうにもならなくなります）。この人々（＝五人の求婚者）が年月を経て、このようにのみいらっしゃりおっしゃることをよく考えて、誰か一人と結婚してさしあげなさいませ」と言うと……

重要古語

あふ＝結婚する・男女が深い関係になる

解答 **男は女にあふことをす。女は男にあふことをす。**（二十二字）

「**さること**」は「**そのようなこと**」で、指示内容は基本的には「**前**」を指します。かぐや姫の直前の翁のセリフ中にも「さること」があります。「いかでか**さること**なくてはおはせむ」は「どうして**そのようなこと**をしないでいらっしゃってよいか（、いや、よくない）」で、それを受けてかぐや姫が「どうして**そのようなこと**をするのでしょうか」と言っていることから、翁の「さること」も同じものを指していると考えられます。直前は「その後に門が広くなります（＝一門が繁栄する）」と言っているので、「その後」がどんな後なのかをさらに前を見て確認すると、「男は女にあふことをす。女は男にあふことをす。」とあります。「**あふ**」は重要単語で「**結婚する**」の意味。「男性は女性と結婚をする。女性は男性と結婚をする。」ということです。翁は「結婚すると一門が繁栄する」

と言い、「結婚をすべきだ」と言っているのです。つまり、「さること」は「結婚すること」です。文中から抜き出す問題で、二十五字以内という条件も考えると、「男は女にあふことをす。女は男にあふことをす。」の部分が正解。

1 **むずる**
2 ⓓ
3 **どうして、このように言うのだろうか**
4 ⓐ

1

解答 **むずる**

「**いかが**」の結びは**連体形**です。「むず」は「○・○・むず・**むずる**・むずれ・○」と活用するので、「むずる」が正解。訳は「どうなさるのだろうか」。

2

解答 ⓓ

「**いかにして**」が自己**願望**「ばや」と一緒に用いられているので「**なんとかして**」と訳します。よって、ⓓが正解。訳は「**なんとかして**おそば近くに参上していつも見申し上げ心を慰めたいと思いをめぐらして……」。

3

現代語訳

右近が、（姫君の）おそばに参上して、ちらっと申し上げる。「この頃（男君を）見申し上げたところ、本当に痩せなさって、ひどくお顔色も真っ青に拝見いたしました」と言って、（男君からの）お手紙を取り出したが、（姫君は）かえってつらく、なんとなく恐ろしいので、「どうして、このように言うのだろうか」と言って、泣きなさった。

重要古語

げに＝本当に
こよなし＝ひどい
なかなか＝かえって
心憂し＝つらい

解答 **どうして、このように言うのだろうか**

「**いかで**」が「**む**」と一緒に用いられているので、「**疑問**」「**反語**」「**なんとかして**」の三つの訳をあてはめて確認します。疑問なら「どうして、このように言うのだろうか」、反語なら「どうして、このように言おうか、いや、言わない」、「む」が意志ならば「なんとかして、このように言おうか」となります。傍線部の前では、右近が姫君のそばに参上して、体調がよくなさそうな男君の近況を伝えており、男君からの手紙を手渡そうとしています。そして、姫君はかえってつらい気持ちになり、傍線部のセリフを発しています。以上から、傍線部は「疑問」の解釈になります。反語も「なんとかして」も文脈に合わないので不適。

4

現代語訳

（後嵯峨法皇は）事の経緯を聞きなさって、感心なさって、「どんなことでも望みを申せ」とおっしゃる。（労役徴発された者は）「取るに足りない身でございますので、どんな望みがございましょうか、いや、ございません」と、申し上げたが、（法皇が）「どうして身分に相応の望みがないことがあろうか（、いや、あるはずだ）」とおっしゃったところ、「母でございます者を、養う程度の御恩恵が、望みでございます」と申し上げたので、農民であったが、その所有地に課せられる租税を、全て免除して、子々孫々に至るまで、違反してはならない旨の御下文を（法皇から）いただいて、（伊勢国へ）下ったということだ。

重要古語

言ひかひなし＝「言ふかひなし」に同じ。言ってもはじまらない。取るに足りない

由＝①由緒　②手段　③理由　④趣　⑤～とのこと

下る＝都から地方に行く

解答 ⓐ

「**など**」は**疑問**か**反語**です。「分」「所望」は選択肢を利用すると、それぞれ「身分」「望み」だとわかります。疑問なら「どうして身分に従う望みがないのだろうか」、反語なら「どうして身分に従う望みがないだろうか、いや、ある」です。これらにあてはまるものはⓐのみ。よって、この「など」は反語で、ⓐが正解。ⓑは、訳は疑問ですが、「言葉にしない」とあり、傍線部に該当する部分がないので不適。

1 ①ⓓ　②ⓐ・ⓒ　③ⓔ　④ⓑ　⑤ⓐ・ⓔ

2 ①**おぼしたれ**　②**さるべき人**　③**張りたり**

3 問1　**重う・口惜しう**　問2　**なつ・よつ・打つ**

1

① **解答** ⓓ

形容詞「ひとし」の連体形「ひとしか**る**」に**推定**の助動詞「なり」がついて「ひとしか**ん**」と**撥音便**になっています。訳は「（五人の）人の愛情は同程度のようだ」。

② **解答** ⓐ・ⓒ

動詞「剥ぐ」の連用形「剥**ぎ**」が「剥**い**」と**イ音便**に、動詞「持つ」の連用形「持**ち**」が「持**つ**」と**促音便**になっています。訳は「『皮を剥いで軽々と持って売れよ』と……」。

③ **解答** ⓔ

ラ変「あり」の連体形「ある」＋**推量**の助動詞「べし」の連体形「べかる」＋**推定**の助動詞「めり」の已然形＝「あ**る**べか**る**めれ」がもとの形。「べし」と「めり」の上の「**る**」が**撥音便**「あ**ん**べか**ん**めれ」になり、それが**無表記**になったのが「あべかめれ」。訳は「悲しむべきことであ

るようだと思うが……」。

④ **解答** ⓑ

助動詞「まほし」の連用形「まほし**く**」が「まほし**う**」と**ウ音便**になっています。訳は「そうはいってもやはり聞きたいと思う人もいた」。

⑤ **解答** ⓐ・ⓔ

形容詞「心苦し」の連体形「心苦しかる」＋**推量**の助動詞「べし」の連体形「べき」＋こと＝「心苦しか**る**べ**き**こと」がもとの形。「べし」の上の「**る**」が**撥音便**「心苦しか**ん**」になり、それが**無表記**になり、助動詞「べ**き**」が「べ**い**」と**イ音便**になったものが「心苦しかべいこと」。訳は「つらいであろうことはない」。

2

① **解答** **おぼしたれ**

「おぼ**い**」が**イ音便**と考えられます。動詞は「**き・ぎ・し**」が「**い**」に変わることから、「おぼ**い**」は「おぼす」の連用形「おぼ**し**」です。訳は「殿は満足せずお思いになったが……」。

② **解答** **さるべき人**

「べ**い**」は助動詞「べ**き**」の**イ音便**。「べき」は終止形からラ変型の連体形に接続するため、「さ」の下は省略されたと考えられ、「さ**ん**べき」だとわかります。「さん」のもとは「さ**る**」です。よって、「さ**る**べ**き**人」が正解。訳は「またしかるべき人などが大げさに思ってらっしゃるようであるのも……」。

③ **解答** **張りたり**

「張**つ**」が**促音便**と考えられます。動詞は「**ひ・ち・り**」が「**つ**」に変わることから、「張**つ**」は「張る」の連用形「張**り**」です。訳は「薄氷が張っていた」。

3

現代語訳

（木曾殿（＝源義仲）が）「普段は何とも感じない鎧が、今日は重くなったことだよ」と。今井四郎（＝義仲の乳母子である今井兼平）が申し上げたことには、「お体もまだお疲れになっていらっしゃらない。御馬も弱っておりません。どうして一着の御鎧を重くお感じになるのですか。それは、お味方に軍勢がございませんので、臆病に、そのようにお思いになるのです。私、兼平一人としましても、他の武者千騎とお思いください。矢が七、八本ございますので、少しの間防ぎ矢をいたします。あの松の中でご自害ください。」と言って、（馬に鞭を）打って行くうちに、また新手の武者が五十騎ほど現れた。〈中略〉（兼平が）「取るに足らない人の家来にお討たれになられたならば、『あれほど日本国で評判が高くていらっしゃった木曾殿を、だれそれの家来がお討ち申し上げた。』などと申すようなことは残念でございます。

重要古語

覚ゆ＝自然にそう思われる

言ふかひなし＝取るに足りない

口惜し＝残念だ

問1 **解答** **重う・口惜しう**

形容詞「重し」の連用形「重**く**」が「重**う**」に、形容詞「口惜し」の連用形「口惜し**く**」が「口惜し**う**」とウ音便になっています。

問2 **解答** **なつ・よつ・打つ**

「重うなつたる」の「な**つ**」は、動詞「なる」の連用形「な**り**」の促音便。

「何によつてか」の「よ**つ**」は、動詞「よる」の連用形「よ**り**」の促音便。

「打って行く」の「打つ」は、動詞「打つ」の連用形「打ち」の促音便。

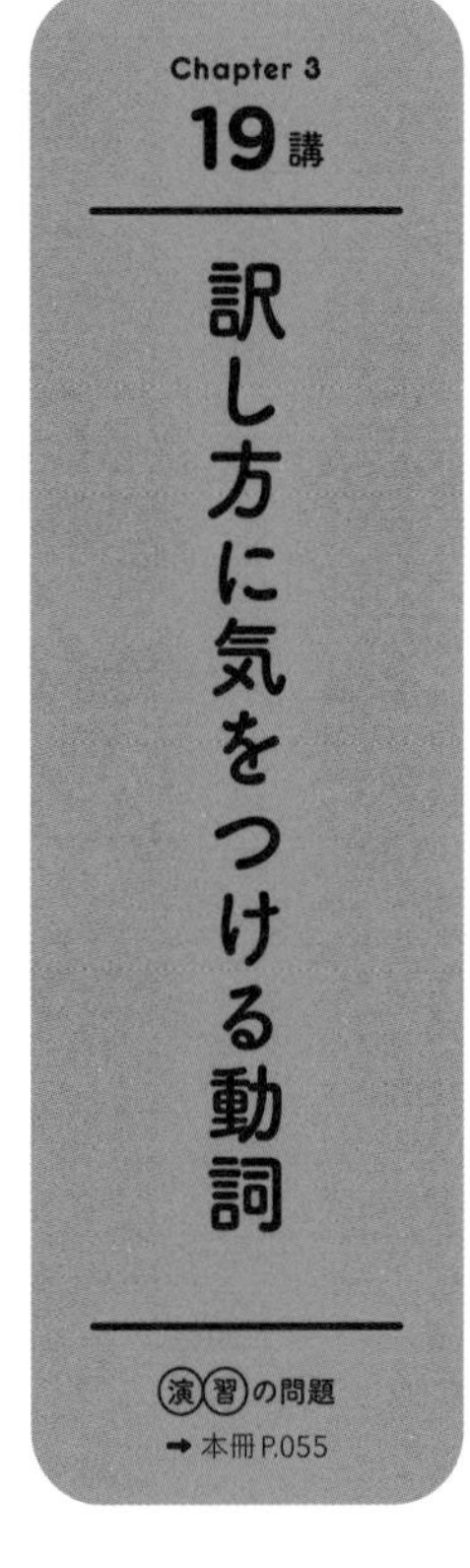

Chapter 3 19講

訳し方に気をつける動詞

演習の問題
➡本冊P.055

1 ① あてにさせた人たち（が） ② 心が晴れるでしょう ③ 頭からかぶっている者（頭からかぶっていた者）

2 ⓒ

3 ⓐ

1

① **解答** **あてにさせた人たち（が）**

「**頼む**」は**四段**と**下二段**の二種類を持っている動詞。四段はそのまま訳し、下二段は四段に使役を追加して訳します。まずは、活用の種類がどちらなのかを判別しましょう。「頼め**し**」の「**し**」は、体言「人々」の上にあるので連体形で、**過去の助動詞**「**き**」だとわかります。助動詞「き」の上は**連用形**なので、この「**頼め**」は**下二段**活用です。よって「頼りに**させる**・あてに**させる**」など、**使役**をつけて訳します（「人物」は主語になりやすいので「が」を入れて訳しますが、ここでは「頼む」の訳し方を確認したいので、今回は「が」はなくても正解とします）。訳は「あてにさせた人たちが、そのまま続いて亡くなったので……」。

② **解答** **心が晴れるでしょう**

「**慰む**」も**四段**と**下二段**の二種類を持っている動詞なので、活用の種類をまず考えましょう。「**慰み**」なので**四段**活用です。よって、「**心が晴れる**」と訳します。

「**候は**」は**丁寧**の補助動詞、「**んずれ**」は**推量**の助動詞「むず」の已然形です。訳は「早稲飯を食べさせますと、心が晴れるでしょう」。

③ **解答** **頭からかぶっている者（頭からかぶっていた者）**

「**被く**」も**四段**と**下二段**を持っている動詞です。「**被き**」なので**四段**活用。よって、「**かぶる**」か「**褒美をいただく**」と訳します。直前と注釈から「薄い衣を頭から」なので、この場合は「かぶる」の意味。「**たる**」は**完了・存続**の助動詞（最後が「あり」と現在形で「かぶっている」と訳してもおかしくないので存続でとりますが、この一文しかないため、今回は「かぶっていた」でも正解とします）。訳は「薄い衣を頭からかぶっている者もいる」。

2

解答 ⓒ

「かづけ**たれ**」の「**たれ**」が完了・存続の助動詞「**たり**」の已然形。助動詞「たり」の上は**連用形**なので、この「**かづけ**」は**下二段**活用です。よって、「**かぶせる**」か「**褒美を与える**」と訳します。「**上下**」は、ここでは「**上位と下位**」の意味で「上の位の者も下の位の者も」です。これらの意味がきちんと訳せているⓒが正解。ちなみに、傍線部の直後の「**かづき**」は**四段**活用で、「褒美をいただく」です。訳は「（帝が）『ここにいるすべての上達部、皇子たち、四位五位の者で、このもの（＝玉淵の娘）に服を脱いで与えないような者は、席から立ち去れ』とおっしゃったので、位の高い者も低い者もみな、（玉淵の娘に衣服を）与えたので、褒美をいただきすぎて……」。

3

現代語訳

吉備の国のあたりで、海賊の舟がやってきて、ここできっと命も絶えてしまうように思えたので、狩衣や冠などをきちんと正して、屋根のある家の形をした舟上に出て座ったところ、海賊の舟が漕いで近寄ってきたので、その時、用光が、篳篥を取り出して、悲しげな音で何とも言えないほどすばらしく澄んだ音色で吹いたので、海賊たちが、それぞれ悲しみの心が起こって、（危害を加えなかったばかりか、演奏に対し）祝儀を与えることまでして、漕ぎ離れて去ったという。

重要古語

うるはし＝①りっぱだ　②きちんとしている　③本格的だ
えならず＝何とも言えないほどすばらしい

解答 ⓐ

「**かづけもの**」は「**褒美として与えるもの・祝儀**」の意味です。ちなみに、副助詞「**さへ**」は「**〜までも**」と訳す添加の意味。両方きちんと訳せているⓐが正解。

Chapter 3
20講 訳し方に気をつける格助詞

演習の問題
➡ 本冊 P.057

1 ①**徒歩で**　②**人に命じて**　③**雪のように消えた**
2 ⓐ
3 ①ⓐ　②ⓓ　③ⓐ

1

① 解答 **徒歩で**

「かちより」の「**かち**」は漢字で「**徒歩**」です。**移動手段**の「より」なので、この「**より**」は「**で**」と訳します。よって、「**かちより**」は「**徒歩で**」の意味。訳は「叶わない心で徒歩で参上した……」。

② 解答 **人に命じて**

体言に接続する「**して**」なので**格助詞**。「**〜で**」「**〜とともに**」「**〜に命じて**」のどれかで訳します。「言は**すれ**ば」の「**すれ**」は**使役**の助動詞「す」の已然形です。この「**人して**」は「**人に命じて**」と訳します。訳は「そばにいる人に命じて言わせると……」。

③ 解答 **雪のように消えた**

「雪と消えた」の「**と**」は**比喩**の用法。「し」は体言「人」の上にあるので、**過去**の助動詞「き」の連体形。「連用形＋**に**き」の「**に**」は**完了**の助動詞「ぬ」の連用形。よって、「雪**のように**消え**た**」が正解。訳は「雪のように消えた人を恋うているのだろうか」。

2

解答 ⓐ

「思ふ**より**」の「**より**」は**連体形**に接続した「より」なので、「**即時**」（〜**するやいなや**）から考えると、ⓐになります。また、「**頼めたまひし**」の「**頼め**」は**19講**で学習した**四段**と**下二段**を持っている動詞です。用言「たまひ」の上にあるので、この「頼め」は**連用形**で**下二段**活用だとわかります。よって、「頼りに**させる**・期待**させる**」と訳します。この訳がきちんととれているのもⓐのみ。やはり、ⓐが正解。訳は「期待させなさったことが、もしかしたら本当である時と思うや否や、ますます心は騒いで、あの楼のもとで待っていた」。

3

現代語訳

（帝が）「みやつこまろ〈＝竹取の翁〉の家は山のふもとに近いようだ。御狩のお出かけをしなさるようなふりをして、（かぐや姫を）見てしまおうか」とおっしゃる。みやつこまろが申し上げることには、「たいへんよいことである。（かぐや姫が）ぼんやりしていますような時に、急にお出かけになりご覧なさるならば、ご覧になることがきっとできましょう」と帝に申し上げると、帝が、突然日を決めて御狩りにご出発なさって、かぐや姫の家に入りなさって、ご覧になると、光が満ちあふれて清らかで美しい様子で座っている人がいる。（帝は）これ（が、かぐや姫）であろうとお思いになって、逃げて奥に入る（かぐや姫の）袖をとらえなさると、顔をかくしていますが、はじめによくご覧になっていたので、たぐいなくすばらしく思いなさって、連れていらっしゃろうとするので、かぐや姫が、「私の身は、この国に生まれましたならば、お使いになることもできましょうが、とても引き連れていらっしゃるのは難しくございましょう」と帝に申し上げる。

重要古語

御幸＝天皇・上皇のお出かけ
心もとなし＝①はっきりしない　②気がかりだ　③待ち遠しい
にはかなり＝突然だ
けうらなり＝清らかで美しい様子
面＝顔
めでたし＝すばらしい
率る＝引き連れる
V＋がたし＝Vすることが難しい

① **解答** ⓐ

体言「みやつこまろ」が**体言**「家」にかかるので、この「が」は**連体格**（**の**）。ⓐが、体言「大江の玉淵」が体言「むすめ」にかかり、「の」で訳す連体格なので、ⓐが正解。ⓐの訳は「大江の玉淵**の**娘と申す者が、めずらしく参上しております」。

② **解答** ⓓ

体言「みやつこまろ」が**用言**「申す」にかかるので、この「が」は**主格**（**が**）。ⓓが、体言「（かぐや姫てふ大盗人の）奴」が用言「殺さむ」にかかり、「が」で訳す主格なので、ⓓが正解。ⓓの訳は「かぐや姫という大悪党のやつ**が**人（＝私）を殺そうとしたのだよ」。

③ **解答** ⓐ

体言「おの」が**体言**「身」にかかるので、この「が」は**連体格**（**の**）。よって、ⓐが正解。
ちなみに、ⓑは「**で**」で訳す**同格**。訳は「女御や更衣がたくさんお控えなさっていた中で、たいして身分が高くない人**で**、とりわけ天皇のご寵愛を受けていらっしゃる人がいた」。ⓒは「**のもの**」と訳す**準体格**。訳は「どうして兼久**のもの**はよくないのか」。

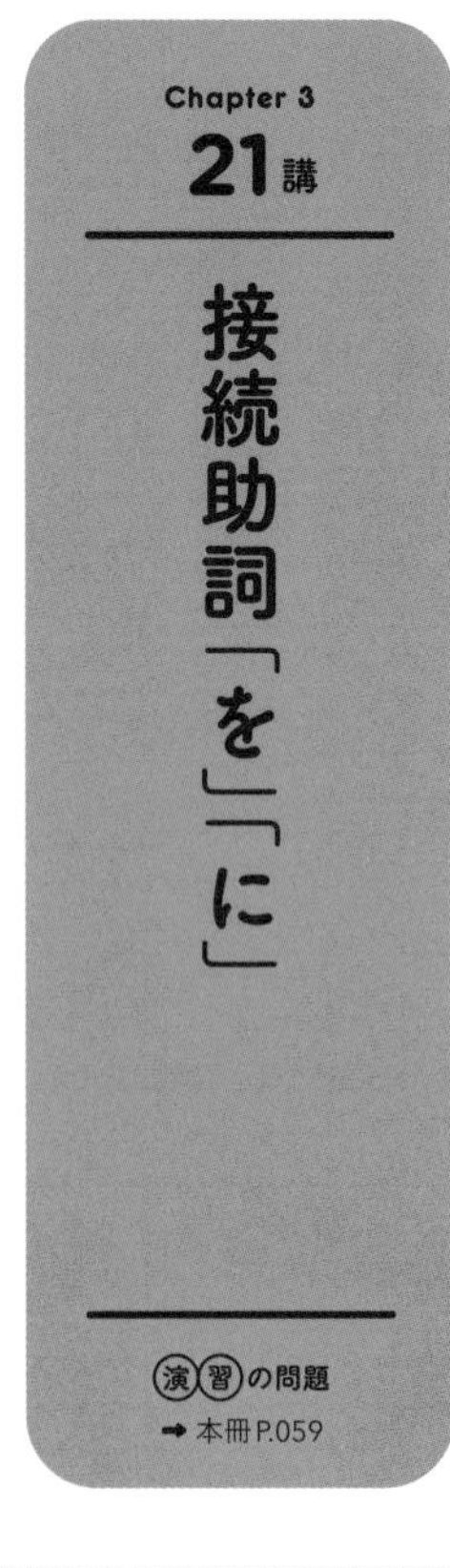

Chapter 3

21講 接続助詞「を」「に」

演習の問題

➡ 本冊P.059

1 ① ⓒ　② ⓐ　③ ⓐ

2 ① ⓑ　② ⓒ　③ ⓐ

3 問1 ⓐ　問2 ③

1

① **解答** ⓒ

上の動詞「暮る」は下二段活用で、「暮れ」が未然形か連用形か不明のため、下を確認すると、**推量**の助動詞「べし」がついているので、この「**ぬ**」は**強意**。よって、ⓒが正解。訳は「日も**きっと**暮れるだろう」。

※この問題は本講で学習する接続助詞「を」「に」の知識を使わない「ぬ」の識別です。

② **解答** ⓐ

上の動詞「おぼゆ」は下二段活用で、「おぼえ」が未然形か連用形か不明のため、下を確認すると、**接続助詞**「**を**」がついているので、この「**ぬ**」は**連体形**。よって、**打消**「ず」だとわかります。ⓐが正解。訳は「他の事は人にまさるとも思え**ない**が、……」。

③ **解答** ⓐ

上の動詞「おとづる」は下二段活用で、「おとづれ」が未然形か連用形か不明のため、下を確認すると、**接続助詞**「**に**」がついているので、この「**ぬ**」は**連体形**。よって、**打消**「ず」だとわかります。ⓐが正解。訳は「熱心に言い寄ってくる人が、こうした後訪れ**ない**ので、……」。

2

① **解答** ⓑ

接続助詞「に」の前の内容に「思うことが**ない**」とあり、後ろでは「人知れず思うことが一つ**ある**」と書いてあることから、この「に」の働きは**逆接**。よって、ⓑが正解。訳は「悩むこともなく、魅力的な様子で座っている**けれど**、ただ人知れず悩むことが一つあった」。

② **解答** ⓒ

接続助詞「に」の前の内容は「男の顔をよく見る」で、後ろは「自分の夫である」です。この前後関係は、因果関係でも逆接でもないので、単純に下に続いていくⓒだと判断できます。訳は「この男の顔をよく見る**と**、自分の夫であるよ」。

③ **解答** ⓐ

接続助詞「を」前の内容は「小倉山の紅葉がとてもきれい」で、後ろは「感嘆する」です。前後で因果関係が成立しているので、この「を」の働きは**順接**。よって、ⓐが正解。訳は「紅葉が、小倉の山に様々な色でとてもきれいだった**ので**、このうえなく感嘆なさって……」。

3

現代語訳

摂政殿が、宮内卿（＝藤原家隆）をお呼びになって、「現在、正統の歌人が、多く評判になっている中で、誰がすぐれていますか。心に思うように、正直に（答えなさい）」とお尋ねになったところ、「誰とも判断しにくくございます」とだけ申し上げて、思うことがありそうな様子なので、「どうだどうだ」と無理に質問なさったところ、（家隆は）懐から畳紙を落として、そのまま退出した。〈紙には定家の歌を書いていた。〉その後、（摂政殿が）また治部卿〔＝藤原定家〕をお呼びになって、家隆の時と同じように尋ねなさると、これ〔＝定家〕も申し上げようがなくて、「かささぎが（天の川に）渡す橋はどこなのか。夕暮れの（山におりた）霜が天空に白くかかる峰の架け橋のようだ」と、高らかに吟じて退出した。これは宮内卿の歌であるよ。

重要古語

聞こゆ＝①聞こえる ②評判になる・噂になる ③わけがわかる

V＋がたし＝Vすることが難しい

あながちなり＝無理やりな様子・強引な様子

やがて＝①すぐに ②そのまま

ながむ【詠む】＝吟じる

問1 **解答** ⓐ

接続助詞「を」の前の内容は「判断できないと言いながら、思うことがありそうな様子」で、後ろは「無理に質問する」とあることから、**前後で因果関係が成立**するので、この「を」の働きは**順接**。よって、ⓐが正解。

問2 **解答** ③

接続助詞「に」の**接続**は**連体形**。上が連体形は③のみ。「らるる」は助動詞「らる」の連体形です。よって、③が正解。他はすべて上が体言なので接続助詞ではありません。ちなみに、他のこれらの「に」はすべて格助詞です。

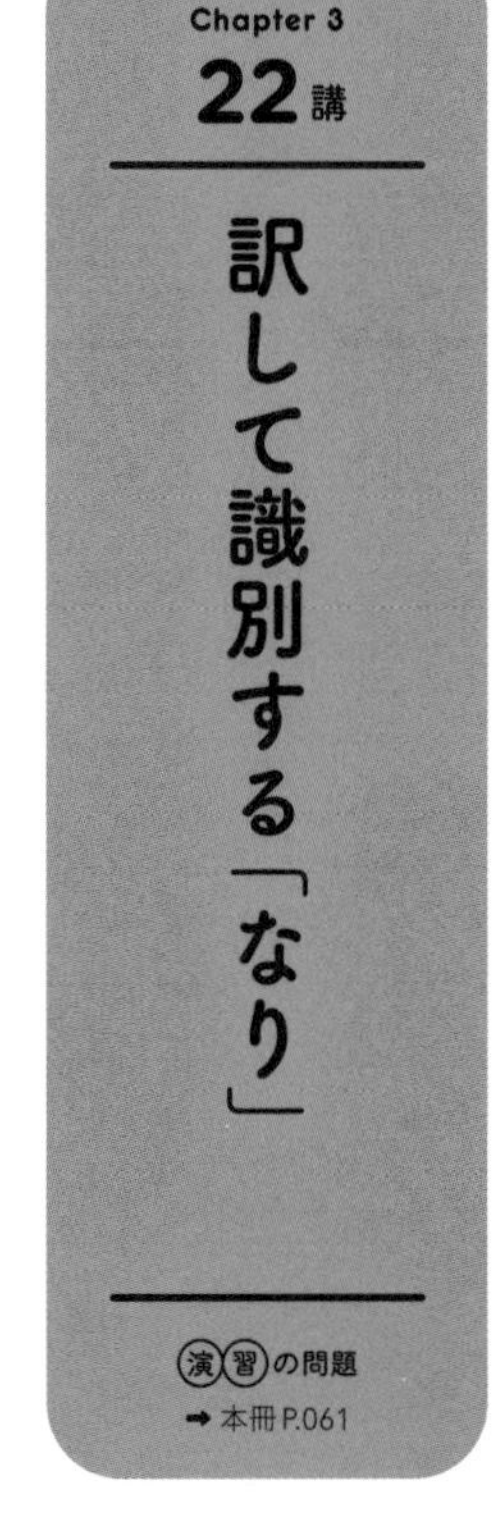

1 ①ⓐ ②ⓓ ③ⓖ（②・③順不同） ④ⓗ ⑤ⓕ ⑥ⓙ ⑦ⓖ ⑧ⓚ ⑨ⓜ

2 ⓑ

3 ⓐ

1 **解答** ①ⓐ ②ⓓ ③ⓖ（②・③順不同） ④ⓗ ⑤ⓕ ⑥ⓙ ⑦ⓖ ⑧ⓚ ⑨ⓜ

空欄に解答を入れた文章

「なり」は**上**を確認して、**体言・連体形**につく「なり」は**断定**の助動詞、**終止形**につく「なり」は**伝聞推定**の助動詞だが、ラ変型**連体形**につく「なり」は文脈判断が必要である。「**である**」と訳せるなら**断定**、「**そうだ**」と訳せるなら**伝聞推定**である。

2 解答 ⓑ

「なり」の識別なので上を確認すると、**ラ変**動詞「侍り」の**連体形**「侍る」なので、断定か伝聞推定かを文脈判断する必要があります。「**とかや**」は不確定な**伝聞**を表し、「～**とかいうことだ**」と訳します。出だしは「舎人の名前は信定とかいうことだ」となります。次が「はっきりとは聞きませんでした」なので、ここからも**伝聞**の文脈だとわかります。よって、この「なり」は**伝聞推定**と考えられ、続きを訳してみると、「その小野の寺などは、まだ残っていて、僧もまだ少しいる**そう**です」でおかしくありません。よって、ⓑが正解。

3 現代語訳

（御息所が）帰りなさった後、老いた法師で腰が二重にまがった法師が、杖にすがって参上して、「お目にかかりました老法師が参上した」と申し上げたところ、しばらくは聞き入れる人もいなかったが、一日中立ってしきりに言ったので、（御息所の女房が）「このようなことを申し上げる者がいます」と申し上げたところ、（御息所は）、「そのようなこともあろう」とおっしゃって、日隠しの間に呼び寄せなさって、「どういうことか」と尋ねなさったところ、（老法師は）「志賀寺にこの七十年余りおりまして、ひたすら後世の往生を祈ることを営んでいますが、思いがけなくお目にかかり申し上げて、もう一度お目にかかりたいという心だけがございまして、長年の仏道修行が無駄になってしまうようなことが悲しいので、杖にすがって泣く泣く参上したのでございます」と申し上げたので……

重要古語

ひねもす＝一日中
年ごろ＝長年
行ひ＝仏道修行
徒らなり＝無駄だ・無益だ

解答 ⓐ

「なり」の上が**ラ変**動詞「侍り」の**連体形**「侍る」なので、断定か伝聞推定かを文脈判断する必要があります。出だしから大枠だけつかむと、御息所が帰ると、老いた法師が杖にすがって参上したので、御息所が呼び寄せて理由を訪ねると、法師が返事をします。その返事の中に傍線部「なり」があります。法師は、「志賀寺で仏道修行をしていたが、もう一度御息所に会いたいという気持ちで、今までの修行も無駄になりそうなくらいで、杖にすがって泣く泣く参りて侍るなり」と言っています。杖にすがって参上したのは、**法師本人**ですから、「参上した**そうだ**よ」と伝聞推定にするのはおかしいです。この「なり」は**断定**です。よって、ⓐが正解。

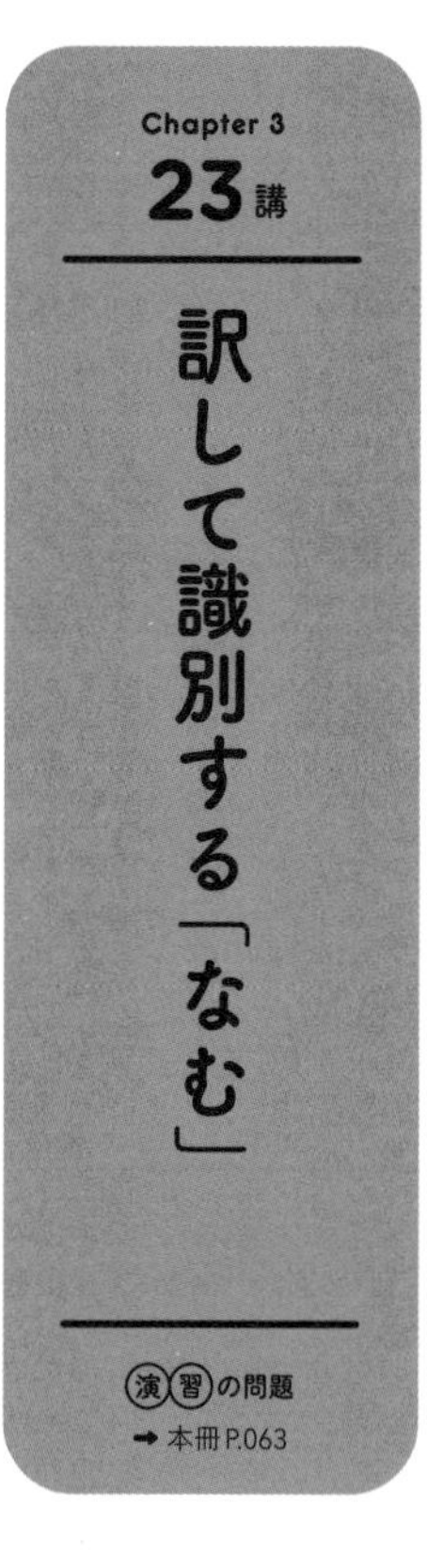

1 ⓔ　2 ⓑ
3 問1 ⓓ　問2 **早く夜も明けてほしい**

1

解答 ⓔ

「**なむ**」の識別なので、**上**を確認すると、ⓐ・ⓑ・ⓓは**下二段**活用動詞、ⓒは助動詞「る」で**下二段**型で活用するので、未然形と連用形が同じ形で、他者願望の終助詞か助動詞「ぬ」＋助動詞「む」のどちらかです。文脈判断が必要ですが、異なるものを一つ選ぶ問題なので、保留にしておき、ひとまずⓔの上を確認しましょう。ⓔはラ変「あり」の**連体形**なので、**強意の係助詞**です（かかっていく「いとほしき」が、係り結びの法則によって連体形になっていることからもわかります）。よって、ⓔが明らかに他と異なることから、これが正解。ⓐ〜ⓓを保留にしたままでも解けます。何を問われているのかをきちんとつかみ、いかに早く正解にたどりつくかを考えることも大事です。

ちなみに、ⓐ〜ⓓが他者願望の終助詞か助動詞「ぬ」＋助動詞「む」のどちらかですが、ⓑは**文中**にあることから、**助動詞「ぬ」**＋**助動詞「む」**だと判断できます。②の訳は「この香りがきっと消え失せてしまうような時に立ち寄りなさい」です。

練習のために、ⓐ・ⓑ・ⓓの文脈判断の解説もしておきます。

①の本動詞「**まゐら**」は注釈から**食事**関係で使っているので、**尊敬語**から考えます。「暮れぬ」の「ぬ」は下から考えますが、「昨日も」「今夜も」と「も」があり、「昨日も暮れぬ」と「今夜も明けなむ」の二つが並列になっていることから、この「、」は「。」と同じ扱いだと考えられます。そうすると、この「ぬ」は終止形で完了です。「お食事も召し上がらないで、昨日も暮れた」のです。「今夜**も**」なので、「明けてほしい」だとおかしいです。よって、この「なむ」は強意の助動詞＋推量の助動詞で「今夜も**きっと**明けてしま**おうとする**」と判別します。昨日も暮れたように時間は過ぎ去り、今夜ももう明けそうなのです。

③の「**な〜そ**」は「〜**するな**」で、「人に語りなさるな」です。その後に「必ず笑われてほしい」だとおかしいです。よって、この「なむ」は強意の助動詞＋推量の助動詞で「**必ず**笑われてしまう**だろう**」と判別します。

④のⓓの前までの訳は「女（＝妻）も『夫を捨ててどこに行くだろうか、いや、どこにも行かない』とばかり言い続けていたが、男（＝夫）が、『自分は、どのようにしても』」です。自分のことなのに「過ごしてほしい」だとおかしいです。よって、この「なむ」は強意の助動詞＋推量の助動詞で「**きっと**過ごす**つもりだ**」と判別します。続きの訳は「女の身でこのように若いときに、こうしているのは、とても気の毒だ。上京して、宮仕えでもせよ」。

2

解答 ⓑ

「**なむ**」の**上**が「暮れ（暮る）」で**下二段**活用なので、未然形と連用形が同じ形です。よって、文脈判断が必要です。傍線部の前の内容は、「男は女が、どんなに気がかりで不審だと思っているだろうと、恋しい」です。傍線部中の副助詞**「だに」**は、類推（**〜さえ**）と限定（**せめて〜だけでも**）があり、願望と一緒に用いると限定です。**「とく」**は重要単語で**「早く」**の意味。よって、傍線部を他者願望「なむ」で訳してみると「せめて今日だけでも早く暮れてほしい」となります。男性が、女性が恋しいので早く会いに行くために夜になってほしいとなり、スラっと通ります。よって、ⓑが正解。残りの訳は「行って事情も自分から言おう、また、手紙をやろうと、酔いからせめて思った時に……」。

3

現代語訳

昔、男がいた。ある女で手に入れることができなかった女を、年月をかけて求婚し続けたが、やっとのことで盗み出して、とても暗いときに（逃げて）来た。芥川という川のほとりを引き連れて行ったところ、草の上に発生した露を、「あれは何」と男に尋ねた。まだこの先遠く（逃げなければいけなく）、夜も更けたので、鬼がいる所とも知らないで、雷までたいそうひどく鳴り、雨もとても降ったので、破れくずれた倉に、女を奥に押し入れて、男は、弓、胡籙を背負って、戸口にいる。「早く夜も明けてほしい」と思いながら座っていたところ、鬼がたちまち一口に（女を）食べてしまった。

重要古語

よばふ＝求婚する
V＋わたる＝①Vし続ける　②一面にVする
からうじて＝やっとのことで
率る＝引き連れる
いたく＝とても・たいそう

問1 **解答** ⓓ

「**なむ**」の**上**が格助詞「と」なので、この「なむ」は**強意の係助詞**です。よって、ⓓが正解。

問2 **解答** **早く夜も明けてほしい**

「**なむ**」の**上**が「明け（明く）」で**下二段**活用なので、未然形と連用形が同じ形です。よって、文脈判断が必要です。傍線部の前の内容は、「夜に女を連れて逃げてきた男が、途中で雷雨に遭い、くずれた倉に女を入れて、戸口で守って座っている」です。まずは、「〜てほしい」で訳してみると「**早く夜も明けてほしい**」となります。まだ逃げている途中で、夜なので暗くて、しかも雷雨の中で思った内容としておかしくないので、これが正解。この「なむ」は**他者願望**です。

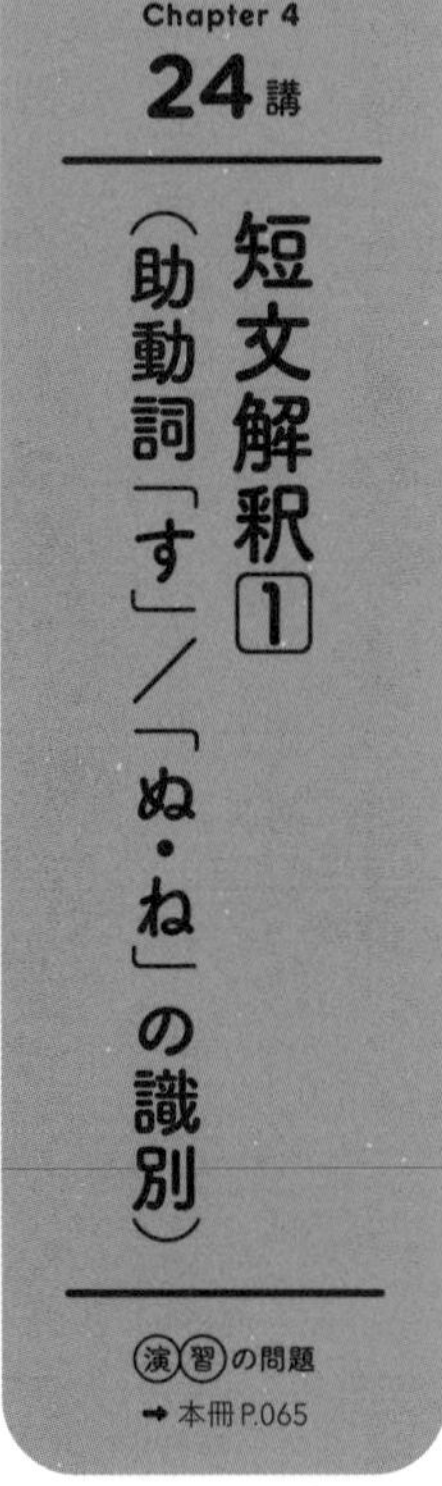

Chapter 4

24講 短文解釈①（助動詞「す」／「ぬ・ね」の識別）

演習の問題
➡ 本冊P.065

1
問1 ① a　② 使役　③ 尊敬（②③は順不同）　④ 尊敬　⑤ 尊敬　⑥ 連用　⑦ 強意　⑧ 強意　⑨ 普通に（「平叙文で」も可）　⑩ 申し上げる　問2 ⓑ

2
問1 ① 消え去る　② 尊敬　③ 完了
問2 消え去りなさった

現代語訳

この帝（＝宇多天皇）が、まだ帝位についていらっしゃらなかった時、賀茂神社のほとりで、鷹狩りをして、あちこち遊び回っていたところ、賀茂の明神がお告げをなさったことには、「春には祭りが多くあります。冬がとても退屈なので、祭りをしていただきたい」と申し上げなさるので、（帝は）「私には力が及びません」と申し上げなさると、「あなたであればおできになることだから申し上げている」と言って、かき消すように消え去りなさった。

重要古語

V＋ありく＝あちこちVしまわる
いみじ＝とても
つれづれなり＝退屈だ・手持ち無沙汰だ
うす＝①消え去る　②死ぬ

1

問1　**解答**　①a　②**使役**　③**尊敬**（②③は順不同）　④**尊敬**　⑤**尊敬**　⑥**連用**　⑦**強意**　⑧**強意**　⑨**普通に**（「**平叙文で**」も可）　⑩**申し上げる**

問2　**解答**　ⓑ

前半「力およばせたまひぬべし」の直訳は、問1で見たように、「せたまひ」が**二重尊敬**、「ぬ」が**強意**なので、「**力がきっと及びなさるだろう**」です。また、後半の「こそ申せ」の訳し方は、問1で見たように「こそ」は無視して普通に訳すので、「申し上げ（てい）る」となります。ⓐは「できること」と尊敬で訳せていないので不適。また、後半も「申し上げなさい」と命令のように訳しているので不適です。ⓑは「おできになる」と**肯定**で「**お～なる**」と**尊敬**で訳せているのでOK。ⓒは「おできになら**ない**」と尊敬で訳せてはいるが、「ぬ」を打消でとっているので不適。よって、ⓑが正解。

2

問1　**解答**　①**消え去る**　②**尊敬**　③**完了**

③「たまひ」は連用形。**連用形**に**接続**する「**ぬ**」で、下が推量系ではないので、この「ぬ」は**完了**。

問2　**解答**　**消え去りなさった**

問1で見たように、この「**うせ**」は「**消え去る**」の意味、「**たまふ**」は**尊敬**の補助動詞、「**ぬ**」は**完了**なので、それらをつなげると「**消え去りなさった**」です。

Chapter 4
25講　短文解釈2（助動詞「る・らる」）

演習の問題
→本冊P.067

1

問1　①a　②謙譲　③使役　④客　⑤大王
問2　ⓑ

2

問1　①受身　②尊敬　③可能　④自発（①～④順不同）　⑤大王　⑥尊敬語　⑦尊敬　⑧使役
問2　斬らせなさる

現代語訳

大王が、大勢の狩人を引き連れて、この男を案内役にお呼びになり引き連れてお出かけになった。〈中略〉鹿が男に言うことには、「（私があなたの）命を助けた時、ここに私がいるということを、人に語ってはいけないとのことを、何度も何度も約束したはずである。それなのに今その恩を忘れて、（私を大王様に）殺させ申し上げようとする（＝殺させようというのですね）。私が（自分の）命を顧みず、泳ぎ寄って助けた時、あなたがこの上なく喜んだ事は、覚えていないのか」と、涙を流して泣く。大王が涙を流しておっしゃることには、「おまえは畜生であるが、慈悲の心で人を助ける。この男は欲に心を奪われて恩を忘れた。（この男こそ）畜生というべきだ。恩を知ることが人間である」と言って、この男を捕らえて、鹿の見る前で首を斬らせなさる。

重要古語

具す＝引き連れる
しるべ＝案内すること。また、その人
行幸＝天皇のお出かけ
契る＝①約束する　②男女が深い仲になる

1

問1 解答 ① a　② **謙譲**　③ **使役**　④ **客**　⑤ **大王**
問2 解答 ⓑ
問1で見たように、「殺させ」の「せ」は**使役**なので「殺さ**せる**」の意味がとれているⓑかⓒに絞ります。「殺させ奉らん」と**謙譲語**の「奉る」を使っていることから、「～**に**殺させる」の「～に」の人物を敬っており、問1で見たように「**大王**」を敬っていると考えられます。ⓑは「**大王様に**」、ⓒは「狩人たちの手で（＝狩人たちに）」となっているので、ⓑが正解。

2

問1 解答 ① **受身**　② **尊敬**　③ **可能**　④ **自発**（①～④順不同）　⑤ **大王**　⑥ **尊敬語**　⑦ **尊敬**　⑧ **使役**
問2 解答 **斬らせなさる**
問1で見たように、「せ」が使役、「らる」が尊敬の意味なので、「斬らせなさる」となります。

1 ⓓ
2 問1 ⓒ　問2 ⓐ　問3 **冷泉天皇が即位したから、藤原氏は今日まで栄えている。**

現代語訳

（世継の翁が）「昔から今にいたるまでこの上なくいらっしゃる殿（＝九条殿）の（ことに関しては）、ただ冷泉院（＝九条殿の孫）の（狂疾の）

ご様子だけが、たいそう情けなく残念なことでいらっしゃる」と言うと、侍が、「そうだが、何かというと、まずはその冷泉天皇の御代を例に引かれるようだ」と言うので、（世継の翁が）「それは、どうして、そうならないことがありましょうか（、いや、そうなります〔＝冷泉天皇の御代を先例にするのはもっとものことなのです〕）。その天皇〔＝冷泉天皇〕が即位なさったから、この藤原氏の殿たちが、今日まで栄えていらっしゃる。もしもそうでなかったなら〔＝もしも冷泉天皇が即位なさらなかったら〕、この頃やっとのこと私たちも諸大夫くらいになって、あちらこちらの御前駆、雑役として連れられて歩いていただろうと、入道殿はおっしゃったので、……」

重要古語

心憂し＝①情けない・つらい　②嫌だ

口惜し＝残念だ

1

解答 ⓓ

「**かは**」は**反語**から考えるのがコツ。「**で**」は**打消接続**なので、直訳は「どうしてそうでは**ない**ことが**ありましょうか、いや、そうなります**」となり、同じ意味でとれるのはⓓ。ⓓは「どうして、そうならないことがありましょうか」で止まっていますが、続ければ「～そうならないことがありましょうか、いや、そうなります」ということです。よって、ⓓが正解。ⓐ・ⓑは疑問の訳で不適。ⓒは反語の訳ですが、打消の解釈が抜けており、「～そうなることがありましょうか、いや、そうならない」と正反対になるので不適。

2

問1 **解答** ⓒ

問2 **解答** ⓐ

問3 **解答** **冷泉天皇が即位したから、藤原氏は今日まで栄えている。**

問1「さらざらましかば」の直訳は「そうでなかったならば」。指示語「そう」の指示内容は前を指すので、前の一文を確認すると、「その帝〔＝冷泉天皇〕がいらっしゃったから、この藤原氏の殿たちは、今にも栄えていらっしゃる」とあります。この前半〔＝冷泉天皇がいる〕か、後半〔＝藤原氏が栄えている〕のどちらを指すのかを考えましょう。前半であれば、「そうでなかったならば」は「冷泉天皇がいなければ」のような内容になるはずです。選択肢を見るとⓒ「冷泉天皇が即位なさらない」が「冷泉天皇が天皇としていらっしゃらない」という意味でとれるため、同じような内容が書かれていると判断できます。後半であれば、「藤原氏が栄えていなければ」のような内容になり、ⓓ「摂関家が栄えることがない」が同じような意味でとれそうです。つまり、「さらざらましかば」の部分だけではⓒかⓓか判断できず、続きの部分も確認する必要があります。傍線部Bの大筋は、「そうでなかったならば、この頃私たちも諸大夫くらいになって、いろいろなところに、連れられて歩いていただろうに」で、この発言をしたのは、注釈から藤原氏である道長です。この傍線部Bは「**…ましかば～まし**」で**反実仮想**です。藤原氏に関する**事実**（問3）は**前の一文**で、「**冷泉天皇がいらっしゃった〔＝即位した〕から、藤原氏は今日まで栄えている**」のです。その反実仮想なので、問1「さらざらましかば」はⓒ「冷泉天皇が即位なさらない」、問2「諸大夫くらいになって」は、「栄えている」を反対にした「**落ちぶれる**」の意味がとれる「**零落**」のⓐが正解だとわかります。

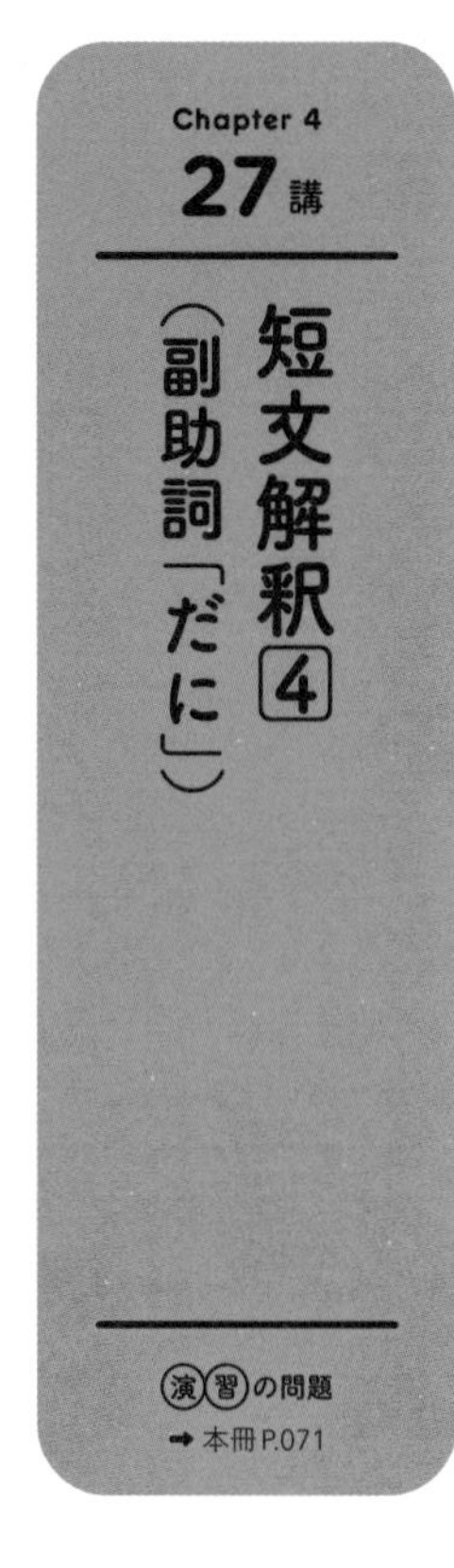

1
問1 ① 悪くはない ② 類推 ③ 限定 ④ 類推
問2 ⓐ

2 ⓒ

3 ⓓ

現代語訳

姫君が、薄紫色の表着に女郎花の色目の袿などをひき重ねて、几帳から少し外れて座りなさっている容姿容貌は、いつもよりも何とも言いようがなく上品で美しさが溢れて、かわいく見えなさる。御髪はたいそう豊かで、五重の扇とかいうのを広げたような様子で、少し色を帯びているように見えなさるが、毛筋が繊細で額から毛先までくせ毛になっているところもなく美しい。〈中略〉撫子の露もそのままきらめいている（柄の）小袿に、御髪はこぼれかかって、少し前かがみになっていらっしゃる横顔は、本格的に光を放つとはこのようなのか、と見えなさる。世間並みの娘でさえ、親はどのように見るか（＝親は大切に思うものである）。まして、このようにこの上なく美しい様子であるようなので、めったにない心の闇（＝親が子を大切に思うがゆえに思慮分別が働かないこと）に迷いなさるのも、当然であろう。

重要古語

ゐる＝座る
さまかたち＝容姿容貌
あてなり＝①上品だ ②高貴だ
匂ひ＝①（色が）美しく映えること ②威光 ③香り
らうたし＝かわいい
こちたし＝①うるさい ②大げさだ ③はなはだ多い
さながら＝そのまま
かたはら目＝横顔
まめやかなり＝①忠実だ ②本格的だ
よろし＝悪くはない
ことわりなり＝当然だ

1

問1 **解答** ① **悪くはない** ② **類推** ③ **限定** ④ **類推**
問2 **解答** ⓐ

問1で見たように、「よろし」は「悪くはない」という意味で、「良い」ではないことから、ⓐかⓓです。類推の「さえ」がきちんととれているのはⓐ。よって、ⓐが正解。

2

解答 ⓒ

傍線部Bのあたりを「**だに〜まして**」の公式にあてはめて確認しましょう。「よろしきを**だに**、人の親はいかがは見なす。**まして**B かくたぐひなき御有様どもなめれば、よにしらぬ心の闇にまどひ給ふ」なので、傍線部Bは「よろしき」の**対比**で、それよりも**重い**もの〈＝**当然**のもの〉だとわかります。**1**の問2の解答を踏まえると、「**世間並みの娘**」と**対比**で、親が当然大切に思うものであれば、「**プラス評価の娘**」であると考えられます。選択肢でプラス評価になっているものはⓒのみ。ⓐ「世間並みの器量」は「世間並みの娘」と同類です。ⓑやⓓはマイナス評価です。よって、ⓒが正解。

3 **解答** ⓓ

2で見たように、「だに～まして」の公式で考えると、傍線部Cの内容は「人の親はいかがは見なす〈＝**親は大切に思うもの**〉」と**同じ**ような内容であることがわかります。その解釈がとれるのはⓓのみ。よって、ⓓが正解。

ちなみに、「**心の闇**」とは『後撰集』に採られている藤原兼輔の和歌「人の親の心は闇にあらねども子を思ふ道に惑ひぬるかな〈子を持つ親の心は闇ではないが、子を思うと道に迷ったように心配で、どうしてよいかわからなくなるなあ〉」にもとづいた表現で、親が子を思うあまりに、思慮分別がつかなくなることのたとえとして、古文を読んでいるとよく出てくる表現の一つです。この機会に「心の闇」の意味がわかるようにしておきましょう。

Chapter 4

28講 短文解釈 5（助動詞「む・むず」・「じ」）

演習の問題
➡ 本冊P.073

1
問1 ① 安泰 ② 使役 ③ む ④ 尊敬 ⑤ 命令 ⑥ 一 ⑦ 意志
問2 安泰に過ごさせよう

2
問1 ① 逆 ② 仮定 ③ 打消推量 ④ 打消意志（③④は順不同）⑤ 尊敬 ⑥ 命令 ⑦ 一 ⑧ 打消意志
問2 たとえ命を絶たれたとしても外へは行くまい

現代語訳

〈奉行人が〉「それならば、その男〈＝息子のこと〉を呼び戻すのがよい。悪くはない替地にしっかりとした家を与えよう。それだけではなく、その男に永久に髪結職宗家北小路家の許可書を与えて、あなたには生涯二人扶持〈＝一日一升の米を支給されること〉という資格を下賜して、身の上を安泰に過ごさせよう。早く早くここを立ち退き、あそこに移れ」と言うと、老婆が、「〈あなたは〉よくも欺きなさるものだなあ。これは、私が先祖から幾世代にも住みふるした大切な住処なので、たとえ命を絶たれたとしても外〔＝この住処以外〕へは行くまい」と申し上げるので、奉行人のお慈悲も今となっては施す手段がなく、結局その家を避けて段取りがなされた。

重要古語

やすし＝**【安し】** ❶安心・安泰だ　❷安い
　　　　【易し】 簡単だ・容易だ

とく＝早く

1

問1　解答　①**安泰**　②**使役**　③**む**　④**尊敬**　⑤**命令**　⑥**一**
　⑦**意志**

問2　解答　**安泰に過ごさせよう**

問1で見たように「やすし」を「安泰」の意味、「せ」を使役、「ん」を意志でとってつなげると、「**安泰に過ごさせよう**」となります。

2

問1　解答　①**逆**　②**仮定**　③**打消推量**　④**打消意志**（③④は順不同）
　⑤**尊敬**　⑥**命令**　⑦**一**　⑧**打消意志**

問2　解答　**たとえ命を絶たれたとしても外へは行くまい**

「よしや」は注釈から「たとえ」と訳します。「断た**る**」の「**る**」は、動詞の**a**段についているので**助動詞**「**る**」。文脈判断をすると、「**誰かに**命を絶たれる」と考えられるので、この「る」は**受身**でとらえましょう。問1で見たように、「とも」は**逆接仮定条件**なので「（たとえ）〜**として も**」、「じ」は**打消意志**なので「〜（す）**まい**・〜**つもりはない**」と訳します。これらをつなげると、「**たとえ命を絶たれたとしても外へは行くまい**」となります。

Chapter 5

29講　接続助詞を利用した主語把握法①

演習の問題
➡本冊P.075

1 ⓒ　2 見るとすぐに（見るやいなや）　3 ⓒ
4 ⓐがⓑに　5 ⓑ　6 ⓐがⓓに
7 ⓓがⓐにⓒを

現代語訳

（多気の大夫が）格別に美しい人で、紅の一重がさねを着ている人を見るとすぐに、「この人を妻にしたい」と（多気の大夫が）気をもんで思って、その家の上童〔＝雑用係の少女〕を味方にして質問すると、（上童が）「大姫御前が、紅（の一重がさね）をお召しになっている」と語ったので、（多気の大夫は）その上童に話をして味方にして、「私に盗ませろ〔＝こっそりと私の妻とさせよ〕」と言うと、（上童は）「予測もできず、できないだろう」と言ったので、（多気の大夫は）「それならば、大姫御前の乳母を知らせろ」と言ったところ、（上童は）「それは、そのようにも必ず申し上げよう」と言って（上童は）知らせた。そうして（多気の大夫は乳母に）たいそう親しくして金百両与えなどして、「この姫君を盗ませろ」と責めて言ったところ、（乳母は多気の大夫に、大姫御前を）盗ませた。

重要古語 なべてならず＝格別だ・並一通りではない

---

1 **解答** ⓒ

「たる」が**連体形**で、その下に「の」の上の「**人**」を入れて、「の」を「**で**」にして上から訳してみると、「格別に美しい人**で**、紅の一重がさねを着ている**人**を見るとすぐに……」と下にきちんと続いていくので、この「の」は**同格**です。よって、ⓒが正解。

2 **解答** **見るとすぐに（見るやいなや）**

動詞の**連体形**に接続する「**より**」は**即時**。よって、「見るとすぐに（見るやいなや）」が正解。

3 **解答** ⓒ

この「奉り」は本動詞。「**紅**」は1行目にある「**紅**の一重がさね」だと考えられ、衣装なので、この「奉り」は尊敬語「お召しになる」です。「大姫御前**の**」の「**の**」は**主格**で、「大姫御前**が**、紅の一重がさねをお召しになっている」のです。よって、ⓒが正解。

4 **解答** ⓐがⓑに

多気の大夫が「妻にしたい」と思って、**上童に**「問ひ聞け**ば**」なので、次の主語は多気の大夫から**変わって**「**上童**」と考えられます。上童が「大姫御前の～」と返事をしておかしくありません。このように、「**AがBに～〔を・に・ば〕、……**」の場合、次の「……」の主語は**B**になります。

そして、上童が（**多気の大夫に**）「語りけれ**ば**」なので、次の傍線部イの主語は「**多気の大夫**」です。「それに語らひつきて」の「それ」は直前の「上童」です。つまり、**多気の大夫**が**上童**に話をして味方にしたのです。よって、「ⓐがⓑに」が正解。

5 **解答** ⓑ

接続助詞を利用して考えていきます。傍線部イの主語は、**4**で見たように多気の大夫です。「語らひつき**て**」なので、「我に盗ませよ」も多気の大夫のセリフです。「いふ**に**」なので、「思ひ～」は上童のセリフです。「（上童が）いひけれ**ば**」なので、「さらば、～」は多気の大夫のセリフとなります。そして、「（多気の大夫が）いひけれ**ば**」なので、「それは～」と言って傍線部ウ「知らせた」のは**上童**です。よって、ⓑが正解。

6 **解答** ⓐがⓓに

傍線部エの前の文は「～知らせてけり。」と「。」で終わっていて、接続助詞ではありませんので、誰になるかわかりません。したがって、後ろを確認すると、「取らせなどし**て**」とあり、「この姫君を盗ませよ」と責めて言っていることから、この主語は**多気の大夫**だとわかります。誰に金百両を与えたのかは、文脈から考えます。エの文の出だしの「さて」は「そうして」で、直前の「上童が多気の大夫に乳母を知らせた」という内容を受けています。そうすると、乳母と知り合いになった多気の大夫が、乳母に姫君を自分の妻とさせるよう金百両与えて責めていると考えられます。つまり、**多気の大夫**が**乳母**に話をして味方にしたのです。よって、「ⓐがⓓに」が正解。

7 **解答** ⓓがⓐにⓒを

6で見たように、「(多気の大夫が**乳母に**)責め言ひければ」なので、「盗ませ」たのは「**乳母**」です。多気の大夫が「姫君(=大姫御前)を盗ませよ」と責めていたことから、**乳母**が**多気の大夫**に**大姫御前**を盗ませたことがわかります。よって、「ⓓがⓐにⓒを」が正解。

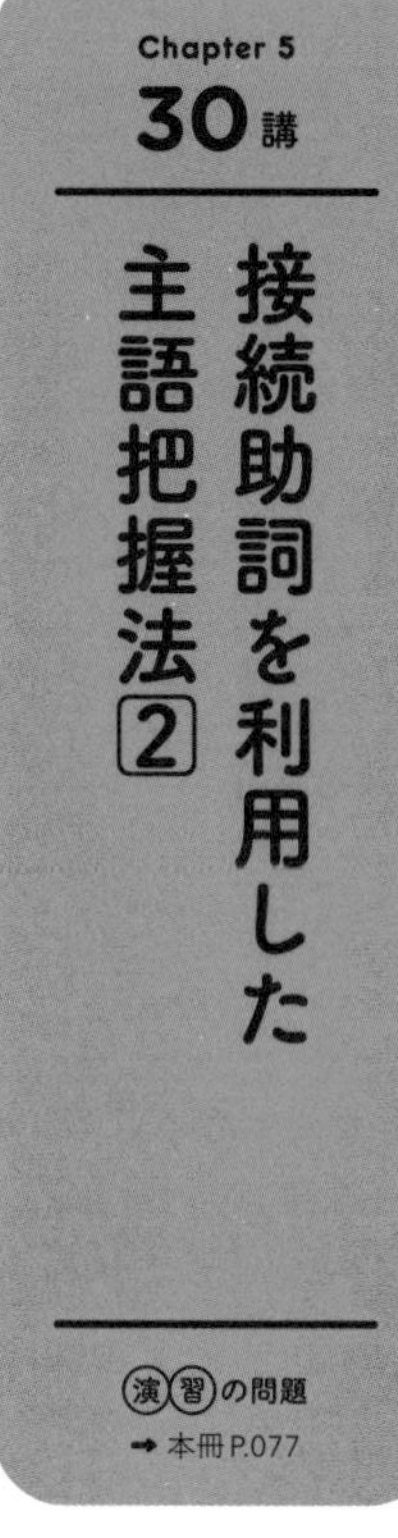

1 アⓐ イⓐ ウⓐ エⓐ オⓒ カⓐ

2 ①ⓑ ②ⓐ **3** ⓓ

4 ほい **5** 出家(を)すること

現代語訳

少納言統理と申し上げた人が、長年出家しようと思う気持ちが深かったが、満月の頃、心を澄まして、しみじみと(統理は)思い座っていると、山奥に住むようなこと(=出家すること)がやはり(統理は)しきりに思われたので、まず家(の者)に「(おまえ、)髪を洗い、とかすための用意をせよ。(私は)外出しよう」と(統理は)言って、髪を洗ってといて、烏帽子などをかぶった。妻であった人は、理解してさめざめと泣いた。

(統理が)僧賀聖の庵室に着いて、本来の願いのように出家したが、しみじみと物思いにふけりがちで、(統理は)仏道修行をすることもない。物思いをしている様子で、いつも涙ぐみながら座っていたので、聖が不思議に思って、理由を質問した。何とも言いようもなくて、思い余って、「子を産みます月に当たった妻がおりますが、思いは捨てましたが、そうはいってもやはり(私は)心にかかって(仏道修行に専念できない)」と(統理は)言う。聖がこれを聞いて……

重要古語

年ごろ=長年・数年間
世を背く=出家する
くまなし=陰りがない
なほ=やはり
切なり=①しきりである ②大切である ③素晴らしい
本意=本来の意志・目的・願い
かしらおろす=出家する
行ふ=仏道修行をする
さすがに=そうはいってもやはり

1 **解答** アⓐ イⓐ ウⓐ エⓐ オⓒ カⓐ

アは、冒頭から見ていくと、「**統理が**長年**世を背こう**(=**出家しよう**)と思う気持ちが深かったが、満月の頃、心を澄まして、しみじみと思って座っている」とあるので、統理です。よって、ⓐが正解。

イは、アの「**思ひ**居たる(=**思って**座っている)」を**心情語**だと考えると、主語は同じままが多いので、統理と考えられます。「山深く住む」も出家するという意味なので、出家を考えているのは統理でおかしくありません。よって、ⓐが正解。

ウは、イの「覚えければ（＝思われたので）」が心情語なので、主語は同じ「統理」と考えておかしくないので、ⓐが正解。

エは、段落の冒頭から見ていくと、「僧賀聖の庵室に着いて、本来の願いのようにかしらおろした（＝出家した）」とあります。出家を願っているのは統理です。「行ふ」は重要単語で「仏道修行をする」という意味。「てげれど」の「ど」は逆接なので、「（統理は）出家したが仏道修行をしない」と「統理」のままでおかしくないので、ⓐが正解。

オは「聖の」の「の」が主格「が」で、「あやしみて」なので主語は同じままで「聖」です。よって、ⓒが正解。

カは、聖に問われて、思い余って「〜」と言う人なので「統理」。よって、ⓐが正解。「余りのままに」は注釈から「思い余って」と心情語なので、主語は同じままと考えられます。または、「ままに」の「まま」は体言なので、「体言＋に」で「思い余った」人と主語は同じままと考えることもできます。ちなみに、「ままに」は①心にまかせて ②〜につれて ③〜のとおりに ④〜ので ⑤〜と同時に」と訳します。

2

解答 ①ⓑ ②ⓐ

会話文中の書かれていない主語把握の復習です。

①は、「せよ」がサ変の命令形なので、二人称だとわかります。よって、ⓑが正解。

②は、尊敬語も命令形もないので、一人称のⓐが正解。

3

解答 ⓓ

この「ん」は助動詞「む」。文末の「む」なので主語を考えると、会話文中で尊敬語も命令形もないので一人称だと考えられます。よって、この「む」は意志から考え、「ある所へ行こう（＝（外出し）よう）」と訳しておかしくないため、ⓓが正解。ちなみに、「と」の上の「む」なので、意志から考える方法論でも判別できます。

4

解答 ほい

「本意」は重要単語で「ほい」と読み、「本来の意志・目的・願い」の意味。読みも意味も頻出です。

5

解答 出家（を）すること

❶で見たように、「世を背く」「かしらおろす」は出家するという意味です。「出家」とは仏門に入ることで、「お坊さんになる・尼さんになる」ということです。出家をすると、今、生活している俗世間と関係を絶ち、山に籠って仏道修行をします。名誉や地位、財産、親子や恋人、夫婦、兄妹などの人間関係などもすべて捨てて、山奥に入るのです。よって、「山深く住む」も出家を指していると考えられます。俗世間が嫌で出家をする人も多くいたため、「世を背く」のように「世（＝俗世間）をマイナス」で出家を表す言葉がたくさんあります。「世を離（か）る」「世を逃（のが）る（遁る）」「世を捨つ」「世を厭（いと）ふ（＝嫌いになる）」などですが、「世をマイナス」＝出家と覚えておくと、その場でわかるはずです。「かしらおろす」は「剃髪する」という意味で、そこから、出家するという意味を表します。お坊さんや尼さんになると、見た目が変わります。剃髪をしたり、地味な黒い服を着ます。そこから「見た目が変わる」＝出家とわかる言葉もあり、「御髪（みぐし）おろす」「様（を）変ふ」「かたち（を）変ふ」などです。「や

つす」は「**わざとみすぼらしい格好をする**」という意味ですが、そこから「地味な服を着る」＝出家する意味になることがあります。他に、「**真**（まこと）**の道に入る**」「**発心**（ほっしん）**する**」なども**出家**を表す言葉です。古文では出家の話がよく出てきますので、しっかり押さえておきましょう。

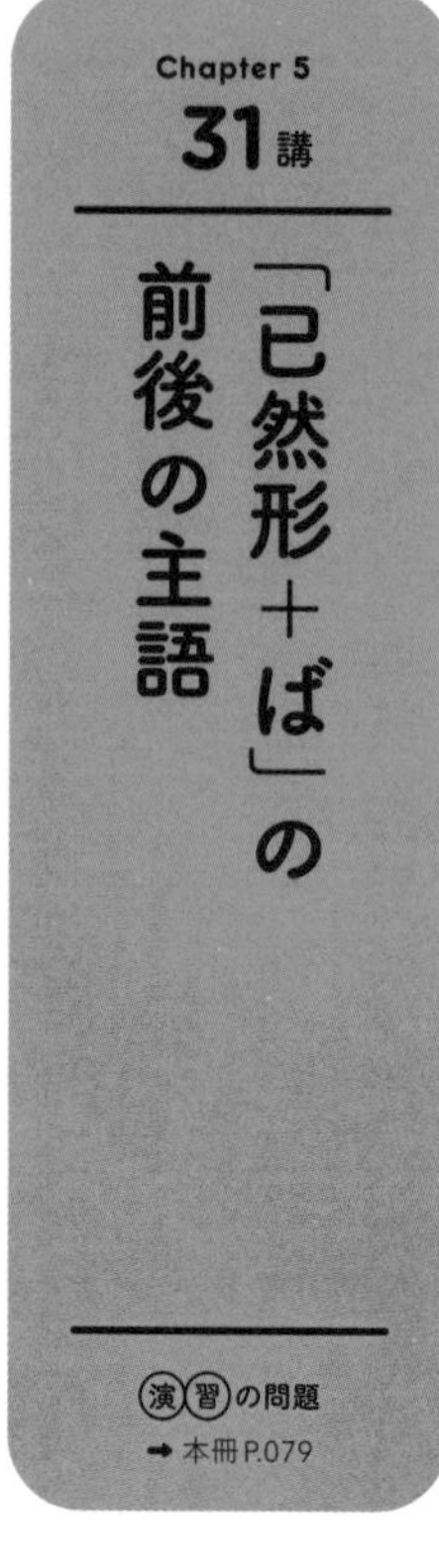

1 一晩中供養し申し上げたい　**2** ②ⓔ　③ⓒ　**3** ⓓ
4 ⓒ　**5** ア ⓐ　イ ⓑ　ウ ⓐ

現代語訳

一晩中供養し申し上げたいと、お墓の前の平らな石の上に座って、経文を静かに唱えては、一方で歌をお詠み申し上げる。

日が沈んだ頃に、山深い夜の様子は尋常ではなく、石の床や、木の葉の夜具もとても寒く、精神が澄み渡り、何とはなしに寒々とした心地が自然とする。月は出ているが、繁茂した林は月光を漏らさないので、ものの見分けがつかない闇の中で悲しみに沈み、眠るともないときに、たしかに、「円位、円位」と（自分を）呼ぶ声がする。（西行が）目を開いて透かし見ると、その姿が異様な人で、背が高く痩せ衰えている人が、容貌や着ている服の色や模様も見えないで、こちらに向かって立っているのを、西行は言うまでもなく仏道の悟りを開いた僧侶なので、（西行は）恐ろしいとも思わずに、「ここに来たのは誰だ」と答える。

重要古語

よもすがら＝一晩中
すさまじ＝①興ざめだ　②寒々としている　③はなはだしい
影＝①光　②姿
あやなし＝①わけがわからない・道理がたたない　②むなしい
まさし＝正しい・確かだ
かたち＝①姿　②容貌

1

解答 **一晩中供養し申し上げたい**

「**よもすがら**」は重要単語で「**一晩中**」の意味。「たてまつら」は動詞の下にあるので、**謙譲**の補助動詞「**～し申し上げる**」、「**ばや**」は**自己願望**の終助詞「**～たい**」です。全部つなげると、「一晩中供養し申し上げたい」となります。

2

解答 ②ⓔ　③ⓒ

②「**すさまじ**」は重要単語で、「①興ざめだ　②寒々としている　③はなはだしい」などの意味。よって、ⓔが正解。

③「**あやなし**」も重要単語で、「①わけがわからない・道理が立たない　②むなしい」などの意味。選択肢に同じものがないので、文脈から考えると、「月の光が漏れないので、あやなき闇」ですから「わけがわからないほどの闇」だとわかります。同じような意味にとれるのはⓒ「も

のの見分けがつかない闇」。よって、ⓒが正解。

3

解答 ⓓ

助動詞「らる」で「心地せ」と**心情語**についているので、公式で考えれば**自発**ですが、本文中で使われているので念のために文脈判断もしましょう。「物とはなしに（＝何とはなしに）」とあることから、これという理由があるわけではなく、自然にそう思うという自発でおかしくありません。よって、ⓓが正解。

4

解答 ⓒ

下の「痩せおとろへ**たる**」の「**たる**」が、助動詞「たり」の**連体形**です。その直後に「の」の上の**体言**「人」を入れて、「の」を「**で**」にして訳してみると、「その姿が異様な人**で**、背が高くて痩せ衰えている**人**が、容貌や着ている服の色や模様が見えないで、こちらに向かって立っている」となり、おかしくないため、この「**の**」は**同格**とわかります。よって、ⓒが正解。

5

解答 アⓐ　イⓑ　ウⓐ

アは、暗闇の中「円位（＝西行の法名）」と呼ぶ声がしたので、目を開いて見た人物なので「西行」です。よって、ⓐが正解。

イは、**4**で見たように「立っている」のはⓑ「形異なる人」です。同格「の」が正しくとれるとわかります。ちなみに、直前のア「（西行が）すかし**見れば**」の「**已然形＋ば**」は「～ので」ではなく、「～**ところ**」がぴったりです。「**西行が**見た**ところ**、**形異なる人が**立っている」と考えておかしくないので、ここの「ば」は主語が変わります。

ウは、直前が「～法師**なれば**」で「断定の助動詞『なり』の**已然形＋ば**」です。その前は「西行は言うまでもなく仏道の悟りを開いた僧侶である」、ウを含む後ろは「恐ろしいとも思わずに、『ここに来たのは誰だ』と答える」です。そうすると、この「已然形＋ば」は「～**ので**」と訳し、ウの主語は「西行」のままで変わらないのが適切だと判断できます。**西行は**悟りを開いた僧侶な**ので**、（**西行は**）恐ろしいとも思わずに答えたのです。よって、ⓐが正解。

Chapter 5

32講 敬語を利用した主語把握法

演習の問題

➡ 本冊P.081

1 ⓓ

2 ①ⓐ　②ⓑ　③ⓐ　④ⓑ　⑤ⓐ　⑥ⓒ　⑦ⓐ　⑧ⓐ　⑨ⓐ　⑩ⓒ

3 ⓐ

4 ⓒ

現代語訳

（藤原義孝は）世間によくいる貴族の息子などのように、宮中などで、時たま、女房達と親しみのある会話や、ちょっとした世間話さえもなさることはなかったが、どういう機会であったのであろうか、（義孝が）

女房の局に立ち寄りなさったので、いつもと違って珍しく（女房達は）お話し申し上げたが、次第に夜中くらいにもなっただろうかと思う頃に、（義孝は）立ち去りなさるので、（女房達は）「どこへ（行くの）か」と知りたくて、人をつけ申し上げて見させたところ、（義孝は）北の陣を出なさる頃から、法華経をたいそう尊く（義孝は）読経なさる。（義孝は）大宮大路を北へのぼっていらっしゃって、世尊寺へ到着なさった。（尾行している人が）さらに見たところ、東の対の屋の軒端にある紅梅がとても盛りに咲いている下に（義孝は）立ちなさって、「滅罪生善、往生極楽」と（義孝は）言う、額を西に向かって、何度も（義孝は）つきなさった。（尾行した人が）帰って（義孝の）ご様子を（女房達に）語ったところ、本当に感慨深いとお聞きしない人はいない（＝お聞きする人ばかりでした）。

重要古語

君達（きんだち）＝貴族の息子または娘。「公達（きんだち）」も同じ
おのづから＝①自然と　②時たま・偶然　③ひょっとすると
はかなし＝①頼りない　②無益だ　③たわいもない
　④ちょっとしたことである
やうやう＝次第に・だんだん
ゆかし＝①見たい・聞きたい・知りたい　②心がひかれる
あまた度＝何度も（※あまた＝たくさん）
局（つぼね）＝宮中などで、仕切られている部屋。上級女官や女房が起居する

1

解答 ⓓ

後半部分の「はかなき」は「はかなし」で、選択肢を利用すると、ここでは「ちょっとしたこと」の意味。「**だに**」の下に「意志・仮定・願望・命令」はないので、この「だに」は類推「**〜さえ**」です。「のたまはせざりける」は、「**のたまはせ**」が「**おっしゃる**」、「**ざり**」が**打消**、「ける」が過去なので「**おっしゃらなかった**」です。つなげると「**ちょっとしたことさえもおっしゃらなかった**」なので、同じような意味であるⓓ「ちょっとした世間話さえもなさることはなかった」が正解。

2

解答 ①ⓐ　②ⓑ　③ⓐ　④ⓑ　⑤ⓐ　⑥ⓒ　⑦ⓐ　⑧ⓐ　⑨ⓐ　⑩ⓒ

①は、冒頭から①の少し後ろまでを、リード文や注釈、**1**も利用して確認すると、義孝は他の貴族の息子のように、宮中で、女房達と親しみのある会話や世間話さえもしない人物であることがわかります。そして、「女房の局に立ち寄ったのが、いつもと違って珍しい」とあることから、この人物は**義孝**です。よって、ⓐが正解。ちなみに、「のたまはせ」や「立ち寄り給へ」のように、尊敬語を用いており、義孝は地の文で敬意を払う人物だと把握しておくことが重要です。

②は、尊敬語がないので、義孝ではありません（「聞こえさす」は謙譲語）。義孝が女房の局に立ち寄ったので、「お話し申し上げる」のは**女房達**です。よって、ⓑが正解。女房達には、地の文で敬意を払わないことを把握しておきましょう。

③は、**尊敬**の補助動詞「給ふ」があることから、**義孝**の可能性が高いです。女房の局に来ていた義孝が、夜中頃に立ち去ったと考えておかしくありません。よって、ⓐが正解。

④は、出て行った義孝がどこへ行くのか「知りたい」人で、尊敬語を使わない人なので**女房達**です。よって、ⓑが正解。ちなみに、「**ゆかしうて**」なので、後ろの「人をつけ奉りて見せければ」の主語も**女房達**です。

⑤は、**尊敬**の補助動詞「給ふ」があることから、**義孝**の可能性が高いで

す。女房達が義孝の行方を知りたく、人に尾行させたところ、北の陣を出た頃から法華経を「読経なさった」のは義孝でおかしくありません。よって、ⓐが正解。

ちなみに、その後の世尊寺に到着したのも「おはしまし」から、義孝です。

⑥は、尊敬語がなく、義孝の様子をさらに「見た」人物ですから、**尾行した人**です。「敬語を使わない女房達」が、使いとして尾行させる人物にも敬語は使わないのは当然だと考えられます。よって、ⓒが正解。

⑦は、**尊敬**の補助動詞「給ひ」があることから、**義孝**です。よって、ⓐが正解。

⑧は、尊敬語がありませんが、直前の⑦が「立たせ給ひ**て**」であることから、接続助詞か敬語のどちらかが例外です。よって、文脈から判断をするしかありません。義孝が梅の木の下に立って、誰かが「滅罪生善、往生極楽」と言い、後ろの「額を西に向けて何度もついている」のは、**尊敬語**「給ふ」があるから**義孝**です。そうすると、言ったのは「義孝」と考えるのが自然です。他の人物ならば、選択肢の中の誰が、急にどこから現れて言ったのかよくわからず、意味が通りません。よって、ⓐが正解。ここでは、敬語が欠落しています。このように、同じ本文中で敬意の払い方が違ってしまっているものを「**敬語の不一致**」といいます。敬語も完璧というわけではありませんので、敬語を目安に主語をあてはめたなら、訳して確認することが大切なのです。

⑨は、⑧の解説で見たように、義孝です。よって、ⓐが正解。

⑩は、尊敬語がないため、女房達か尾行した人です。**帰って**語った人ですから、**尾行した人**です。よって、ⓒが正解。

---

3 **解答** ⓐ

「**御**有様」の「**御**」から**義孝**だとわかります。よって、ⓐが正解。

4 **解答** ⓒ

「聞き**奉ら**」の「**奉ら**」は、動詞についているので**謙譲**の補助動詞。「**お**聞き**する**」と訳せているⓒかⓓです。ⓐ・ⓑの「**お〜になる**」は**尊敬**の補助動詞の訳し方で不適。「奉ら**ぬ**人」の「**ぬ**」は**未然形**に接続している、または、**体言**の上にあるので**打消**。「聞き奉らぬ人なし」の直訳は「**お聞きしない人はいない**」となり、同じ意味がとれるのはⓒ「お聞きする人ばかりでした」です。よって、ⓒが正解。

1 ⓐ　2 ①ⓑ ②ⓒ　3 ⓒ

4 **土御門の大納言殿が退出したから（源定通が出ていったから）**

現代語訳

（作者は）寝られないのにまかせて有明の月が曇りもないのを眺めて、

身分の高い人々の出入り口も閉めない頃に、土御門の大納言殿が、女院のご在所に参上なさって、未明近くなるまでお控えなさって、（土御門の大納言殿が）退出なさったのであろうか、御妻戸が開く音がして、（土御門の大納言殿が）中門のほうへ歩いていらっしゃるが、（土御門の大納言殿は）お供の人もお召しにならず、（高欄に）寄りかかって座りなさって、有明の月を眺めなさる。

重要古語

あかつき＝未明・夜明け前

---

1 **解答** ⓐ

空欄の直前が「有明の月」なので、**月**に関する語が入ると考えられます。ⓐ「**くまなき**（くまなし）」は「**曇りや影がない**」の意味があり、「くまなき月」（＝曇りのない月・満月）などの表現でよく使われます。よって、ⓐが正解。

ⓑ「はかなき（はかなし）」は「①頼りない ②無益だ ③たわいもない ④たいしたことではない」の意味、ⓒ「あやなき（あやなし）」は「①道理がたたない ②むなしい」の意味、ⓓ「かひなき（かひなし）」は「①効果がない ②たいしたことがない」の意味です。

2 **解答** ①ⓑ ②ⓒ

①は、尊敬語が使われていません。「日記」で尊敬語がなく、主語が書いていない箇所は「作者」の可能性が高いので、覚えておきましょう。

他の選択肢も確認しておくと、ⓐ「土御門院」はリード文から**天皇**、ⓒ「土御門の大納言殿」には、本文中で「まゐら**せ給ひ**て」など**尊敬語**を使用、ⓓ「女院」は注釈より**天皇の母**で敬意を払うはずです（**3**の解説中にも女院に対する敬語の説明をしています）。よって、やはりⓑが正解。

②は、「させ給ふ」と**二重尊敬**を使用しているので、作者ではありません。本文中に土御門院は出てきません。そうすると、ⓒ「土御門の大納言殿」かⓓ「女院」のどちらかですが、妻戸が開く音がして、中門の方へ歩いていったのは、女院のところに来ていて、出ていったと思われる「土御門の大納言殿」です。外で座って月を眺めているのも外に出ている「土御門の大納言殿」と考えられるため、ⓒが正解。また、古文常識である、貴族女性は通常室内にいることからも推測できます。

3 **解答** ⓒ

ⓐは本動詞「まゐる」で、「場所に**まゐる**」なので**謙譲語**「**参上する**」です。謙譲語は**客体**（＝～**を・に**）に対する敬語。「**女院のところに**参上する」なので**女院**に対する敬語です。ⓑは本動詞「さぶらは」で、**尊敬語**「せ給ひ」**の上**にあるので**謙譲語**「**お控えする**」です。「女院のところに参上して、未明まで**女院のところに**お控えする」ので、**女院**に対する敬語です。よって、消去法でⓒが正解。念のため、ⓒも確認しておきましょう。ⓒは**尊敬**の補助動詞「おはします」です。尊敬語は**主体**（＝～**は・が**）に対する敬語。**2**で見たように、中門の方へ歩いていったのは**土御門の大納言殿**です。ⓒのみ、土御門の大納言殿に対する敬語です。

4 **解答** **土御門の大納言殿が退出したから**（**源定通が出て行ったから**）

本文二行目「御妻戸開く音して」の直前部分が「～、いでさせ給ふ**にや**、～」となっていて挿入句です。挿入句は**作者の推測**です。この部分を訳すと「**退出なさったのであろうか**」で、これが妻戸が開く音がした理由の推測です。主語は、その前が「土御門の大納言殿、〜まゐらせ給ひ**て**、〜さぶらはせ給ひ**て**」なので、出て行ったのも**土御門の大納言殿**です。現代語訳ではなく説明問題なので、「土御門の大納言殿が退出したから」のようにまとめましょう。「源定通が出て行ったから」などでもかまいません。

1 A ⓒ　B ⓐ　C ⓑ　D ⓒ
2 ⓑ
3 ⓐ
4 ⓑ

現代語訳

A　穂の出たすすきは、あなたのほうになびくようです。思いがけない山の風は吹くけれど〔＝思いがけず他の男性から言い寄られていますが〕。

B　約束したよね。お互いに涙で濡れた袖を絞っては末の松山を波が越えるようなことはするまい〔＝浮気心はもたないようにしよう〕と。

C　死別してから六年経ってしまったなあ。六道のどこに転生したかとさえどうして知らせてくれないのか。

D　どうして水際の海松布（ではないが、「みる」という名前の女のこと）を思ったのだろうか。（自分は）沖の玉藻を潜って取る（海士の）身の上なのに。

重要古語

契る＝①約束する　②男女が深い仲になる
かたみに＝お互いに
袖をしぼる＝涙に濡れた袖をしぼる・涙をひどく流す

1

解答　A ⓒ　B ⓐ　C ⓑ　D ⓒ

Aは、「花すすき　君がかたに**ぞ**　なびく**める**　／　思はぬ〜」の「**める**」が係助詞「**ぞ**」の結びで、**三句切れ**です。よって、ⓒが正解。

Bは、「契りき**な**　／　かたみに〜」の「**な**」が念押しの**終助詞**で、**初句切れ**です。よって、ⓐが正解。ちなみに、「末の松山」というのは、注釈にあるように海岸にある丘らしいのですが、絶対に波がかぶらないことで有名な場所だったようです。そこから、**「末の松山を波が越す」**という表現は、**起こり得ない・絶対にありえない**ことの比喩として用います。この和歌では打消意志の助動詞「じ」がついているので、「末の松山を波が越えるようなことはしないようにしよう」➡「絶対にありえないことはしないようにしよう」というのが約束した内容です。恋愛関係では「絶対に浮気や心変わりなんてしないようにしよう」という意味で使います。

Cは、「別れては　六とせ経に**けり**　／　六つの道〜」の「**けり**」が詠嘆の助動詞「けり」の**終止形**で、**二句切れ**です。よって、ⓑが正解。

Dは、**「何せむに** へたのみるめを 思ひ**けむ** ／ 沖の～」の**「けむ」**が、**疑問語**「何せむに」の掛かっていく部分で**連体形**になっているので、**三句切れ**です。よって、ⓒが正解。

2

解答 ⓑ

副助詞**「だに」**は、**類推**か**最小限の限定**の意味です。下を確認すると「などか」は疑問語、「知らせ」の「**せ**」は動詞で**a段**についているので使役の助動詞「す」、**「ぬ」**は疑問語「などか」があるので**連体形＝打消**の助動詞「ず」で、「意志・仮定・願望・命令」の表現がないので、この「だに」は**類推**です。よって、ⓑが正解。

3

解答 ⓐ

設問文より「被く」同様ということは、**四段**活用と**下二段**活用の二種類があるということです。**四段はそのまま**訳し、**下二段は四段に使役をつけて**訳します。下が**体言**「身」なので、この「かづく」は**連体形**で、**四段**活用です（下二段の連体形は「かづくる」です）。よって、そのままのⓐ「潜る」が正解。

このように**「かづく」**には、**「被く」**と**「潜く」**があります。海や水に関係がある場面では、**「潜く」**から考えましょう。

4

解答 ⓑ

訳は「男が、『女が、他の男と親しくつきあっている』と聞いて、『その人と自分と、どちらを思っているのか』と尋ねたところ、女は、『穂の出たすすきは、あなたのほうになびくようです。思いがけない山の風は吹くけれど』と言った」です。和歌の**句末**「ども」は**接続助詞**なので、句切れの前の部分と**倒置**になっており、「思いがけない山の風は吹くけれど、すすきはあなたのほうになびく」とひっくり返して訳すとすっきりします。この**「思いがけない山の風」**というのは、**「君」**（＝あなた）と**対比**になっていると考えられ、**「他の男」**のことのはずです。「すすき」は自分のたとえ。そうすると、「他の男に言い寄られているけれど、私はあなたのほうになびいているわ」ということです。よって、ⓑが正解。

1 A **あをによし** B **草まくら** **2** ⓒ **3** ⓓ

4 **美しく輝くように** **5** ⓒ **6** **こち**

現代語訳

A 奈良の都は咲く花が美しく輝くように、今繁栄しているのである。

B （愛しい）人（＝妻）もいない空しい家は、旅にまさって苦しいなあ。

C 篝火の影が映るので、夜の川の底では水が燃えているなあ。

D その年も早くも暮れて、春にもなったので、東風吹く風も穏やかで、

……

重要古語

にほふ＝①美しく染まる　②美しく照り輝く　③栄える　④香る

1

解答 A　あをによし　B　草まくら

Aは、**初句「あをによし」**で**奈良**を導きます。漢字では「青丹よし」で、「**青丹**」は**青い土**のこと。上代に奈良でこの土が出たことから、「奈良」の枕詞です。

Bは、**三句「草まくら」**で**旅**を導きます。旅をしたときに、草を結んで枕にしたことから、「旅」や「結ぶ」の枕詞です。

ちなみに、枕詞ではない「草枕」もあり、「旅寝」「旅」「野宿すること」を意味します。

2

解答 ⓒ

枕詞を選ぶ問題は、**空欄の直後の言葉**を確認しましょう。「**夜**」なので、**黒系**にかかるⓒ「**うばたまの**」が正解。

ⓐ「**あしひきの**」は**山**系、ⓑ「**ちはやぶる**」は**神**などを導く枕詞です。

ⓓ「**あらたまの**」は**春**を導く枕詞。旧暦の「春」は一月～三月です。「年が**あらたまり**、**春**になる」と覚えておくと便利です。

3

解答 ⓓ

空欄の直後が「**春**」なので、**2**で見たようにⓓ「**あらたまの**」が正解。

ⓐ「**たらちねの**」は**母**を導く枕詞。ⓑ「**ぬばたまの**」は「うばたまの」と同じく**夜**系を導きます。ⓒ「**ひさかたの**」は**天空**系を導く枕詞。

この問題のように、和歌ではない普通の本文中に枕詞が使われている場合がありますが、導く語は同じですから、覚えていれば簡単に解けるので安心してください。

4

解答 **美しく輝くように**

「**にほふ**」は重要単語で、「**美しく照り輝く**」の意味が重要です。現代語では嗅覚ですが、古文では**視覚**の意味が大事。「**ごとし**」は「**～のようだ**」と訳します。つなげると「美しく輝くように」となります。

5

解答 ⓒ

「A**し**B**ば**」の「**し**」は**強意の副助詞**になりやすいです。強意の副助詞は省略しても支障がないもので、ここも「影**し**映れ**ば**」は「影が映るので」と「し」はなくてよいので、やはり強意の副助詞。よって、ⓒが正解。

6

解答 **こち**

「**東風**」は「**こち**」と読みます。意味は「東から吹く風」でそのままです。「こち」の読みが大事。

Chapter 6
36講 掛詞 地名編

演習の問題
➡ 本冊P.089

1 ⓑ　**2** ① あかし　② 明石　③ 明かし（②③は順不同）
3 「近江」と「逢ふ身」（順不同）
4 涙　**5** 住吉は住み良い（＝住みやすい）

現代語訳

A　つらいことを思い浮かべる大江山に着いたと知りながらも、ますます深く（左遷先へと）分け入っていく私の身だなあ。

B　有明の月も明石の浦では明るくて夜と見えず、海岸を吹く風に波だけが寄ると見えた。

C　今日別れ、明日は近江にいるあなたに、すぐに逢うことができる我が身だと思うが、夜が更けたせいだろうか、袖が濡れて露っぽい（＝涙が出る）

D　住吉は住みやすいと漁師たちは言うが、長居はするな。（そこでは）人を忘れるという忘れ草が生えていると言うようだ。

重要古語

うし＝①つらい　②嫌だ

いとど＝ますます

1

解答 ⓑ

「大江の山」の「大江（おほえ）」に、「思い浮かぶ」の意味の「覚え（おぼえ）」が掛けられています。よって、ⓑが正解。ちなみに、選択肢の中で「地名や山・川の名前」が入っているのはⓑのみなので、「覚え」がわからなくても「ⓑではないか」と類推もできる問題です（地名なら掛詞というわけではないので気をつけること。ただの目安です）。「おほえ」と「おぼえ」ですが、濁点の有無は自由で、問題ありません。

2

解答 ①あかし　②明石　③明かし（②③は順不同）

「**明石**」は**地名**で、「**明かし**」は「**明るい**」の意味。よくあるパターンなので覚えておきましょう。

3

解答 「近江」と「逢ふ身」（順不同）

「**あふみ**」もよくある地名の掛詞で、「**近江**」と「**逢ふ身**」が掛けられています。「あふみ」が「逢ふ身」なのはわかるけれど、なぜ「あふみ」が「近江（おうみ）」になるのかがわからないという人がいますが、「あふみ」の「ふ」は、**語頭以外**の「**ふ**」なので「**う**」にして「あ**う**み」になり、「**a＋う**」は「**オー**」と発音するので「**オー**み」となります。

4

解答 涙

「袖が露っぽい」ということは、**袖が濡れているの**です。古文で「**袖が濡れる**」といえば「**泣いている**」ということです。つまり、原因を漢字一字で書くならば「**涙**」が正解。

5 **解答** **住吉は住み良い（＝住みやすい）**

見た目のままとると、「『住吉』と海人は告ぐ」ですが、それだけでは三句目の「長居をするな」につながりません。設問文にも「掛詞がわかるように」と書かれていることから、「**住吉**」によくあるパターンの「**住み良し**」が掛かっていると考え、あてはめて確認しましょう。「『住吉は住み良い（＝住みやすい）』と漁師たちは言うが、長居はするな」という訳でおかしくありません。よって、「住吉は住み良い」「住吉は住みやすい」などが正解。

1 ⓕ

2 「きく」が「聞く」と「菊」／「おき」が「起き」と「置き」（漢字順不同）

3 「無き」と「渚」／「松」と「待つ」（順不同） **4** はつ

5 蓬が茂っている家だとはわからないのか、いや、わかるはずだ。

現代語訳

A 人（＝男）が飽きたので、秋に庭まで荒れて道もないほど蓬が茂っている家だとはわからないのか、いや、わかるはずだ。

B 噂にだけ聞いて（恋しくて）菊に置く（＝発生する）白露のように夜は起きて、昼は日で露が消えるように、思いに耐えきれず消えて死んでしまいそうです。

C 訪れるはずの人もいない渚の住の江に、誰を待つといって松風が絶えず吹いているのだろうか。

D 生きながらえて我が身はむなしく果ててしまうだろうが、初霜が置く（＝発生する）場所がわからないように身を置く場所がわからない世にも過ごしているなあ。

重要古語

音にきく＝噂に聞く

V＋あへず＝Vしきれない・Vしようとしてできない

いたづらなり＝①無駄である ②はかない ③何もない

1 **解答** ⓕ

「**あき**」は「**秋**」と「**飽き**」が定番の掛詞なので、ⓕから考えてみると、「人が**飽きて**（訪ねてこないから）庭が荒れる」、「**秋**の庭が荒れて蓬が茂っている」と両方の意味できちんととれるため、やはりⓕが正解。

2 **解答** 「きく」が「聞く」と「菊」（漢字順不同）
「おき」が「起き」と「置き」（漢字順不同）

「音にのみ**きく**」は「音に（のみ）**聞く**」で「噂に聞く」の意味。「聞く」

であれば漢字で書けばよいのに、**不自然な平仮名**なので、おそらく「きく」が掛詞のはずです。上からのつながりが「聞く」なので、もう一つは下へのつながりで、「きくの白露」は「**菊の白露**」です。よって、「きく」が「聞く」と「菊」の掛詞。

「夜は**おき**て」は「夜は**起き**て」です。これも**不自然な平仮名**なので、おそらく「おき」が掛詞。「**おく**」はよくあるパターンで、「(露を)**置く**(＝発生する)」と「**起く**」が掛けられます。ここも、先ほど「菊の白露」とあったように、「菊に**発生する**白露」ということで、「**置き**」が掛かっていると考えておかしくありません。よって、「おき」が「起き」と「置き」の掛詞。

3

解答 「無き」と「渚」(順不同)／「松」と「待つ」(順不同)

「**なぎさ**」は「**渚**(＝水際)の住の江」で、**不自然な平仮名**なので、「なぎさ」が掛詞のはずです。下へのつながりが「渚」なので、上からのつながりを考えると「訪ねてくるはずの人も**無き**」だとわかります。濁点の有無は自由で、掛詞は文字の全部が掛かっていなくても途中まででもOKです。よって、「無き」と「渚」。

「たれ松風」の「**たれ**」は「**誰**」です。そうすると、「たれ」が**不自然な平仮名**なので、まずは「たれ」が候補になりますが、もう一つの「たれ」の意味がとれません。ですが、「誰松風が絶えず吹く」だと意味がわかりません。この場合は、「たれ」ではなく「**松**」が掛詞で、「**松風**」と「誰を**待つ**」の「待つ」が掛かっているのです。よって、「松」と「待つ」が正解。このように、もともと片方の意味の漢字になっている場合もあります。ただし、今回の「松」と「待つ」はよくあるパターンなので、比較的気づきやすいはずです。

4

解答 **はつ**

上から訳していくと、「生きながらえて我が身はむなしく**はつ**」なので、この「**はつ**」は「**果つ**」(＝果てる)です。**不自然な平仮名**なので、おそらく「**はつ**」が掛詞のはずです。下へのつながりを確認すると、「**はつ**霜」は「**初霜**」です。よって、「**はつ**」が正解。

5

解答 **蓬が茂っている家だとはわからないのか、いや、わかるはずだ。**

「茂れ**る**」の「**る**」は動詞の**e段**につく**完了・存続**の助動詞「**り**」。「茂っ**ている**」と訳しておかしくないので、ここは**存続**の意味。「**やは**」は**反語**から考えます。「見**ぬ**」の「**ぬ**」は係助詞「や」の結びで**連体形**なので**打消**。これらをまとめてつなげると、「蓬が茂っている家だとはわからないのか、いや、わかるはずだ」となります。

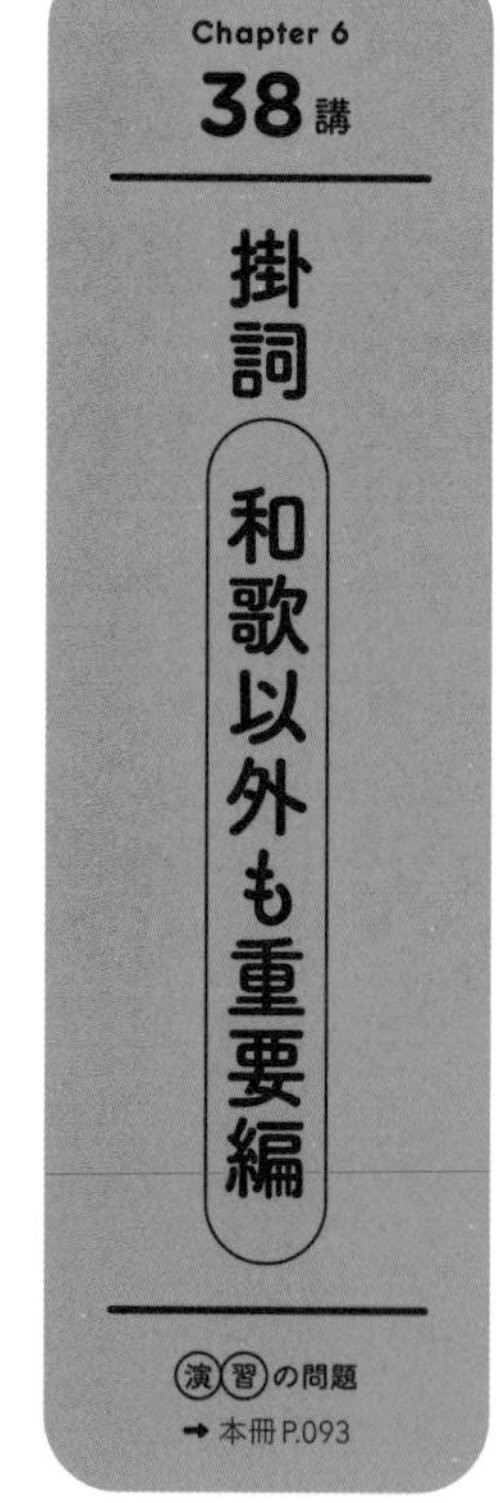

1 ⓐ　**2** ⓑ

3 主人(＝主・男)は絶対に手紙をご覧にならないだろう

4 A (馬)槽(＝馬の飼料を入れる桶)　B 童(＝従者)(の名前)

現代語訳

男女がずっと一緒に結婚生活を営み住んでいた。長年夫婦となっていたとき、男（＝夫）が、（新しい）妻をこしらえてすっかり心変わりしてしまって、この家にあった多くの物を、今の（新しい）妻のもとに何も残さず運んで行く。ちょっとした物も残さず、全部持って行く。ただ残っている物は馬槽（うまぶね）（＝馬の飼料を入れる桶）だけがあった。それを、この男の従者で、まかぢといった名前の童を使っていたのに命じて、この槽（ふね）（＝馬槽）をまで取りによこした。この童に、女（＝元妻）が言ったことには、「おまえももうこれからはここに来ないだろうね」などと言ったので、（童が）「どうして伺わないだろうか、いや、伺う。ご主人が、いらっしゃらずともきっと伺おう」などと言って、立っている。女が、「主人に伝言を（私が）申し上げたならば（おまえは）申し上げてくれるか。（主人は）手紙は絶対にご覧にならないだろう。ただ口伝えで申し上げよ」と言ったところ、（童は）「本当に必ず申し上げよう」と言ったので、（女は）このように言った。

　舟も去った。真楫（まかぢ）（＝舟を進めるための道具）も見当たらない。どうやって（海や川を）渡ればよいかわからないように、（私は）槽（ふね）（＝馬槽）も持って行かれた。まかぢ（＝童）も来ないだろう。今日からつらい世の中を、どのように生きていけばよいのだろう。

重要古語

住む＝結婚生活を営む
V＋わたる＝Vし続ける・一面にVする
年ごろ＝長年
V＋はつ＝すっかりVしきる
〜のがり＝〜のもとに
おこす＝よこす
消息＝①手紙・伝言　②訪れること

1

解答 ⓐ

「〜（の）がり」は重要単語で「**〜のもとに**」という意味。よって、ⓐが正解。

2

解答 ⓑ

「**などてか**」は、**疑問**の係助詞「か」が**疑問語**「など」と一緒に用いているので、**反語**の意味になりやすいです。「**ざら**」は**打消**の助動詞「ず」の未然形。注釈も利用すると、「どうして伺わないだろうか、いや、伺う」です。女から「もうここには来ないのか」と問われ、童はそう返事をして、その直後に「ご主人が、いらっしゃらなくても、（自分は）きっと伺おう」と言っており、文脈も反語でおかしくありません。よって、ⓑが正解。

3

解答 **主人**（＝主・男）**は絶対に手紙をご覧にならないだろう**

「**文**」は重要単語で「**手紙**」。「**じ**」は**尊敬**の補助動詞「**給ふ**」と用いていることから、主語が一人称ではないので**打消推量**。「**よに〜打消**」は**全否定**の呼応の副詞で「**絶対に〜ない**」です。全部つなげると「**手紙は絶対にご覧にならないだろう**」となります。

主語は、会話文中で「給ふ」を使用しているので、「あなた」から考えます。ですが、女の話し相手は「童」で、他の女の会話文中で「童」に対しては「見えじかし」のように敬意を払っていないことから、ここの主語は童ではありません。そうすると、わかりきっている第三者になります。この場合、傍線部の前後で「主人に伝言を申し上げてくれるか」「言葉で申し上げよ」と言っていることから、手紙を見ないのは**主人**〈＝主・男〉とわかります。

4

解答 A（馬）槽〈＝馬の飼料を入れる桶〉　B 童〈＝従者〉（の名前）

Aは、「舟」以外の「ふね」ですが、本文を読むと「**槽**」だとわかります。「槽」とは「**馬槽**」のことです。よって、「（馬）槽」が正解（注釈を利用して「馬の飼料を入れる桶」でも可）。

Bは、「真楫」以外の「まかぢ」で、本文を読むと、従者である**童の名前**「**まかぢ**」だとわかります。よって、「童〈＝従者〉（の名前）」が正解。

1 多摩川にさらす手作り　**2** ⓑ
3 手にむすぶ水に宿れる月影の　**4** ⓓ
5 問1　山がつのいほりにたける　問2　こ

現代語訳

A　多摩川にさらす〈＝洗って乾かす〉手織りの布ではないが、さらにさらにどうしてこの子がこんなに愛しいのだろうか。

B　手にすくう水に映っている月のように、あるかないかわからない（はかない）世に私は生きているのだなあ。

C　煙が時々たいそう近くに流れてくるのを、これが海人が塩をとるために焼く煙であるのだろうかと、（光源氏が）ずっと思ってらっしゃるのは、（実は）いらっしゃる背後の山で、柴というものをいぶしている煙であるのだなあ。もの珍しくて

山賊が庵で焚いている柴ではないが、しばしば〈＝何度〉でも私のもとを訪れてほしい、恋しい故郷の人よ。

重要古語

かなし＝愛しい・かわいい
むすぶ【掬ぶ】＝（水を）手ですくう
こと問ふ＝①訪れる　②尋ねる　③ものを言う

1

解答 **多摩川にさらす手作り**

「**さら**す」と「**さら**さら」が**同音反復**です。二つ目の直前「〜手作り」までが序詞。よって、「多摩川にさらす手作り」が正解。前半が「布」の話で事物、後半は心情になっています。

2

解答 ⓑ

「**かなし**」は、重要単語で「**愛しい・かわいい**」の意味。「悲しい」の意味もありますが、古文では「愛しい・かわいい」の意味が大事。「どう

してこの子がこんなに愛しいのか」と訳して文脈もおかしくないので、やはりⓑが正解。

3

解答 **手にむすぶ水に宿れる月影の**

「月影の」の「影」は重要単語で「①光　②姿」の意味。「月影」の場合は「月光」の意味になりやすいのですが、ここでは、「手ですくった水に映っている月影」なので、「月の姿＝月」でとります。「月影の」の「の」は、「水に映っている月のように、あるかないかわからない（はかない）世に私は生きている」と訳せるので、ここまでが序詞。よって、「手にむすぶ水に宿れる月影の」が正解。

4

解答 ⓓ

「宿れる」の「る」は動詞のe段につくので、**完了・存続**の助動詞「り」。選択肢に完了がないので、必然的に存続のⓓが正解。

5

問1 **解答** **山がつのいほりにたける**

「山がつの」の「の」は、「山賊のように庵」では意味が通らないため、序詞の確認方法の「の」としては使えず、そもそも「山がつの」は五音で、七音以上の序詞として不適です。同音反復もないため（「しばしば」は一語の副詞で「何度も」の意味）、掛詞があるはずです。途中までそのまま訳すと、「山賊が庵で焚いている何度も訪れてほしい」となり、途中のつながりがおかしいです。「しばしば」（＝何度も）の部分に、別の意味があるはずです。和歌だけではなくCの文章を詠むと、大筋は「煙が時々流れてくるが、それは山で**柴**をいぶしていた」とあり、「**しば**しば」の「**しば**」に「**柴**」が掛けられていると考えられ、「山賊が庵で焚いている**柴**ではないが、**しば**しば（＝何度）でも訪れてほしい」と訳せます。

よって、掛詞の直前までの「山がつのいほりにたける」までが序詞。

問2 **解答** **こ**

「訪れて**ほしい**」と訳すことから、この「なん」は**他者願望**の終助詞です。他者願望「なむ」は**未然形**に接続します。「来」は力変なので「**こ**」が正解。

Chapter 6

40講 縁語

演習の問題
➡本冊P.097

1 ⓓ

2 ⓒ

3 ⓑ

現代語訳

男が、手紙をきっと取り伝えるはずの人をつてにして、公卿級の人の娘に求婚したところ、手紙をやりとりすることが二、三度くらいあって、後々は（先方（＝女）から返事を）しなかったので、（男が）「（恋焦がれて）身を燃やすことはつらい。下にくすぶっている煙がのぼり雲となるように、私の心にくすぶる思いが高貴なあなたに届くよう期待をして」と詠んだが、まったく返事がない。そこで、この男が、手紙を伝えてくれた人に会って、「（私の）どのようなことをお聞きになったのであろうか」などと言ったところ、「何と言うことでもないだろう」と言ったので、「それならば、良い折々に（私からの手紙を）差し上げなさい」（と言った）。そうして、（男は）手紙に思っていたことをいろいろたくさん書いて、（仲介役の人に）渡したところ、（その人は）持って行ったが、また、（女は）その返事もしなかったので、男が、また、言ってやる。

　掃き捨てる庭の屑になって積もっているのだろうか。見る人もいない私の言葉（＝手紙）は。

と言ってやったが、（女は）返事をしてくれなかったので、また（男が詠んだ歌）、

　秋風が吹き返す葛の葉の裏が見える「裏見」ではないが、恨んでもまだ恨めしいなあ。

重要古語

たより＝①縁・つて　②機会・ついで　③よりどころ　④手紙

よばふ＝求婚する

わりなし＝①つらい　②道理にあわない　③しかたがない

1

解答 ⓓ

「**たより**」は重要単語で「①**縁・つて**　②**機会・ついで**」などの意味があり、選択肢にもこれらがあるので文脈判断をすると、「きっと手紙を伝えてくれるはずの人を**たより**」にしているので、その人を「**つて**」としていることがわかります。よって、ⓓが正解。

2

解答 ⓒ

「**聞こしめし**（聞こしめす）」は「聞く」「食ふ・飲む」の**尊敬語**で「**お聞きになる**」「**召し上がる・お飲みになる**」と訳すので、ⓒかⓓです。

ここでは、返事がこない理由を推測して発言している内容なので、ⓒが正解。ⓓは文脈にあわないので不適。

3

解答 ⓑ

Aの和歌の訳は「履き捨てる庭の屑になっているのだろうか。見る人もいない私の言葉（＝手紙）は」です。これを踏まえてⓐから見ていきます。

ⓐは、「言の**葉**」（＝言葉）の「**葉**」に、「**葉っぱ**」の意味の「**葉**」が掛かっていて、それが、「はき捨つ」と「庭の屑」の縁語ということが書かれています。先ほど見たように、和歌の主文脈で「履き捨てて庭の屑」になっているものは「手紙」であって、葉っぱは関係ありません。「葉っぱを履き捨てて庭の屑として積もったよ」という掃除の和歌ではありません。よって、掛詞の事物「葉」と、「はき捨つ」と「庭の屑」は**主文脈には関係がなく、イメージで関連がある**ので、縁語成立と考えられます。なお、「の」は助詞ですが、「庭の屑」で大きく一つの塊としてとらえていると考えられます。

ⓑは、「なき」が「無き」と「泣き」の掛詞となっています。よくあるパターンではあるものの、今回の和歌では、「見る人が**いない**」で「**無き**」の意味はとれますが、「見る人が泣いている」とも「自分が泣いている」とも本文には書かれていないため、「泣く」の意味がとれません。よって、ⓑが正解。

Bの和歌も見ておくと、「秋風が吹き返す葛の葉の裏が見える『裏見』ではないが、恨んでもまだ恨めしいなあ」です。

ⓒは「秋風の～葛の葉の」までが序詞となっています。「葛の葉**の**」の「**の**」は「～のように」と訳せませんので、「の」を序詞の確認方法として使うことはできません。同音反復であれば、「うらみ」と同じ音がそ

こまでにあるはずですが、ないので同音反復でもありません。よって、「**うらみ**」が掛詞のはずです。秋風が葛の葉を吹き返して「**裏**が**見**える」の「**裏見**」と、「恨めしい」の「**恨み**」の意味がとれます。前半が景色・事物、後半が心情で、「うらみ」が掛詞であれば、そこまでを序詞と考えて問題ありません。

ⓓは、ⓒで見たように掛詞として成立します。

ⓒとⓓはセットのような選択肢です。このように、「序詞」と「掛詞」、「縁語」と「掛詞」をセットで考えるような問題もよく出題されます。それぞれの修辞技法と見抜き方のコツをしっかり押さえておきましょう。

岡本の
ここからつなげる
古典文法ドリル

修了判定模試　解答と解説

1
問一　A③　B②　C⑥　D⑨
問二　X①　Y③　Z②
問三　①　**問四**　ア⑤　イ①　ウ②
問五　1　**知りなさらないか**
　　　　2　**お伺い（することが）できなかった**
問六　Ⅰ③　Ⅱ②　Ⅲ④
問七　③　**問八**　①
問九　a①　b③　c④
問十　②　**問十一**　**何にかあるらん**

配点
問一＝各3点　問二＝各2点
問三＝2点　問四＝各1点
問五＝各4点　問六＝各4点
問七＝3点　問八＝3点
問九＝各3点　問十＝3点
問十一＝4点
（合計65点）

解説

1
問一　Aの「**まします**」は、**尊敬語**の本動詞で「**いらっしゃる**」と訳します。よって、③が正解。↓05講
Bの「参り（参る）」は本動詞です。「**場所に**（や）**参る**」なので「**参上する**」と訳します。よって、②が正解。↓08講
Cの「侍る（侍り）」は本動詞です。**謙譲語**になりやすい形「**貴人・貴人がいる場所に侍り**」**ではない**ため、**丁寧語**で「**あります**」と訳します。よって、⑥が正解。↓07講
Dの「候ひ（候ふ）」の前の「仏の**御**前」には「**御**」が使用されていることから、「**貴人がいる場所に**」と同じように考えられ、**謙譲語**の本動詞になりやすい形です。訳して確認すると、「仏の御前に**お控えする**」とおかしくないため、⑨が正解。↓07講
問二　Xは動詞「告げ」＋「給へ」で、この「給へ」は**補助動詞**です。↓02講　補助動詞「**給ふ**」には、**尊敬語**（**四段**）と**謙譲語**（**下二段**）があります。↓03講　**謙譲**の補助動詞「給ふ」は「**覚ゆ・思ふ・見る・聞く・知る**」のどれかにつくことから、この「給へ」は**尊敬語**とわかりま

す。↓04講　よって、①が正解。もしくは、真下の「**る**」は、動詞のe段につくので助動詞「**り**」です。助動詞「り」は**サ変未然形**か**四段已然形**に接続するため、この「給へ」は**四段**活用で**尊敬語**とわかります。↓03講　前者のほうが上をパッと見るだけで判断でき、より早く正解を導くことができます。

Yは動詞「押しもみ」＋て＋「**候へ**」で、この「候へ」は**補助動詞**です。よって、**丁寧語**で③が正解。↓02講

Zは動詞「呼び」＋「**奉ら**」で、この「奉ら」は**補助動詞**です。よって、**謙譲語**で②が正解。↓02講

問三　「なり」の識別は**上**を確認します。L「答ふ」はハ行下二段活用の終止形です。**終止形**につく「なり」は**伝聞推定**。↓22講　M「事」は体言です。**体言**につく「なり」は**断定**。↓22講　N「思ふ」は**四段**活用のため、終止形と連体形が同じ形です。「思ふ」は**音声動詞ではない**ので、**断定**から考えます。↓22講　また、会話文中で主語が書かれていません。「御弟子にならん」の「**御弟子**」は「**偉い人の**弟子」です。その「弟子になろうと思う」の部分には**尊敬語や命令形がない**ため、**一人称**と考えられ↓28講、「（自分が）思う**のである**」と**断定**でおかしくありません。よって、Lだけが伝聞推定なので、①が正解。

問四　ア「**あさまし**」は「**驚きあきれる**」の意味です。よって、⑤が正解。↓01講

イ「**なかなか**」は副詞で、「**かえって**」の意味です。↓17講、↓32講

ウ「とくとく」は、形容詞「とし」【疾し】の連用形「とく」を重ねてできた副詞です。形容詞「**とし**」は「**早い**」の意味で↓23講、↓24講、↓27講、「とくとく」は「早く早く・急いで」の意味です。↓28講、↓32講

問五　1「知り給はぬか」の「給は」は**尊敬**の補助動詞、「ぬ」は**未然形**に接続する**打消**の助動詞「ず」、「か」は**疑問**です。これらをつなげると、「**知りなさらないか**」となります。「知っていらっしゃらないのか」「ご存知ないか」など、尊敬、打消、疑問の意味がとれていれば正解です。↓24講

2「え承らざりけり」の「**え〜ざり**（**打消**）」は「**〜できない**」↓11講、「**承ら**（承る）」は**謙譲語**の本動詞で「**伺う**」↓06講、「けり」は**過去**の助動詞です。それらをつなげると、「**お伺いできなかった**」となります。

問六　Ⅰ「さも侍らず」の「**さ**」は**指示語**↓15講、「**侍ら**」は**丁寧語**↓07講で、直訳は「（私は）そうしません」となり、①か③です。②と④の「なさら（なさる）」は尊敬語の訳で不適。「**さ**」の指示内容は**前**を指します。↓15講　前の内容は「明日武蔵寺に**参上**しなさるのか」という質問ですから、「**参上しません**」の③が正解。

Ⅱ「**いかで**」は「ん（＝む）」と一緒に用いられているので、「**疑問**」「**反語**」「**なんとかして**」の三つの訳があります。↓14講　「いかで**か**」の「**か**」が**疑問**の係助詞で、「**疑問＋疑問**」（＝強い疑問）となるため、**反語**から考えます。「**参らで**」の「**で**」は**打消**接続「**〜ないで**」です。これらを踏まえて前半部分を訳すと、「**どうして参上しないでしょうか、いや、参上する**」となります。後半の「んずる」は助動詞「むず」の連体形で、意味は「む」と同じように考えます。**会話文**中で**尊敬語も命令形もない**ため、主語は**一人称**と考えられ、この「んずる」は**意志**です。↓28講　そうすると、「**必ず参上しよう**」となり、前半は反語でおかしくないことがわかります。これらの訳がとれている②が正解。

Ⅲ「こそ」は強意の係助詞で訳出不要です。「行かめ」の「め」は「こそ」の結びで已然形となっており、「こそ」を消して終止形「む」で訳を考えます。**会話文**中で**尊敬語も命令形もない**ため、主語は**一人称**と考えられ、この「む」は**意志**です。「行こう」と訳せている④が正解。↓28講

問七　「さる」は指示語「さ」に「あり」がついた「さり」が活用したもので、「**さる事**」は「**そのような事**」と訳し[↓16講]、指示内容は**前**を指します。[↓15講] 直前のセリフの大筋は、「明日武蔵寺に新しい仏が出るといって、梵天などの神々が集まることは、知らないのか」です。同じ解釈がとれるのは③のみ。よって、③が正解。

問八　「**誰に**対する敬意」は**敬語の種類**を確認します。[↓10講] 動詞「待ち」＋「申さ」で、この「申さ」は謙譲の補助動詞です。[↓02講] **謙譲語**なので**客体**（＝**〜を・に**）に対する敬語で、「**誰を待つのか**」を読み取る必要があります。[↓01講] 大筋をとると、「斎の神はいるか」と問われたので、斎の神が「おります」と答え、「明日武蔵寺に参上するか」と問われると、斎の神は「参上しない。何事があるのか」と質問します。そこで、斎の神に武蔵寺で行われることを説明し、「あなたは知らないのか」と言うと、斎の神は**問六**のⅡで見たように「必ず参上しよう」と言いました。それに対して、「必ず参上しなさい。お待ち申し上げよう」と答えているので、**斎の神を**待つと言っていることがわかります。よって、①が正解。

問九　aの少し前から見ていくと、「年七十余りばかりなる**翁が**、髪も禿げ**て**」で「**て**」なので、次の「白きとてもおろおろある**頭に**」も同じ翁です。[↓29講] 「**頭に**」も「**体言＋に**」で主語は同じ翁のままです。[↓30講] よって、①が正解。ちなみに、「翁**の**」の「**の**」は、ここでは「が」で訳して解説しましたが、正しくは**同格**です。現代語訳を参考に確認しておきましょう。

bの少し前から確認すると、「**尼**〜置き**て**、『〜』とて往ぬ」なので、主語は**尼**のままです。よって、③が正解。[↓29講]

cは「随喜し**て**、**天衆も**集まり〜」なので、主語は**天衆**です。よって、④が正解。古文では、このように、**後ろを読んでいくとわかる**こともあるので、**不明でも止まらずに読み進めていく**姿勢も大事なのです。[↓29講]

問十　「押しすり**て**」なので、その直後のセリフは僧のセリフです。[↓29講] 「とても尊いことだなあ」と言っているため、プラスの理由であることが読み取れます。何が尊いのかは、直前が「いへば」と「已然形＋ば」（＝言ったので）ですから、その前のセリフが重要です。大筋は「今日明日ともわからない身なので、少し残っている白髪を剃って、御弟子になろうと思う」です。この**会話文中の主語**は、**問三**Nで見たように**一人称**で[↓28講]、「白髪が少し残っている」のは、**問九**aで見た「七十歳過ぎくらいの翁」です。したがって、この「已然形＋ば」の前後では主語は変わっており[↓31講]、翁が「白髪を剃って弟子になる（＝仏の道に入る）」と言ったので、僧はプラスの気持ちになったことが読み取れます。これと同じ解釈がとれるのは②のみです。よって、②が正解。

問十一　挿入句は「**疑問語…推量の連体形**」が「、」に挟まれた部分です。該当箇所は十一行目「小さく黒き桶に、**何にかあるらん**、物入れて〜」の部分です。[↓33講]

ちなみに、**問十一**のような問題があるので、**本文を読む前に設問をきちんと確認しておくべき**です。最後にこの設問に取り組み、また本文を最初から読み直していると、時間の無駄になってしまいます。何が問われているのかを把握してから、本文を読むようにしましょう。

現代語訳　※（　）は挿入句

これも今となっては昔のことだが、筑紫にたうさかの塞と申し上げる道祖神がいらっしゃる。その祠に、修行していた僧が宿って寝ていた夜、きっと夜中くらいにはなっているだろうと思うときに、馬の足音がたくさんして、人が通り過ぎると聞くうちに、「斎の神〔＝道祖神〕はいらっしゃるか」と問う声がする。この宿っている僧が、不審だと聞いていると、この祠の中から、「おります」と答えるようだ。また（僧は）驚いたと（思って）聞くと、（先ほど斎の神がいるかどうか尋ねた声のものが）「明日武蔵寺に参上しなさるか」と問うようなので、（斎の神は祠の中から）「参上しません。何事がありますか」と答える。「明日武蔵寺に新しい仏が出現しなさるはずだと言って、梵天、帝釈など、仏法を守護する神々、竜神が集まりなさるとは知りなさらないか」と言うようなので、「そのようなこともお伺い（することが）できなかった。ありがたく告げなさったなあ。どうして参上しないでおりましょうか。必ず参上しよう」と（斎の神が）言うと、「それならば、明日の巳の時〔＝午前十時頃〕くらいのことである。必ず参上なさい。（あなた〔＝斎の神〕を）お待ち申し上げよう」と言って通り過ぎた。

この（宿っている）僧はこれを聞いて、「不思議なことを聞いたなあ。明日はどこかへ行こうと思ったが、このことを見てからどこへでも行こう」と思って、夜が明けるとすぐに、武蔵寺に参上して見るが、そのような様子もない。いつもよりはかえって静かで、人も見えない。「何かわけがあるのだろう」と思って、仏の御前にお控えして、巳の時を待っているうちに、「もうしばらくしたら午の時〔＝正午頃〕にきっとなるだろう、どういうことであろうか」と思っていると、年齢が七十歳過ぎくらいの翁で、髪もはげて、白髪といっても所々生えている頭に、袋状の烏帽子をひきかぶって、もともと小さい翁で、いっそう腰が曲がっている翁が、杖にすがって歩く。後ろに尼が立っている。小さく黒い桶に、（何であるのだろうか、）物を入れてひき提げている。御堂に参上して、男〔＝翁〕は仏の御前で額を二、三度ほどついて、木欒子の数珠で大きく長い数珠を、押しもんでいますと、尼がその持っている小桶を翁のそばに置いて、「お坊様をお呼び申し上げよう」と言って去る。

しばらく経つと、六十歳くらいである僧が参上して、仏を拝み申し上げて、「何をしようと呼びなさるのか」と問うと、（翁が）「今日明日ともわからない身になったので、この白髪で少し残っているのを剃って、御弟子になろうと思うのである」と言うので、僧は、目をこすって、「とても尊いことだなあ。それならば早く早く」と言って、小桶にあったのは湯であるよ。その湯で頭を洗って、（髪を）剃って、戒を授けたので、（僧は）また仏を拝み申し上げて、退出した。その後はまた他のことはない。

それならば、（祠で聞いた話は、）この翁が法師になることを（天衆〔＝仏法を守護する神々〕が）大いに喜んで、天衆も集まりなさって、新しい仏が出現なさると話していたのであった。

2

問一 A② B⑤

問二 **決して吉野の川とだけでも〔＝さえ〕見ないつもりだ**

問三 **ひさかたの**　**問四** ②

問五 **「松」と「待つ」（順不同）**

問六 **瀬を早み岩にせかるる滝川の**

問七 **「ふり」と「鈴」（順不同）**

配点

問一＝各2点　問二＝4点
問三＝2点　問四＝2点
問五＝完答4点　問六＝3点
問七＝4点

（合計23点）

解説

2

問一　Aは、「よそへつつ　あはれとも**見よ**　／　見る〜」の「**見よ**」が**命令形**で、**二句切れ**です。よって、②が正解。↓34講

Bは、「くづれ**よる**　いもせの山の　中なれば　さらに吉野の　川とだに見じ」で、「**よる**」は四段活用なので終止形と連体形が同じ形です。終止形であれば初句切れですが、ここでは注釈を確認すると二句目の「妹背山」にかかっていく連体形であることがわかります。**他の句末にも文末の形はありません**ので、**句切れなし**です。よって、⑤が正解。↓34講

問二　「**さらに〜じ**（**打消**）」は**全否定**で、「**決して〜ない・まったく〜ない**」と訳します。↓12講「**だに**」は、下に**意志・仮定・願望・命令**があれば最小限の限定「**せめて〜だけでも**」、なければ類推「**さえ**」です。↓27講　ここでは「じ」と用いており、「じ」は打消推量と打消意志があります。和歌は基本的に自分の気持ちを伝えるもので、会話文と同じように考えます。波線部の中に**尊敬語も命令形もない**ので、主語は**一人称**と考えられ、この「じ」は**打消意志**でとります。↓28講　よって、「だに」は最小限の限定で、これらをつなげると、「**決して吉野の川とだけでも見ないつもりだ**」となります。直訳はこのようになりますが、たとえば、「この大学**だけでも**受かれば、……」と「この大学**さえ**受かれば、……」が同じような意味でとれるように、「〜川と**さえ**見ないつもりだ」と訳していてもかまいません。

問三　「**ひさかたの**」が**空**を導く枕詞です。↓35講

問四　「**地名や山・川の名前**」の部分が**掛詞**になることが多いので、「**竜田の山**」が候補です。上からのつながりが「名（のみ）たつ」**【名立つ】**で「噂になる・評判になる」の意味、下へのつながりは、そのまま「竜田山の薄い紅葉」で、やはり「竜田の山（の「たつ」）」が掛詞です。よって、②が正解。↓36講

問五　地名がないので、**不自然な平仮名**を目安にすると、「**まつ**」が候補です。「まつ」はよくあるパターンで、「**松**」と「**待つ**」が掛けられていることが多く、ここも上からのつながりが「夜に待つ」、下へのつながりが「松に露がかかる」でおかしくありません。よって、「**松**」と「**待つ**」（順不同）が正解。↓37講

問六　前半が**景色**で、後半が**心情**なので、**前半が序詞**だと目星をつけて、「**滝川の**」の「**の**」が「**のように**」で訳せるかどうか確認します。「瀬を早み」は「体言を＋形容詞の語幹＋み」なので、「川瀬の流れがはやいので」と訳します。「川瀬の流れがはやいので、岩にせきとめられる急流**のように**（二つの流れに）分かれてもまた一つ（の流れ）になるように、（仲を裂かれて）別れても、ゆくゆくは（あなたに）逢おうと思う」と訳せるので、やはり前半（上の句）の「**瀬を早み岩にせかるる滝川の**」が序詞。↓39講

問七　縁語になるのは**自立語のみ**なので、付属語（＝助動詞・助詞）を消して考えます。「秋深き草~~の~~枕~~は~~我~~も~~なくふり捨て~~て~~来~~し~~鈴虫~~の~~音~~を~~」です。体言は「秋・草・枕・我・鈴・虫・音」です。設問文から縁語は二つの言葉なので、これらの体言のうちのどれかと、**文脈に関係なく関連が深い語**を探します。先に体言の正解をいうと「**鈴**」です。もう一つの言葉、わかりますか？「鈴」はどのようにすれば鳴りますか？ふれば鳴りますね。「**ふり**」と「**鈴**」が正解です。この和歌の意味は「秋が深い頃の旅の仮寝に私は泣く。振り捨てて来た鈴虫のような愛しい子のことを思うと」です。「鈴を振りましょう」と言いたいわけではありません。ちなみに、「**鈴**」と「**ふり**」、「**なり**」はよくある縁語のパターンです。この機会に覚えておきましょう。↓40講

現代語訳

A　なぞらえて愛しいとも見よ。見るにつれて美しさを増す撫子(なでしこ)の花のようなかわいい子を。

※「なでしこ」に、植物の「撫子」と「子」を掛けるのも掛詞でよくあるパターンです。

B　山崩れで寄る妹背山の中を吉野川が流れないように、いったん崩れた夫婦の仲であるので、決して「あの人は仲良しの人」とだけでも（＝さえ）見ないつもりだ。

※「いもせの山」は、吉野にある「妹山」と「背山」のことで、間に吉野川が流れている。「妹背」は「夫婦」などの意味の重要単語。「吉野」に「良し」、「川」に「彼(か)は」（＝あの人は）が掛けられている。

C　（水面に映る月の）姿を見ると、波の底にある空を漕いで渡る私は（茫漠とした世にいて）さみしいよ。

D　あらぬ噂ばかりが立つので、竜田山の薄い紅葉が散ってしまうように、私がいなくなってしまった後を、誰が懐かしむだろうか、いや、誰も懐かしまないだろう。

E　夜の間は夫を待って私は泣き、松にも露はかかっているのだなあ。夜が明けると露は消えるが、私は消え入るほどつらい物思いをする。

F　解説中にあり。

G　解説中にあり。

3

問一　(1) **ウ音便**　(2) **恥づかしく**

問二　(1) **みなつき**

(2) **「六月（水無月）」と「皆尽き」（順不同）**

問三　**②**

配点
問一＝各2点
問二＝(1)2点　(2)完答4点
問三＝2点
（合計12点）

解説

3

問一　(1)「恥づかしう」で**ウ音便**です。↓18講

(2)「恥づかし」は形容詞で、形容詞のウ音便は「**く**」が「**う**」に変わります。よって、音便化を起こす以前の形は「恥づかし**く**」です。↓18講

問二　地名がないので、**不自然な平仮名**を目安にすると、「**みなつきはてぬ**」のあたりが候補ですが、よくあるパターンではなさそうです。よって、和歌以外にも目を向けて、本文を確認していきましょう。冒頭に「**六月(みなづき)**」とあります。「**みなづき**」の濁点をとれば「**みなつき**」ですから、おそらく掛詞は「**みなつき**」だと目星がつけられます。「つきはて」は動詞「つく」＋「はて」で、「すっかり尽き果てる」、「はて**ぬ**音」の「**ぬ**」は「**ぬ**＋体言」で**打消**です。そうすると、「みなつきはてぬ音をぞなく」は「全部**皆**すっかり**尽き**果てることなく声を上げて泣く・鳴く」と訳せます。よって、(1)「**みなつき**」、(2)「**六月**」と「**皆尽き**」（順不同）が正解。ちなみに、「六月(みなづき)」は「**水無月**」とも書くので、「水無月」と「皆尽き」でも正解。↓38講

問三　選択肢から二重傍線部は助動詞「なり」で、「なり」の識別は**上**

を確認します。「なく」は**問二**の設問文から、動詞「泣く・鳴く」で**四段**活用のため、終止形と連体形が同じ形です。「泣く・鳴く」は**音声動詞**なので、**推定**です。活用形は文末で、上に係助詞を探すと「**ぞ**」があることから**連体形**。よって、②が正解です。↓22講

現代語訳

そのまま六月になった。夜に逢わないことは三十日余り、昼に逢わないことは四十日余りになった。満足しない夫婦仲とは言いながら、まだこのような目にはあまりあったことがなかったので、物思いばかりついしてしまう。（周りの女房たちの）人目もとても恥ずかしく思われて、落ちる涙をこらえながら、横になって聞くと、鶯が時節を長引かせて鳴くにつけて、思われることには、

鶯も終わりのない物思いをしているのだろうか。私が全部尽きることなく〔＝いつまでも〕声を上げて泣いているように、（晩夏である）六月になっても（初夏に鳴く）鶯が全部尽きることなく声を上げて鳴いているようだ。

NOTE

NOTE

KOKOKARA DRILL SERIES
大学入試
TSUNAGERU